ATLAS DES CRISES
ET DES CONFLITS

PASCAL BONIFACE AND HUBERT VÉDRINE

最新
世界紛争地図

国際関係戦略研究所（IRIS）所長
パスカル・ボニファス
元フランス外務大臣
ユベール・ヴェドリーヌ
神奈川夏子＝訳

ディスカヴァー

Originally published in France as :
"Atlas des crises et des conflits" by Pascal BONIFACE and Hubert VEDRINE
©Armand Colin, 2019 for the 4th edition, Malakoff
ARMAND COLIN is a trademark of DUNOD Editeur,
11 rue Paul Bert-92240 MALAKOFF.
Japanese language translation rights arranged
through Bureau des Copyrights Français.

序文

紛争がすべて解決された平和な世界というものは、残念ながらまだ現実からほど遠く、希望の域に留まっている。危機や紛争は世界で今もなお発生し続け、21世紀初頭以降、世界的な緊張がトップニュースを飾らない日はほとんどないくらいだ。

わたしたちは、前に発行した『増補改訂版・最新世界情勢地図』のなかで、現在界を成り立たせている基本理念、原動力、そして世界についての多様な解釈について述べた。本書では、現在世界を揺るがしている危機と紛争について解説している。ただし各国の武力衝突のなかでも、純粋に国内勢力だけの対立によるものは扱わず、何らかの国外勢力から介入を受けたものに絞った。外国の影響がきっかけで発生し激化しているこれらの危機や紛争は、国際社会と密接な関わりを持ち、その波紋を世界中に広げている。

第１部では、危機のさまざまな原因の究明を試みた。第２部では、現在起きている危機について、その背景、問題点、現状、今後予想される展開について述べている。第３部では、紛争の解決にあたってどんな対策が可能であるかを検証している。

わたしたちは評価を下すのではなく、現状を理解し読み解くための鍵を提供しようと思う。ひとつひとつの危機や紛争に光を当てることによって、読者の皆さんが状況を俯瞰して、何が原因となっているのかを理解し、その進展を予測する助けになるのならば、わたしたちの目的は達せられたことになるだろう。

パスカル・ボニファス
ユベール・ヴェドリーヌ

目次

第1部 紛争はなぜ起こるのか

第2部
各地の危機と紛争

第3部

想定される未来

第1部

紛争はなぜ起こるのか

Les Causes

平和な世界という幻想 L'illusion d'un monde de paix

国家全体がナショナリズムに駆られ、怒りが充満しているとき、または恐怖のためのパニック状態にあるときを除いて、国の指導者的立場とは無関係な一般の人々はいつでも平和で安全な場所で生きていたいと願うものだ。だが、ほんの数カ国を例外として、そんな希望はめったに実現していない。この望みをかなえたのはごく一部の人々であり、それもまだ短い間だけだ。たとえば、ここ数十年間のヨーロッパのように。

永遠平和という概念が初めて唱えられたのは1795年、イマヌエル・カントの著書においてだったが、それ以前にも、モンテスキュー（フランスの哲学者）が、平和は、国家間で「温和な商業」が成立することによって生まれると考えていた。しかしことはそれほど単純ではない。

1914年に第一次世界大戦が勃発し、イギリスによる経済、商業、金融体制のグローバル化が終焉を迎えたとき、それまで当時の誰よりも想像力豊かだったジョージ・オーウェル（イギリスの作家）でさえ、この戦争を「ありえない」と評した。当時イギリスとドイツは経済的に強く相互依存していたので、戦争が起こっても両国が敵対することはないだろうと彼を含む多くの人々が考えていたのだ。そして、大殺戮が展開された第一次世界大戦は「最後の戦争」とみなされた。

ところが、ウィルソン米大統領が非現実的な願望を抱いて設立した国際連盟（仏：Sociéte des Nations）は、本当の意味での国際的な「共同体」（sociéte）にはならなかった。同様に、1945年に終わったあのおぞましい第二次世界大戦のあとでさえ、国際連合は真の「連合」とはならなかった。

国際連合の「連合」とは楽観的な言葉である。第二次世界大戦が終わっても、西側諸国と東側諸国の対立によって、国連の傘下で正真正銘の集団安全保障を確立することは阻まれた。戦勝国は軍事同盟を結ぶことにより成立する安全保障のほうに信頼を置いたのである。冷戦（「戦後」と分類されているがそれは誤りだ）の時代には、力の抑止と均衡によって、東西両陣営間の戦争の再発は免れた。しかし他の大陸、いわゆる「第三世界」と呼ばれていた場所では、160以上もの紛争が発生、とりわけ脱植民地化のための戦争では4000万人もの犠牲者を出した。

1991年末にソビエト連邦が崩壊し、アメリカは冷戦の終結と東西の分断の解消を高らかに謳った。しかし冷戦終結も東西分断解消も、「新たな世界秩序」の構築にはつながらず、ましてや、いまだ定義があいまいな真の安全保障への道筋を作りはしなかった。1990年代の10年間、アメリカはかつてないほどの大国、つまり超大国となるが、他国への過度な干渉は限界に来ていた。とはいえ、アメリカに比肩するほどの軍事力、戦略力、経済力、技術力、そして影響力（ソフト・パワー）を持つ大国は他にない。軍事力、経済力、そして技術力を急成長させている中国でさえ、今のところはアメリカには及ばない。

2019年現在、世界はその考え方も人々も、「国際共同体」の形成や世界秩序の遵守からは、まだほど遠いところにいる。

市場経済によって一見「グローバル化」し均質化されているようでも、この世界はいまだに深い分裂状態にある。それは世界の首脳たちが、ドナルド・トランプに至るまで、価値の共有をどれだけ主張しようとも変わらない。記憶や不安や恐れ、そして希望でさえも、各国民によって異なる。混乱と亀裂は今も歴然として存在している――西側諸国とロシア・中国・イスラム圏のあいだ、イスラム圏の内部、中国と他のアジア諸国のあいだ、ロシアと近隣諸国のあいだ、そして西欧諸国の内部で。どこかで混乱が鎮まったかと思えば、別の場所で深刻化する。イデオロギー的な分裂は鳴りを潜めたが、消失したわけではない。歴史的、文化的、あるいは宗教的なアイデンティティ、そして国家間対立も同様だ。それどころか、絶え間ない歴史の歩みは、残酷な出来事や悲劇を生むこともある。紛争はその表れなのである。

紛争地域の地図のアップデートが不要になることは、残念ながら、まずないだろう！

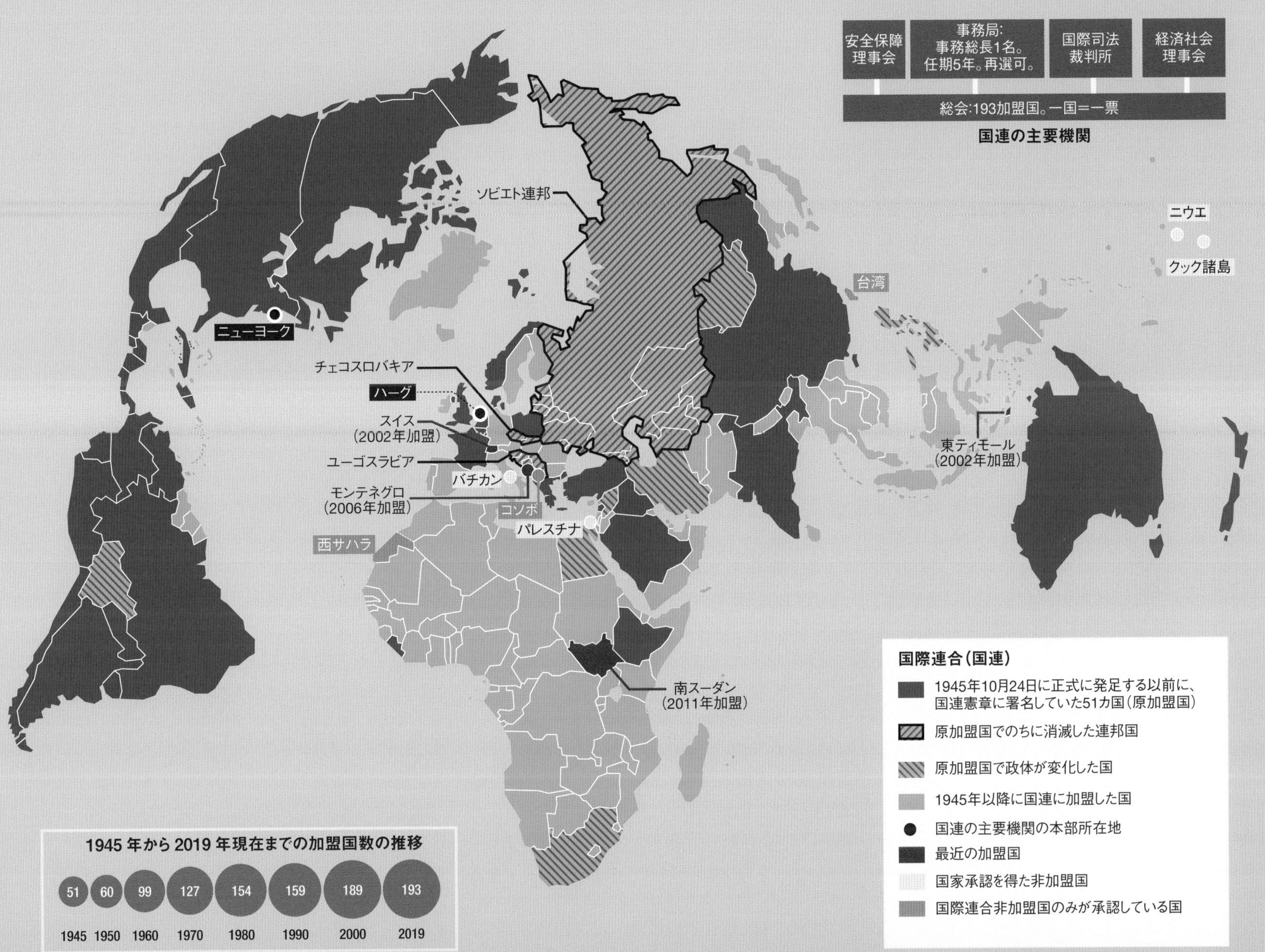

安全保障理事会
事務局:
事務総長1名。
任期5年。再選可。
国際司法裁判所
経済社会理事会
総会:193加盟国。一国=一票
国連の主要機関
ソビエト連邦
ニウエ
クック諸島
台湾
ニューヨーク
チェコスロバキア
ハーグ
スイス
(2002年加盟)
ユーゴスラビア
バチカン
モンテネグロ
(2006年加盟)
コソボ
パレスチナ
西サハラ
東ティモール
(2002年加盟)
南スーダン
(2011年加盟)
国際連合(国連)
1945年10月24日に正式に発足する以前に、国連憲章に署名していた51カ国(原加盟国)
原加盟国でのちに消滅した連邦国
原加盟国で政体が変化した国
1945年以降に国連に加盟した国
国連の主要機関の本部所在地
最近の加盟国
国家承認を得た非加盟国
国際連合非加盟国のみが承認している国
1945 年から 2019 年現在までの加盟国数の推移
51 60 99 127 154 159 189 193
1945 1950 1960 1970 1980 1990 2000 2019

いつまでも続く危機と紛争 La persistance des crises et conflits

世界ではいまだにありとあらゆる種類の対立と競争が後を絶たない。そこから衝突が生まれ、衝突は危機に、さらには開戦にまで発展することさえある。長年にわたって民族対立が続いたアフリカ大湖地域、イエメン、シリア、リビア、ウクライナなどがその例だ。危機はいつも回避できるとは限らないし、故意にせよ過失にせよ事態の急変はいつでもありうる。

危機と紛争の原因は永遠に変わらないが、新しい紛争の種は次から次へと登場する。領土への野心をめぐる紛争。エネルギー資源、原料、または市場を獲得するための経済競争。領土とその居留者の安全への脅威。イデオロギー間、国家間、宗教間、アイデンティティ間、または文明間の対立。そして集団的恐怖。そのなかには、苦しみに満ちた歴史を乗り越えたケース（国境を接するフランスとドイツの関係がそのよい例だ）があることを見れば、過去の災禍は近代化をもたらす要因にもなることがあるとわかる。

だがその一方で、癒えることのない不公平感や復讐心、そして恐怖心を培うこともある。自分の身を守るためには先に攻撃しなければ、という意思はここから生まれる。人々の恐怖心が高まる要因はさまざまだ。それらは人口統計学的な要因から来るもので、人々の移動や移住がもたらす問題、揺らぐアイデンティティに対する怯え、世界経済の桁外れの発展による資源不足への不安、生態系の破壊による脅威の認識などがあり、現在のグローバル化がこれらの要因に拍車をかけている。多くの人々を極貧状態から救ったのもグローバル化ではあるのだが。

国際関係における主要なプレーヤーは増加し多様になってきているが、それでもまだ国際舞台では国家という単位が重要な役割を担っている。

実際、この30年というもの、市場、市民社会、大衆の個人主義、そしてヨーロッパという集まりが、国家を上回る力を持つようになったと、ヨーロッパ主義（あるいはカリフォルニア主義・自由主義・左翼主義など何でもよい）者たちは信じているが、それでも国際関係、すなわち紛争解決における中心的役割を果たすのは、最終的には国家だ。もちろん国家という単位だけでは動けない。程度の差こそあれ、多極化した諸勢力がひしめく、多くの国から成る大きな枠組みのなかで事を進めなければならないのが昨今の実情だ。

そしてこの舞台が影響を受けているのは、無数のグローバル企業、銀行、金融トレーダー、各種NGO、世界的なメディアネットワーク、主要な宗教（ローマ教皇、ダライ＝ラマ）、そして分類不可能な（そして影響力の大きい）多くの立役者たち（ノーベル委員会、オリンピック委員会、FIFA）、また忘れてはならないが、国際化して久しい非合法なあるいは犯罪的な経済（タックス・ヘイブンやマフィアによる）、そして国内の活動家たち（ロビイスト）などだ。彼らの目的は、国家に影響力を及ぼすことだったり、強制したり、骨抜きにしたり、国家から逃れようとしたり……さまざまである。

とはいえ、国家間の衝突であれ国内での衝突であれ、その紛争の原因はさまざまで、その経緯もかなり異なっている。

アメリカ合衆国
メキシコ
日本
ロシア
中国
イギリス
ドイツ
ベルギー
ポーランド
フランス
ドミニカ共和国
インド
ペルー
イタリア
クウェート
パキスタン
インドネシア
エジプト
ブラジル
ナイジェリア
コートジボワール
赤道ギニア
アルゼンチン
南アフリカ
国連安全保障理事会
常任理事国5カ国。拒否権を有する。
非常任理事国10カ国。国連総会で選出される。
任期が2019～2020年の2年間の非常任理事国
任期が2018～2019年の2年間の非常任理事国
安全保障理事会改革に賛成の国
常任理事国6議席（G4とアフリカ2カ国）、非常任理事国4議席を追加し、安保理事会を計25議席に拡大することを提案するG4諸国（訳注：日本、ドイツ、インド、ブラジル）
アフリカ圏から拒否権を有する常任理事国2議席と非常任理事国5議席を確保したいとするアフリカ連合
常任理事国1議席を確保したいとするアラブ連合
拒否権の現状に賛成の国
任期のより長い、すぐ再選可能な非常任理事国を追加する、という妥協策に賛成する「コンセンサス連合」諸国

紛争の原因は不変 Des causes éternelles

国家間の紛争の原因は、この世界が誕生したとき以来存在している。紛争の原因はまず集団——ここでは国民であり、彼らを代表する国家を指す——の基本的欲求に起因する。基本的欲求とは、あらゆる脅威から確実に身を守り、自分たちの影響力の範囲を広げることだ。そこには防衛上の懸念と同時に本能的な権力と征服への志向が、弁証法的に混ざりあっている。前者のほうが頻繁に主張されるのは国家間のコミュニケーションを円滑にするためだが、後者も相変わらず強力なのである。

国家間の対立は不断に繰り返されている。本物の、あるいは建前上のイデオロギーや価値観が対立の口実にされることもある。すなわち、イデオロギーや価値観が本気で信じられている場合もあれば、もっと即物的な動機や世論にあまり「人気のない」利害事情を隠すための言い訳として使われる場合もあるということである。

対立が起こる直接的または間接的な理由は、領域的（領土／領海／領空／宇宙）、帝国主義的、覇権主義的、あるいは拡張主義的な野心を満たすため、領域保全を確実にするため、原料・水・エネルギーなどの生命維持に不可欠な備蓄と戦略上経路の確保のため、技術開発を強化し競争から脱落しないようにするためなどである。さらに、ライバル国を弱体化させる、あるいは同盟国を支持するためという理由もある。

植民地化や植民地化以前の地域事情、脱植民地化運動、そして植民地帝国の崩壊などによって敵対関係と負の遺産が発生し、これにより紛争と緊張は終わることなく激化していく。さらに、こうした敵対関係は宗教的要因（否定されがちだが）やイデオロギー的要因に刺激されて深刻化することもある。世論に好まれそうな、人々を簡単に焚きつけられそうな要因をうまく利用しているのは、政府当局、さまざまな団体やネットワーク、そしてロビー活動組織だ。

意思決定者が力に訴えるのは、それ以外の手段に事欠いたときや、軍事的・政治的な力を行使すれば事態が収拾できそうなとき、または力の行使によって目的が達せられそうで今がその好機だと判断したとき、あるいは、恐怖や運命論に煽られた世論が生み出した悪循環に手がつけられなくなったときである。

誰もが通信手段を持つようになりソーシャル・ネットワークが拡大したせいで、紛争を発生させるような現象はかつてない激しさと速度で広まっていく。世論を利用して権力の強化を図ろうとしてきた政府が、大衆が個々に発信する情報に後れを取って取り残され、自分たちでは事態を収拾できなくなることもしばしばある。いっぽう軍事費は、紛争の原因であるのと同様、国家間緊張の表れであり産物でもある。しかし大きな軍備格差があっても、かえってそれが当事国の片方を刺激して一過性にすぎない自国の優位を利用しようという気にさせる場合がある。

領土や国境紛争の武力解決、戦略上重要な航路・海峡・小島・経路、水源・ダム・河川、油田・ガス田・ウラン鉱・各種戦略的鉱物の支配、そして農耕可能な土地の獲得（ダルフール、ルワンダ、キブ）は、地球の多くの地域で今この瞬間に起きている。技術力の進んだ国家のあいだでは、紛争は産業スパイという形で現れ、さらには宇宙にまで及び、今やデジタル分野にが新たな戦場になっている。

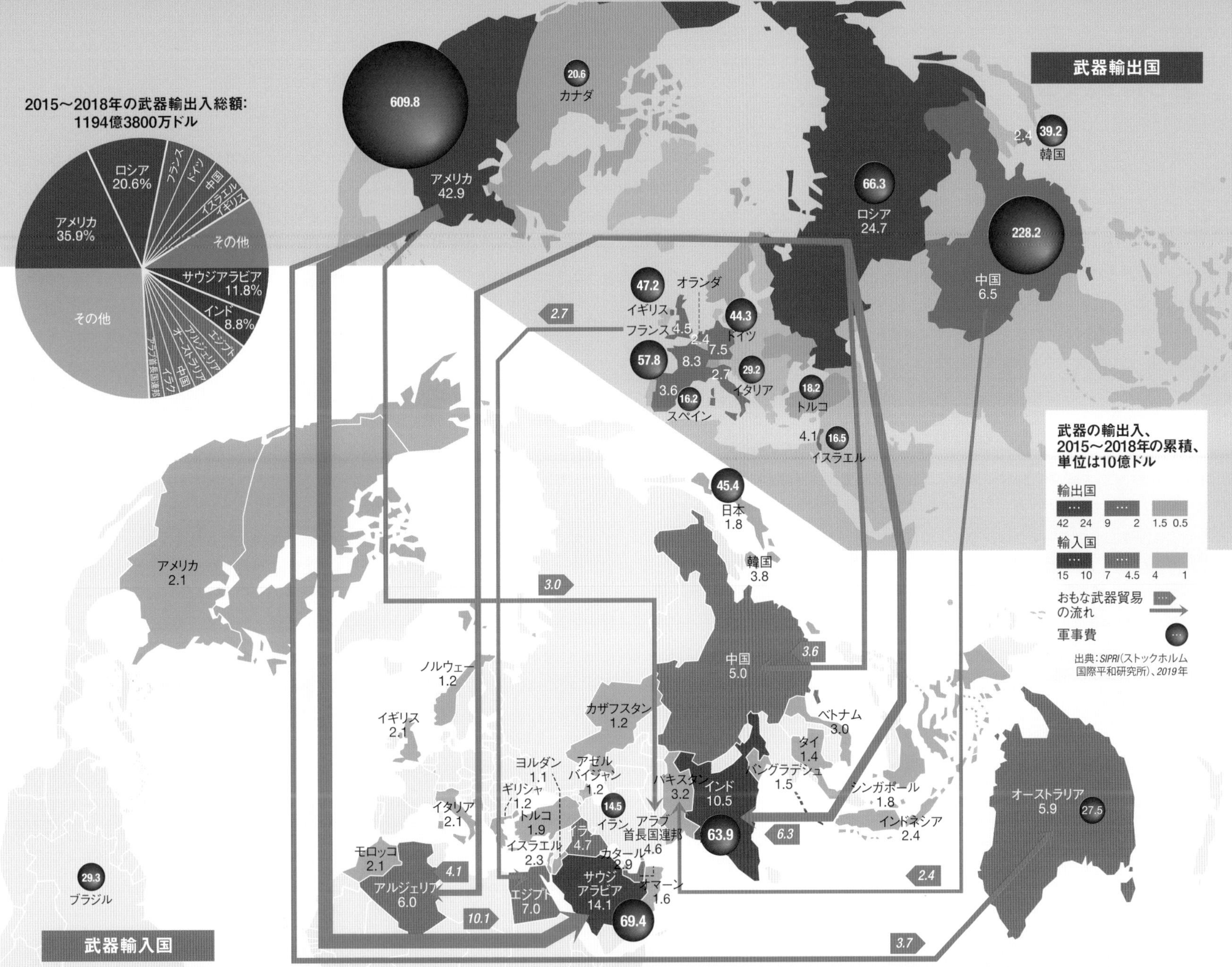

武器輸出国
2015～2018年の武器輸出入総額:
1194億3800万ドル
ロシア
20.6%
フランス
ドイツ
中国
イスラエル
イギリス
その他
アメリカ
35.9%
サウジアラビア
11.8%
インド
8.8%
エジプト
アルジェリア
オーストラリア
中国
イラク
アラブ首長国連邦
その他
609.8
アメリカ
42.9
20.6
カナダ
2.4
39.2
韓国
66.3
ロシア
24.7
228.2
中国
6.5
47.2
イギリス
オランダ
44.3
ドイツ
フランス
4.5
2.4
7.5
57.8
8.3
2.7
29.2
イタリア
3.6
16.2
スペイン
18.2
トルコ
4.1
16.5
イスラエル
45.4
日本
1.8
武器の輸出入、
2015～2018年の累積、
単位は10億ドル
輸出国
42 24
9 2
1.5 0.5
輸入国
15 10
7 4.5
4 1
おもな武器貿易の流れ
軍事費
出典：SIPRI（ストックホルム国際平和研究所）、2019年
2.7
韓国
3.8
アメリカ
2.1
3.0
3.6
中国
5.0
ノルウェー
1.2
イギリス
2.1
カザフスタン
1.2
ベトナム
3.0
タイ
1.4
ヨルダン
1.1
アゼルバイジャン
1.2
ギリシャ
1.2
パキスタン
3.2
インド
10.5
バングラデシュ
1.5
シンガポール
1.8
イタリア
2.1
トルコ
1.9
14.5
イラン
アラブ首長国連邦
4.6
イラク
4.7
63.9
6.3
インドネシア
2.4
オーストラリア
5.9
27.5
イスラエル
2.3
カタール
2.9
モロッコ
2.1
4.1
アルジェリア
6.0
エジプト
7.0
サウジアラビア
14.1
オマーン
1.6
2.4
29.3
ブラジル
10.1
69.4
3.7
武器輸入国

過ちは高くつく Des erreurs qui coûtent cher

ソ連が1979年にアフガニスタンに侵攻したとき、その理由はこの国に誕生したばかりの共産主義政権、つまり自分たちのか弱い「同胞」を守るためだった。前例もあり、ソ連としては親ソ政権の転覆を見逃すわけにはいかなかったのだ。ところがこの戦争はソ連陣営を堅固にするどころか、その衰退に拍車をかけてしまった。それから36年後、ロシアはシリアに軍事介入し、同盟関係にありロシアの支援に恩義を感じているバッシャール・アル＝アサド政権の瓦解を首尾よく食い止めることになる。

1990年、イラク大統領サダム・フセインは大きな間違いを犯した。イラクのクウェート侵攻ならびに併合に対する国連安全保障理事会の決議に、ゴルバチョフが拒否権を発動してくれると期待したのである。フセインにとって、この侵攻はイラン・イラク戦争（クウェートをイランの脅威から守ったとイラクは主張）にかかった軍事費をクウェートが支払わなかったために起きた正当化されるべき戦争だった。だが、改革を推進したためにソ連国内での反対派が多く、またソ連経済の近代化を望んでいたゴルバチョフにとって、西側諸国との友好関係は必要不可欠であり、あからさまに国際法を無視してきた胡散臭い同盟国（イラク）を守ることよりも優先順位が高かったのだ。フセインはそのことに気づいていなかった。サダム・フセインは冷戦時代のルールがいまだに支配的であると信じていたのだが、ゴルバチョフは、大国が相互理解し国連安全保障理事会を通じて諸国全体の安全を維持・確保するために力を合わせるという「新しい世界秩序」に夢を託していた。とはいえ、ゴルバチョフもまた、現実性に乏しい展望に賭けていたという点では、誤りを犯していたのである。彼の考えていた展開は実現しなかった。アメリカがそれを望んでいなかったからだ。

1992年にロシアはバルト三国（エストニア、ラトビア、リトアニア）、南コーカサス（アゼルバイジャン、アルメニア、ジョージア）、そしてとりわけ、15世紀以来ロシアの一部であったウクライナの独立を認めたが、ロシアにとっては追い込まれた末の不本意な出来事であった。その後のロシアの動きは派手だ。2008年夏、ロシア政府はジョージアのサアカシュビリ大統領が試みた領土回復運動をくつがえした。2014年3月にはさらに、ウラジーミル・プーチンが、ウクライナの独立広場での反ロシア分子の挑発を口実にクリミア半島に侵攻して奪回したのだ。その真の目的はウクライナのNATO加盟を阻止し、軍港都市セバストポリを失わないためだった。

アメリカ大統領ジョージ・W・ブッシュは2003年、なぜイラクに戦争を仕掛けたのか。イラクが保有しているとされた大量破壊兵器（国務長官のコリン・パウエルでさえこの説を疑いもしなかった）への査察に非協力的であることや2001年9月11日のアメリカ同時多発テロに関与したというブッシュ側の主張に根拠はない。イラク戦争を始めたのは、ワールドトレードセンターが攻撃される（死者3000人、負傷者6300人）という苦悩と屈辱を味わったアメリカ政府が、自国が世界一の超大国の座を譲りはしないということをあらためて世界に示す必要を感じたからだ（付け加えるなら、イラクによる父ブッシュの暗殺未遂への復讐も理由のひとつに含まれる）。石油だけが戦争の原因なら、サダム・フセインとの合意（経済制裁解除と引きかえにアメリカがイラクの石油を確保すること）を取りつけるほうが容易であったはずで、長期的に見ても安全確実な方法だ。しかしイラク戦争には、中東に安定した親米民主主義を導入することによって、アメリカの威信を回復し中東の戦略地図を描き換えようとするアメリカの目論見があったのだ。

振り返ってみれば、自信過剰と現実に即した長期的ビジョンの欠落が、取り返しのつかない結果を招いてきたのだということがわかる。

2万7769トン
90%廃棄
アメリカ
3万9967トン廃棄
ロシア
北朝鮮
キリバス
ツバル
リモア
ニウエ
ミクロネシア
ハイチ
ネパール
1000トン廃棄
インド
15トン廃棄
アルバニア
イスラエル
1063トン廃棄
シリア
26トン
廃棄
リビア
エジプト
?トン廃棄
イラク
エリトリア
ジブチ
ギニア
チャド
リベリア
ソマリア
中央アフリカ共和国
南スーダン
タンザニア
コモロ
アンゴラ
ナミビア
化学兵器保有国で、2017年9月30日時点で廃棄している第1カテゴリーの化学兵器のトン数
強い有毒性、あるいは非常に強い活動不能化性（神経毒性、びらん性）を持つ化学兵器。
許容量：一国当たり1トン。
出典：ヨーロッパ・外務省
生物兵器禁止条約
生物兵器禁止条約に署名・批准した国（締約国）
未署名国
署名済み未批准国
2016年4月の新締約国
化学兵器禁止条約
署名済み未批准国
未署名国
化学生物兵器（CBW）の規制を目的として開催される会合である「オーストラリア・グループ」に加盟している40カ国。
出典：UNODA（国連軍縮部）

大国の欲望が衝突するとき Le choc des volontés de puissance

近隣の国を制圧したいという大国の欲求は昔も今も変わらない。1823年12月、アメリカ大統領ジェームズ・モンローは、南北アメリカは今後ヨーロッパ列強に植民地化されることはなく、代わりにアメリカも決してヨーロッパの問題には介入しないと宣言した。1904年には、第26代アメリカ大統領セオドア・ルーズベルトによって、モンロー主義の拡大解釈であるルーズベルト・コロラリー（系論、つまりここではモンロー主義から引き出される当然の考え）が打ち出された。これによりアメリカは自国の「裏庭」とみなしていたラテンアメリカ諸国とカリブ海地域への干渉を正当化した。

ロシアは、「近隣諸国」（旧ソ連諸国）をあらためて支配しようとしている。そのコントロールぶりは1990年代、ソ連崩壊によるロシアの弱体化を利用していた西側世界に反撃するかのような勢いだ。ロシアはまた、温暖な海に面した不凍港を獲得したいという悲願を抱えており、それが可能な地域（旧ソ連の中央アジア諸国とシリア）における領有権を主張している。中国も、さらに広い地域で一種の領土権や領海権を握ろうとしている。辺境の戦略的地域に住む少数民族（チベット自治区のチベット族、新疆ウイグル自治区のイスラム教徒ウイグル族、内モンゴル自治区のモンゴル族など）の要求を抑圧しつつ、19世紀に受けた「屈辱を晴らす」願いを隠れた動機としてみずからを駆り立てている。近隣諸国への支配を強めようとする例は他にもある。インドは、1947年以来、パキスタン、スリランカ、バングラデシュを自国の勢力圏だとみなしている。ベトナムとタイは、カンボジアとラオスに対して、フランスによる植民地化以前も、そして現在も、自分たちのほうが優位だと考えている。1967年以来、そして1980年代に顕著になったイスラエルのパレスチナ領土に関する政策は強硬だ。トルコのエルドアン大統領の政策は「オスマン帝国」をほうふつとさせる。エチオピアも地域における覇権を追求してきた。また、ここまで述べた国々とは根本的に異なるものの、ヨーロッパは東と南の周辺国の平和維持に寄与できるという信念を持っている。そして、同盟への加入、協力、提携、条件付き援助、欧州近隣政策、さらには軍事介入（コソボ）や平和維持のための介入（マケドニア）までさまざまな手段を用いてきた。

いっぽう現代のアメリカは、自分たちの影響力が世界全体に及んでいなければならないと思っている。しかしその野心を満たすために選ぶ対象や手段が極端から極端に走りがちだ。

以上に述べたような大国の政策展開は、自分たちと似通った点（宗教、エスニシティ構成、言語、または政治形態）を持つ国々に対する政治または軍事介入という形を取ることがある。これらの国が危機的状況にあるとみなすか、隣国であるなら援護しに行くという口実を設けて介入するのだ。東方世界のキリスト教徒の保護を掲げるのはフランス王政の伝統だが、ロシアもまた旧ソ連邦諸国にいるロシア人を「保護」したがり、イランは海外在住のイスラム教シーア派教徒を支持し、利用したがり、中国は世界中、とくに東南アジアに散らばっている中国人への支援にますます積極的だ。手段を持つ大国はみな、海外在留自国民を擁護している（フランスならばアフリカ、アメリカは世界中で）。

安全への懸念と権力の希求はさまざまに形を変えてきたが、今もなお国家間の紛争のきっかけとなる二大構成要素であり続けている。

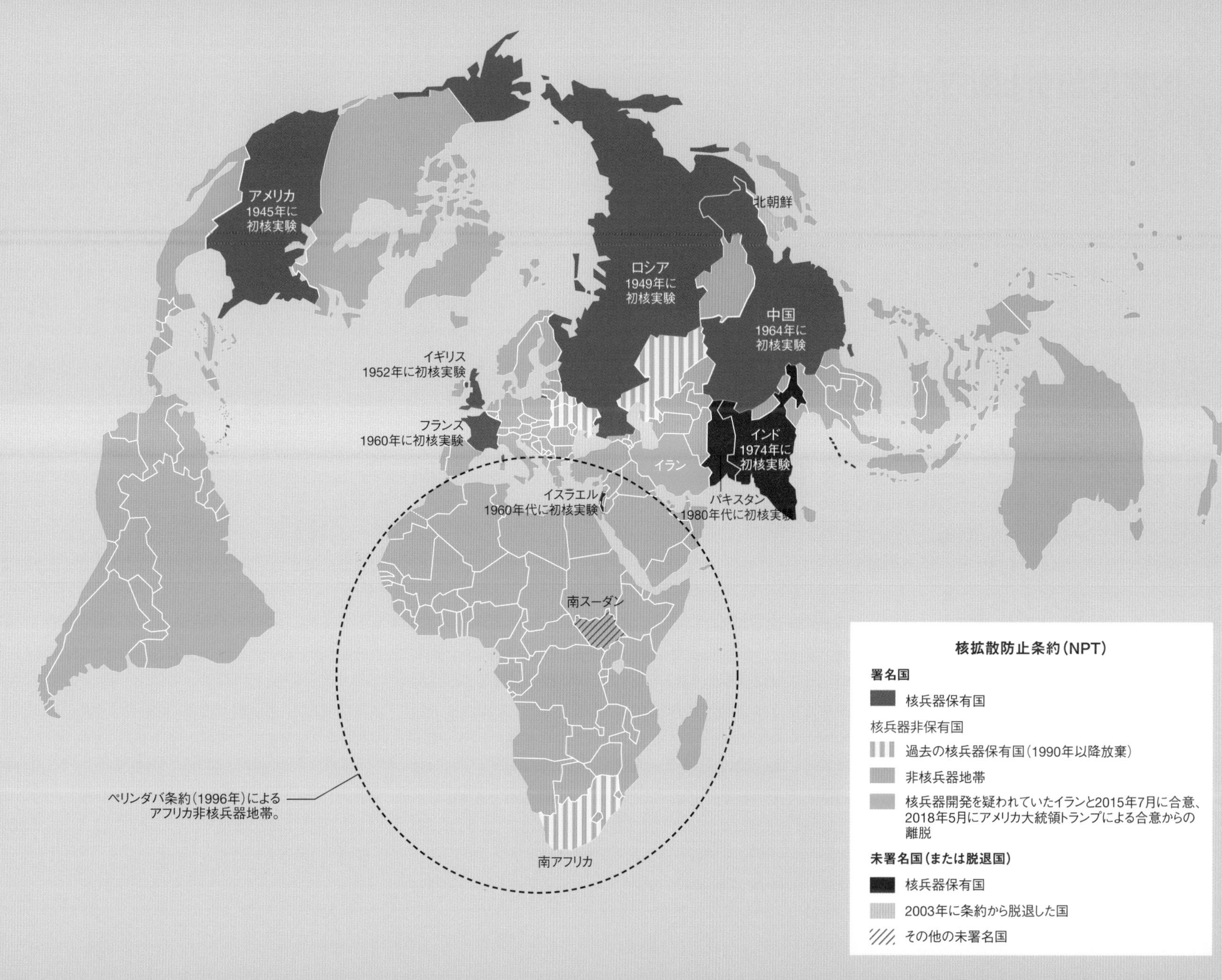
アメリカ
1945年に
初核実験
ロシア
1949年に
初核実験
北朝鮮
中国
1964年に
初核実験
イギリス
1952年に初核実験
フランス
1960年に初核実験
インド
1974年に
初核実験
イラン
イスラエル
1960年代に初核実験
パキスタン
1980年代に初核実験
南スーダン
ペリンダバ条約（1996年）による
アフリカ非核兵器地帯。
南アフリカ
核拡散防止条約（NPT）
署名国
核兵器保有国
核兵器非保有国
過去の核兵器保有国（1990年以降放棄）
非核兵器地帯
核兵器開発を疑われていたイランと2015年7月に合意、2018年5月にアメリカ大統領トランプによる合意からの離脱
未署名国（または脱退国）
核兵器保有国
2003年に条約から脱退した国
その他の未署名国

国家間紛争と国内紛争 Conflits interétatiques et infra-étatiques

国内紛争が起こるケースは2種類あり、区別する必要がある。すなわち、権力をふりかざす弾圧的な国家のケースと、国内、国外からの強い要求を制圧するだけの力がない弱い国家のケースだ。専制国家や独裁国家では、権力を奪われて巻き返しを図ろうとしている集団や、迫害や抑圧を受けた少数派などのさまざまな集団が反乱を起こし、紛争が始まる場合がもっとも多い。彼ら弱者は、不当な扱いを受けている自分たちの、信教や文化活動の権利、参政権、公民権、さらには自治権を認めさせる目的で闘う。ただし、彼らは国家からの分離独立や権力奪取を求めているのではない。

一方で、国家からの分離独立を求める集団はますます増えている。昨今の分離独立の動機は、その国で粗末に扱われてきた人々がアイデンティティの尊重を求める動きと結びついているが、経済面での理由（当該国の他の集団とこれ以上資源を共有したくない）も同じくらい重要だ。声高に主張されることが多いアイデンティティの問題は、それよりも「アピールしにくい」経済面での理由をごまかすために使われる。当該国がこうした分離独立派に対する政治的妥協または交渉を完全に拒否し、文化的要求や自治権の要求を封じ込めるとき、紛争は起こる（旧ユーゴスラビア崩壊時の民族的少数派の混乱や、アフリカの内戦など）。さらに、エスニシティや宗教の点で当該国と共通点を持つ人間が中心となって国外に集団を作り、その組織が当該国内で虐げられている人々と結託するケースが、バルカン半島、コーカサス地方、そしてアフリカで多く見られる（アメリカの数多くのロビー活動や、全世界のディアスポラ、ジハード組織を考えるとわかりやすいだろう）。こうして発生する紛争は、力を持つ国が単独または複数で介入するチャンスを与えてしまうこともある。これは、近隣の当該国の弱体化だけが狙いの介入だ。1914年8月、起こるはずがなかった世界戦争に、同盟という仕組みのせいで諸国が無分別に駆り立てられ参戦していったことを思い出そう。この例は論拠にならないかもしれないが、本書でリストアップした紛争の4分の3はそうした要素を含む原因で発生している。あらゆる分離独立の要求が相乗効果をもたらし、互いに助長しあっている。

こうした悲劇の連続と、その報道に対して何らかの役割を演じたいという願いが、この数十年間西欧諸国——とくにフランス——にもたらしたのは、一国による決断であろうが、安保理の承認がなかろうが、介入する権利はあるという主張だった。しかもそれは「介入の義務」とさえ呼ばれたのである。しかし南半球の国々はここに西欧諸国の新植民地主義という不純な動機を見出す。なぜなら、介入はいつでも北半球の国々からやってくるからだ。南半球の国々からの反発を抑えるため、道義と人類愛に根差したこのコンセプトは、「保護する責任」という名の下に、当時国連事務総長であったコフィ・アナンの指揮下で、法文として整えられ、国連活動の枠組みに組みこまれ、内容も修正された。これは論理的ではない概念だ。なぜなら安保理にはもともと、危険にさらされた寄る辺ない民衆や自国政府から脅かされている人々を保護する責任があるからだ。安保理は現在までほとんどこの概念を適用していない。

約30年続いた西欧諸国の介入主義はそろそろ疲弊してきている。この辺で状況を振り返ってはどうだろうか。混同してはいけないのは、安保理の枠組み内で決定された（または承認された）介入（1991年のクウェート、2013年のマリ）や、途中その権限は変更されたが国連が決定した介入（2011年のリビア）と、一方的な介入（2003年のアメリカによるイラク軍事介入）や中間的なケース（1999年のコソボ）だ。さらに、これらの介入がもたらした結果を客観的に分析する必要もある。

問題はまだある。国連の理念をどのように、誰が、どんな目標を目指して実行に移せばよいのか。何かが起こるたび、正当性・適時性・効率性という3つの課題が発生するからだ。安保理自体が満場一致、つまり拒否権の発動がなく決議するときでも、適時性と効率性の問題は依然として残っている。

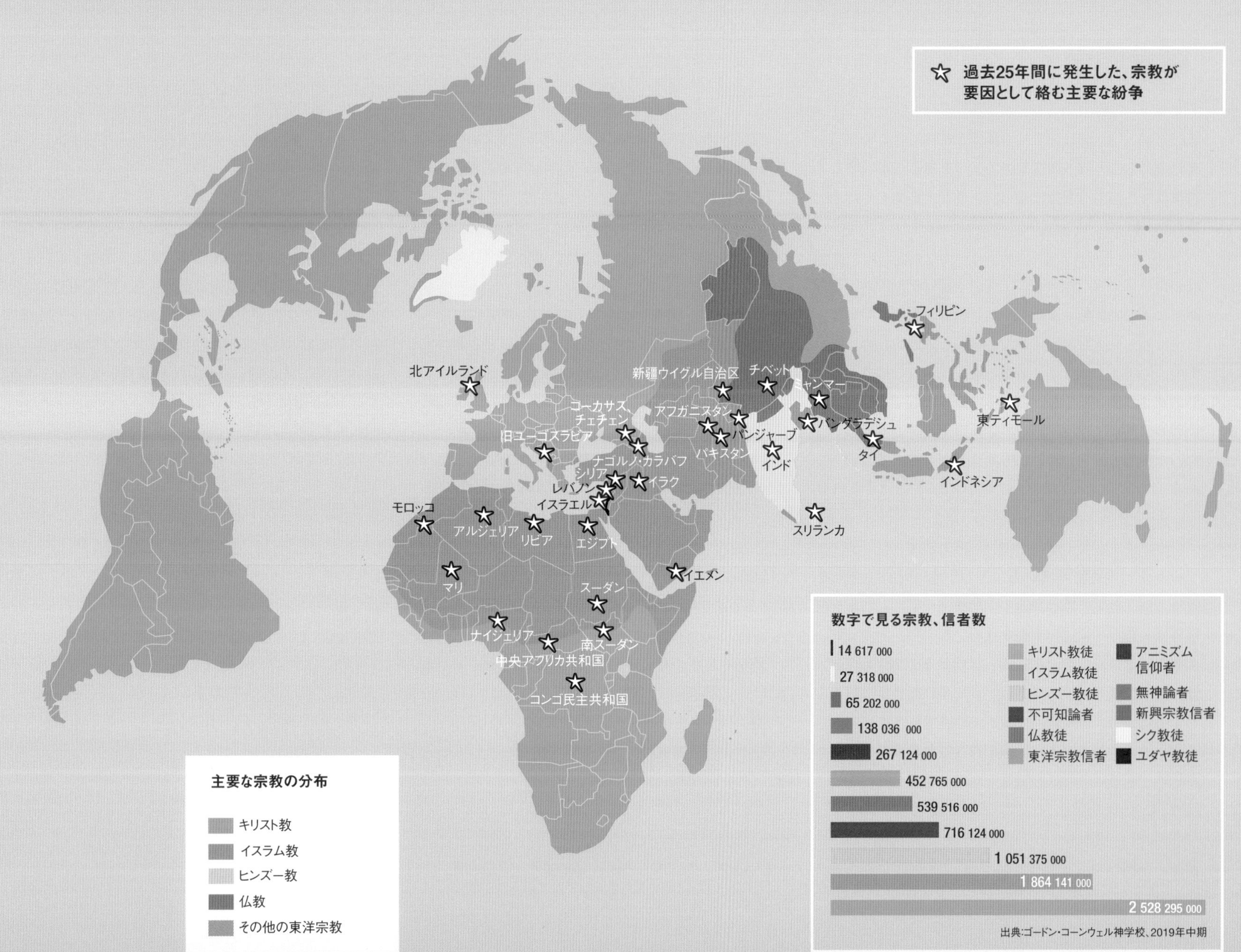

過去25年間に発生した、宗教が要因として絡む主要な紛争
フィリピン
北アイルランド
新疆ウイグル自治区
チベット
ミャンマー
コーカサス、チェチェン
アフガニスタン
バングラデシュ
東ティモール
旧ユーゴスラビア
パンジャーブ
パキスタン
インド
タイ
ナゴルノ・カラバフ
シリア
イラク
レバノン
インドネシア
イスラエル
モロッコ
アルジェリア
リビア
エジプト
スリランカ
イエメン
マリ
スーダン
ナイジェリア
南スーダン
中央アフリカ共和国
コンゴ民主共和国
主要な宗教の分布
キリスト教
イスラム教
ヒンズー教
仏教
その他の東洋宗教
数字で見る宗教、信者数
14 617 000
27 318 000
65 202 000
138 036 000
267 124 000
452 765 000
539 516 000
716 124 000
1 051 375 000
1 864 141 000
2 528 295 000
キリスト教徒
イスラム教徒
ヒンズー教徒
不可知論者
仏教徒
東洋宗教信者
アニミズム信仰者
無神論者
新興宗教信者
シク教徒
ユダヤ教徒
出典:ゴードン・コーンウェル神学校、2019年中期

破綻国家 Les États faillis

破綻国家とは、国家としての構造が解体したため主権を行使できなくなった国家のことである。このような国家は「正当的な暴力の独占」を発動する力をもはや持たない。

理由はさまざまだが、破綻国家の政府は統治機能が麻痺し、国土と国民を支配できない状態に置かれている。紛争が起こり国を蝕んでいくままにしているため、国内の一地域または全国に広がる集団、あるいは外国の勢力が遠隔操作する集団の餌食に簡単になってしまう。後者の目的は、政治的野心の実現であることもあるし、たんに経済資源を確実に掌握したいだけであることもある。

アフガニスタンや、東部のキブ地方を隣国ルワンダとウガンダに侵略されているコンゴ民主共和国などの国々では、他国の野心や国内の無秩序に直面しても、領有権・国境・国民の安全を守る力がない。対立状態が引き起こされるのはこんなときだ。ましてや政府自体が対立関係の当事者であれば、紛争が起こるのは当然である。こうした側面が明るみに出ているのはアフリカにおける紛争である。典型的な紛争はアフリカ大湖地域で起こっている。資源を自由に利用したいという野心が衝突の原因となる場合が非常に多い。

資源を掌握しようとする欲望は紛争の原動力にもなる。なぜなら資源を獲得すれば紛争当事者は武器の代金や兵士の給料を支払え（このように用いられる資源の例としてアフリカのダイヤモンドがあり、「血塗られたダイヤモンド」と呼ばれている）、紛争を続けることができるからだ。

麻薬の密売は、国内各地域で活動する武装組織にとっての資金源になることが多い。これらの武装組織の潜伏場所は、リビアやマリの辺境地帯、サヘル地域などだ。アヘン生産世界一のアフガニスタンでは武装組織が麻薬の栽培における主要な役割を果たしている。アフリカでは不法移民の人身売買による「ニューエコノミー」が麻薬の密売よりも大きな利益を上げている。

以上に述べた脆弱国家における紛争の原因は、あまりに広範囲にわたり、また混沌を極めているかのように見える。まとめるとこういうことになる：

1：恐怖と自衛の必要から生まれる、やられる前に攻撃するという反射的行動。
2：権力欲。さまざまな原因と結びついている。
3：速やかに、簡単に、巨大な富を獲得したいという欲。

紛争の原因はひとつではない。いくつもの原因、ふさわしい状況、そしてきっかけ（一個人、一指導者、不安、脅威、集団譫妄（せんもう））が組み合わさって紛争は起こり、暗礁に乗り上げる。

国家による絶対的な権力の行使は憂慮されるべきことだが、国家が弱体化してしまったら安堵するどころではない。冷戦時代、ソ連は強大な権力で国内外に恐怖心を与えていたが、1990年代の脆弱なロシア政府は別の意味で世界を不安に陥れた（マフィアの台頭、分離独立派による戦争、そして核兵器の管理などの面で）。今でも数十カ国が当時のロシアと同じような状態にある。

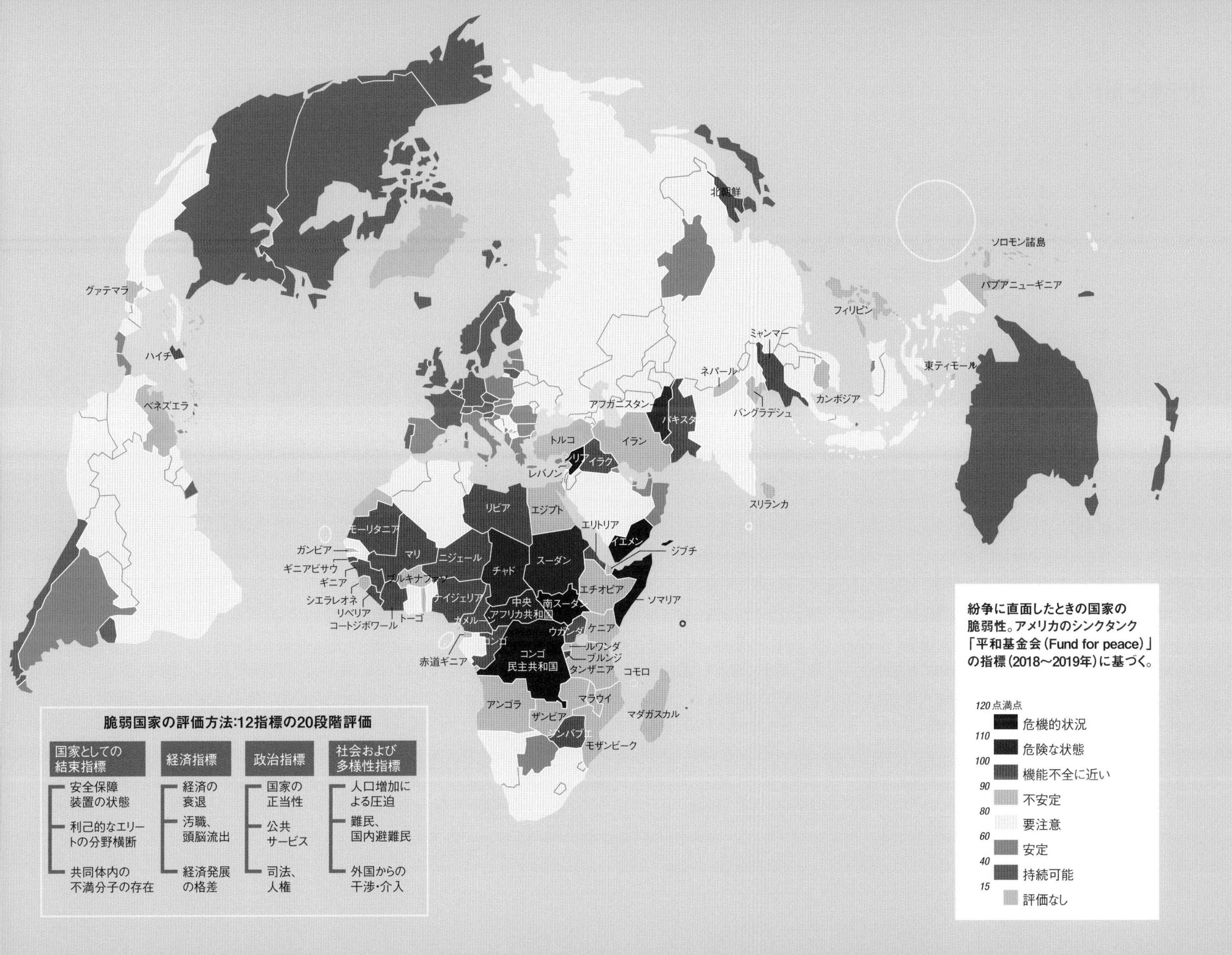
グァテマラ
ハイチ
ベネズエラ
北朝鮮
ソロモン諸島
パプアニューギニア
フィリピン
ミャンマー
東ティモール
ネパール
カンボジア
アフガニスタン
パキスタン
バングラデシュ
トルコ
イラン
シリア
イラク
レバノン
スリランカ
リビア
エジプト
エリトリア
イエメン
ジブチ
モーリタニア
ガンビア
マリ
ニジェール
チャド
スーダン
ギニアビサウ
ギニア
ブルキナファソ
シエラレオネ
ナイジェリア
エチオピア
ソマリア
リベリア
中央アフリカ共和国
南スーダン
コートジボワール
トーゴ
カメルーン
ウガンダ
ケニア
コンゴ
ルワンダ
コンゴ民主共和国
ブルンジ
赤道ギニア
タンザニア
コモロ
アンゴラ
マラウイ
マダガスカル
ザンビア
ジンバブエ
モザンビーク
脆弱国家の評価方法:12指標の20段階評価
国家としての結束指標
安全保障装置の状態
利己的なエリートの分野横断
共同体内の不満分子の存在
経済指標
経済の衰退
汚職、頭脳流出
経済発展の格差
政治指標
国家の正当性
公共サービス
司法、人権
社会および多様性指標
人口増加による圧迫
難民、国内避難民
外国からの干渉・介入
紛争に直面したときの国家の脆弱性。アメリカのシンクタンク「平和基金会(Fund for peace)」の指標(2018〜2019年)に基づく。
120点満点
危機的状況
110
危険な状態
100
機能不全に近い
90
不安定
80
要注意
60
安定
40
持続可能
15
評価なし

世論と紛争 Les opinions publiques et les conflits

国の指導者たちは、選挙戦のなかで、自己を正当化し、支持層を拡大し、人々の協力を得て選挙に勝つため、あるいは選挙を無効にするために論争を起こす。国のトップが起こす論争は制御できないほどの力を生み出すことがあり、当の本人たちさえもその渦中で身動きが取れなくなるほどだ。

こうして起こった紛争は、時間が経つにつれて悪化していく。中東では、イスラエルとパレスチナのあいだの領土紛争——同じ土地にふたつの民族が住む——において、対立するナショナリズムが歩み寄り（イスラエルのラビン首相とPLOのアラファト議長の時代にはまだ妥協することが可能だった）、手遅れにならないうちに決着をつけるということをしなかったため、紛争は宗教的どころか狂信的な様相を呈し、世界の多くの地域とイスラム・西欧の関係に壊滅的な影響を及ぼした。繰り返すが、紛争のさまざまな原因は、時間とともに絡み合い、強まり、深刻化する。情念、怨念、恐怖、調査結果を駆使していくらでも操作できる昨今の世論、報復や復讐の意志、メディア報道、選挙戦などのせいで、紛争は解決不可能に陥る場合がある。

民主主義が必ずしも平和をもたらすとは限らない。たしかに、戦争もやむを得ないと大衆が思ってしまうことはとても多い（自分たちが第一の犠牲者になるというのに）。一見毅然として見える開戦派のレトリックは、外交手腕を使って達成する妥協という展望よりも人々にアピールするのだ。外交による妥協の長期的な利点は、すぐには判明しない。熱狂的なナショナリズムは衝突に発展する。これを切り札として利用する政府はしばしばみずからの罠にはまり、制御不能なほどの急流に巻き込まれて漂流することになる。

紛争当事者のひとつが降伏するか、単独あるいは複数の当事者が疲弊して解決への道を探し出すのでもなければ、硬直状態に陥った紛争（旧ソ連周辺諸国、アフリカ、バルカン半島、中東における「凍結された」紛争）において、出口を見つけるのはとても難しい。アフリカ諸国の独立以来、長年にわたって頻発していた、血塗られた内戦や地域戦争のほとんどが終結している。しかし、紛争の本当の原因が論じられなければ、形の上だけ、または善意から出ただけの平和への呼びかけやイニチアチブに、ほとんど効果はない。中東であるならば、イランとサウジアラビアが本気で妥協案を模索しようとしなければ解決の道はないのだ。だが、ここ数年に両国のあいだに起きていることはその逆であり、紛争は拡大するばかりだ。

20世紀半ば、ヨーロッパでは歓迎され他地域では異論が多かった「国際司法システム」に基づいて国際刑事裁判所が設立されて以来、国際法や、国連をはじめとする国際機関は目覚ましい発展を遂げてきた。しかし、世界中で平和を築いて維持し、紛争の防止のみならず解決する能力を持つまでにはまだ不十分だ。中東をはじめとする紛争を見ればわかるように、長期化傾向にあった紛争はゆっくりと減少してきている。過去70年、核抑止力が本当に平和を保障してきたのは核保有大国のあいだでだけだったが、それだけでも非常に意義深いことである。

紛争を解決するために、現代の指導者たちには、ときには自説を曲げても進むだけの大きな勇気と、政治に長けた頭脳と、高度な戦術センスと、説得力を備えた教育者的資質が必要になる。紛争の解決とはいつでも、妥協を受け入れて国民にそれを認めさせることなのだから。

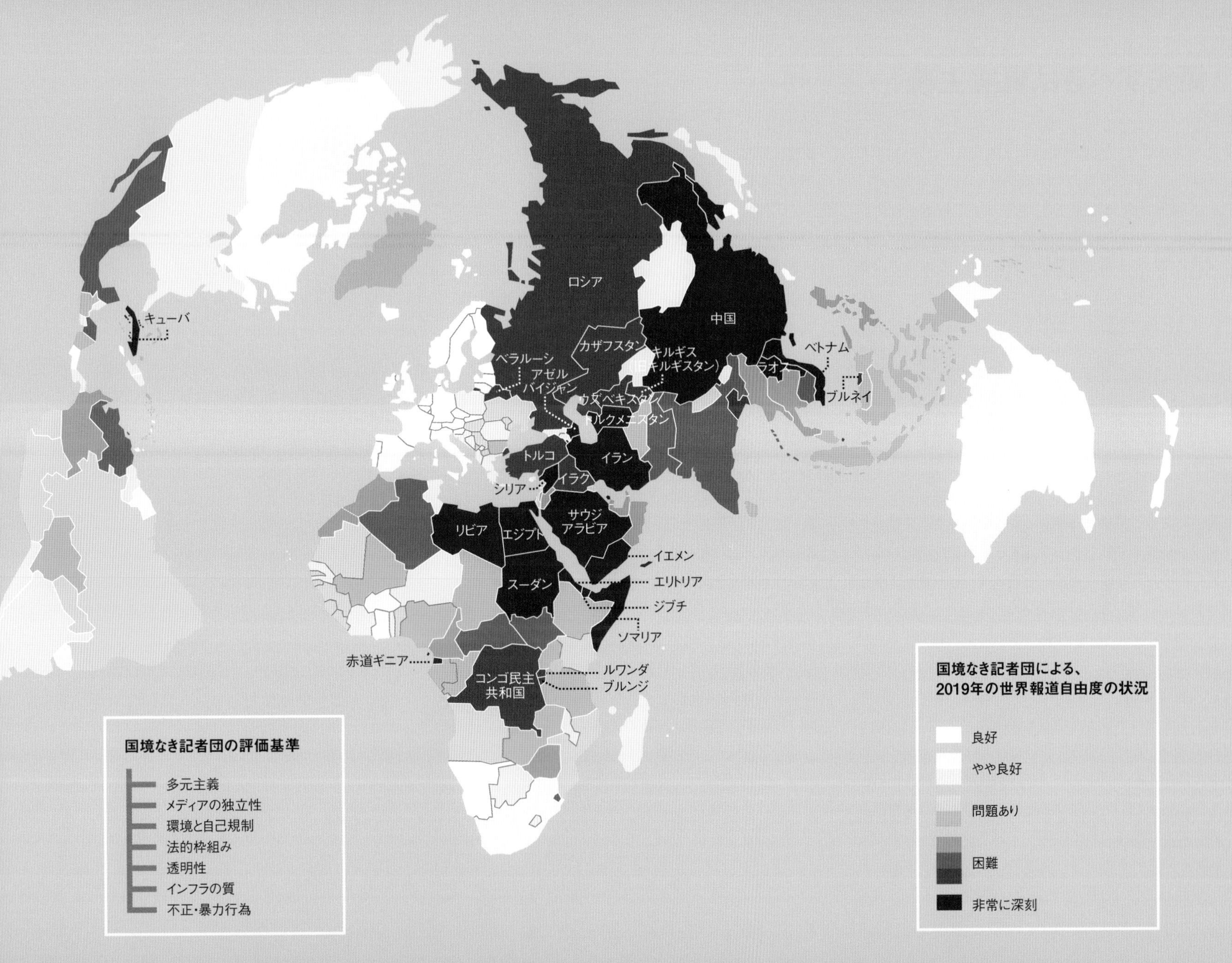

ロシア
中国
キューバ
カザフスタン
キルギス
(旧キルギスタン)
ベラルーシ
アゼル
バイジャン
ウズベキスタン
トルクメニスタン
ベトナム
ラオス
ブルネイ
トルコ
イラン
イラク
シリア
リビア
エジプト
サウジ
アラビア
イエメン
スーダン
エリトリア
ジブチ
ソマリア
赤道ギニア
コンゴ民主
共和国
ルワンダ
ブルンジ
国境なき記者団の評価基準
多元主義
メディアの独立性
環境と自己規制
法的枠組み
透明性
インフラの質
不正・暴力行為
国境なき記者団による、
2019年の世界報道自由度の状況
良好
やや良好
問題あり
困難
非常に深刻

優先すべきは現実主義 Priorité au réalisme

国際連合憲章（国連憲章）の立派な文言、2000年の国連ミレニアム宣言のなかに浸透している楽観主義、2015年に国連加盟国193カ国によって採択された17のグローバル目標からなる持続可能な開発目標、気候変動に関する国際連合枠組条約で195カ国により採択された「パリ協定」（COP21）、G8やG20といった大国の首脳や新興国、国際的に名高い精神的指導者からの呼びかけ……これらの素晴らしい理想が示されているにもかかわらず、よほど幸運なハプニングでも起きない限り、現在の紛争がすべて収束し、あと数十年間紛争がまったく起こらないということはまずないだろう。

暴力によって崩壊するかもしれない多様なエスニック集団からなる地域は今も存在する。完全に終結しなかった紛争がまたぶり返すかもしれないし、さらに悪化しそうな危機もまだ続いている。ウクライナ紛争は解決したわけではない。中東ではスンニ派とシーア派がコールド・ピース（冷ややかな平和）下での共生を受け入れるまでには、そしてシリアとイラクが持続可能な未来展望の下で国家再建を実現するまでには、きっと時間がかかるだろう。さらに、イスラエル・パレスチナ紛争が回り道を止めて双方が納得する解決を見出すのはいったいいつになるだろう？　イスラム原理主義者たちが鎮圧されるのは？　アフリカから紛争の原因が一掃されるのは？　北東アジア（訳注：中国、北朝鮮、韓国、モンゴル、ロシア極東地域、日本などを指す）の緊張が制御できるようになるのは？

危機と紛争の原因は多種多様だ。厳正かつ客観的に分析することが望ましい。善意は気高い。しかし善意には政治を動かし国際法に示されている希望の世界を実現するほどの力はない。現実主義（「レアルポリティーク（現実政治）」ともいう。長いあいだ否定的な含みのあった概念だが、少しずつ再評価されている）とは、乱暴に勢力均衡を押し付けることを容認するものではなく、最適な方法を編み出し状況を改善しようとするものだ。レアルポリティークより危険なのは、現実感覚が欠如したイレアルポリティーク（非現実政治）である。幻滅と大失策を繰り返してきた歴史がそれを教えてくれる。それによって最初に犠牲になるのはいつも一般市民なのだ。

だから、これから起こりそうな紛争を見分けるために、あらゆる原因の分析を継続して行っていくべきだ。可能な限り紛争を予測し、解決するためには、それが最良の方法なのである。本書の目的はそこにある。

- 26 %
日本 2.9 %
- 25 %
ロシア 4.7 %
その他の国々 29.6 %
- 60 % *
中国 26 %
- 30%
カナダ 1.6 %
- 26 %
アメリカ 13.9 %
- 40%
EU（欧州連合）8.9 %
- 29 % *
インドネシア 1.7 %
- 4 %
イラン 1.6 %
- 43 %
ブラジル 2.3 %
- 35 % *
インド 6.7 %
気候変動に関するパリ締約国会議（COP21）、2015年10月
パリ協定署名済み未批准国
トランプ大統領によるアメリカの離脱（2017年7月）
世界の温室効果ガス（GHG）（原注1）排出量に占める排出割合（%）
2030年をめどにしたGHG排出量削減への各国の取り組みと、
2018年排出ギャップ報告書（国連）（原注2）に基づく2018年時点の現状
目標通りに進んでいる
目標通りに進んでいるかどうかは不確定
目標通りに進んでいない
出典：（原注1）カナダ環境・気候変動省（2019）、（原注2）フランス通信社
*炭素強度：経済成長に対する二酸化炭素排出量の割合
UNDP（国連開発計画）の「人間開発指数」（HDI）に基づく2018年の人間開発水準
超高度人間開発国
高度人間開発国
中程度人間開発国
低人間開発国
出典：UNDP2018年報告書

第2部

各地の危機と紛争

Les crises et les conflits

欧州連合（EU）28カ国
2016年6月23日の国民投票の結果、イギリスの欧州連合離脱（ブレグジット）が決定
ユーロ圏
シェンゲン協定加盟国
欧州連合加盟候補国
潜在的加盟候補国
フェロー諸島（デンマーク）
レイキャビク
アイスランド
ノルウェー
オスロ
スウェーデン
ストックホルム
フィンランド
ヘルシンキ
タリン
エストニア
リガ
ラトビア
リトアニア
ビリニュス
ロシア
モスクワ
ロシア連邦
ミンスク
ベラルーシ
デンマーク
コペンハーゲン
ダブリン
アイルランド
イギリス
ロンドン
オランダ
アムステルダム
ベルリン
ポーランド
ワルシャワ
ドイツ
ブリュッセル
ベルギー
ルクセンブルク
パリ
キエフ
ウクライナ
プラハ
チェコ共和国
スロバキア
ブラチスラバ
ウィーン
オーストリア
ブダペスト
ハンガリー
リヒテンシュタイン
ベルン
ファドーツ
スイス
フランス
スロベニア
リュブリャナ
ザグレブ
クロアチア
モルドバ
キシニョフ（キシナウ）
ルーマニア
ブカレスト
ボスニア・ヘルツェゴビナ
ベオグラード
サラエボ
セルビア
サンマリノ
モナコ
アンドラ
バチカン
ローマ
ポドゴリツァ
モンテネグロ
コソボ
ソフィア
ブルガリア
スコピエ
北マケドニア
ティラナ
アルバニア
ジョージア
マドリード
ポルトガル
スペイン
リスボン
イタリア
アンカラ
トルコ
ギリシャ
アテネ
アルジェ
チュニス
バレッタ
アルジェリア
チュニジア
マルタ
モロッコ
ニコシア
キプロス
シリア
レバノン
600 km

ヨーロッパの危機と紛争

L'Europe des crises et des conflits

危機に直面するヨーロッパ L'Europe en crises

東西陣営の対立が終結し、ヨーロッパおよびドイツの分断がなくなると、欧州連合（EU）をめぐって誰もが楽観的な見方をした。もはや領域を侵されなくなったヨーロッパは、結束を深めつつ拡大し、共通の外交政策と通貨を導入し、「グローバリゼーションのマイナスイメージを払拭する」はずだった。このときからほぼ30年経った今、さまざまな危機に見舞われ脅威にさらされてきたEUの先行きは不透明だ。

冷戦終結後のEUは、経済力は強大だが政治力は貧弱だとみなされていた。だが、今ではもはやEUが強大な政治力を得るかどうかではなく、経済発展をともなった連合であり地域であり続けられるのかどうかが問題になっている。2008年のアメリカにおける金融危機の影響、そして欧州北部諸国、とりわけドイツの貿易黒字と南部諸国の競争力低下が引き起こした不均衡がきっかけとなって、2011年に深刻な危機が発生し、ユーロ圏の分裂が危ぶまれた。なかでもギリシャの財政赤字と負債は発表されていた数字をはるかに上回る大きさで、ユーロ圏から離脱するのではないかという臆測まで出た。さらにポルトガル、スペイン、イタリア、そしてアイルランドまで離脱するのではないかと危ぶまれた。最終的には、ギリシャに対して甚大な社会的影響をともなう厳しい調整策を課すことで、ユーロ圏は解体を免れたのだった。

EU加盟国は次々と増えて当初の15カ国から28カ国になった。経済の不振、加盟国に要求される細かな規制、そして各国民の主権が失われたという感覚のせいで、そもそもヨーロッパの住民はあらゆる欧州機構に懐疑的であった（フランスでは、1992年にマーストリヒト条約についての国民投票が行われ、1.2%という僅差でようやく批准にこぎつけた）。だが、2019年には、欧州議会選挙に51%の有権者が投票し、人々が再びEUに関心を持ちはじめたことを証明した。とはいえ、欧州統合に懐疑的な党派が多く票を獲得しているため、関心が復活したと手放しで評価するほどではない。

2016年7月23日、イギリスの有権者はEUからの離脱に賛成票を投じた（離脱支持51.89%）。ひとつの国がそれほど決断を下したのはこれが初めてだった。ブレグジット（EU離脱）派が危惧しているのは、国の内外（EU域内）で人々が大量移動していてコントロール（出入国の管理）ができないという問題、そしてEUの政策を決定する欧州委員会と、EUの基本条約や法令の解釈と適用を行う欧州司法裁判所の過剰な権力だ。確かなのは、イギリス人は欧州の経済共同体へは加盟するが「欧州連合」には加盟しないと表明していることだ。しかし、ブレグジットの実施は困難であり、それが逆説的に、欧州連合に所属する利点をはっきりと見せつけた。

西ヨーロッパの国々は過去、人々の大量移動や流入を経験してきた。しかしヨーロッパの経済成長が著しく、東西陣営のイデオロギー上の競争もあったという当時の背景を忘れてはならない……。そして2015年になり、おもにシリア、アフガニスタン、そしてイラクから100万の人々が海を渡ってやって来た。相次ぐ移民・難民の圧力にさらされ続けた結果、2015年以降、シェンゲン協定署名国間での自由な通行を一時停止する国が続いた。アンゲラ・メルケル首相率いるドイツだけは、少子化傾向と欧州一の経済成長を理由に、また道義的な面からも、多くの難民を受け入れる準備があると言明するが、その他の国の方針は違う。難民流入は徐々に減少してきている（2016年は37万人、2017年は18万人、2018年は14万人）が、その政治的影響（とりわけ急進的極右派が政権を握るイタリア、オーストリア、ポーランド、ハンガリー、チェコ共和国では）はまだまだ尾を引くだろう。

旧東側陣営の国々は大量の移民が流入した経験がないため、エスニシティ、文化、あるいは宗教面で均質な社会を維持していきたいと考えている。

EU加盟国のなかで、ロシア政府に対する態度、そしてさらに顕著なドナルド・トランプ大統領率いるアメリカ政府に対する態度は、国によって異なり、そのせいでEU内では再び東西分断が起きている。とはいえ、世界人口の7%、世界のGDP（国内総生産）の22%、社会的経費は世界全体の50%を占めるEUは、相変わらず人々にとって限りなく魅力的で、EUに加盟していない国々からは平和な黄金郷だと思われている。しかし逆に、EU加盟国内ではヨーロッパの疲弊が感じられる。ヨーロッパという体制を盤石にする（一足飛びに連邦制にするのでも、以前のヨーロッパに回帰するのでもなく）ことは可能だろう。たとえそれが青息吐息のプロジェクトであろうとも。

2019年欧州議会選挙、
EU内各国の代表名簿の筆頭政党グループ
欧州議会の構成（政党グループ別獲得議席数）
105
180
152
61
67
54
38
51％*
57
欧州統一左派
エコロジスト
社会民主主義
リベラル
中道右派
保守派・ナショナリスト
極右派
極右派
*投票率（51％）。欧州平均
出典：欧州議会／カンター、2019年5月27日
ヨーロッパにおける危機
失業率 2016 - 2017年
% 5 6 7 8 10 13 20 %
出典:2019年戦略計画
ウクライナ危機と旧東側諸国のロシアに対する敵対意識
ブレグジット（2016年6月の国民投票）
移民の脅威:
移民流入のルート
EU圏外で出生した国民の割合（%）
もっとも数の多い国籍（2018）
移民の阻止（「壁」の構築、割り当て人数……）
出典:ユーロスタット
2014年から2018年にかけてEU圏内に到着した難民数
141 472
2 277
2018
185 139
3 139
2017
373 652
5 096
2016
1 032 408
3 771
2015
225 455
3 538
2014
死亡または消息不明の難民
出典：UNHCR、IOM
ノルウェー
フィンランド
2.69
スウェーデン
5.37
エストニア
13.5
ラトビア
13.7
リトアニア
0.7
デンマーク
4.92
アイルランド
2.97
イギリス
3.66
オランダ
2.63
ドイツ
6.6
ポーランド
0.55
ベルギー
4.08
ルクセンブルク
7.22
カレー港のフェリーターミナル 2015～2016年
チェコ共和国
2.79
スロバキア
0.28
2015年のオーストリアとスロベニアの国境
ウクライナ
フランス
4.7
スイス
オーストリア
7.79
ハンガリー
0.85
2015年のハンガリーとセルビアの国境
スロベニア
4.95
クロアチア
0.84
ルーマニア
0.55
2015年のハンガリーとクロアチアの国境
ブルガリア
1.01
2014年のブルガリアとトルコの国境
2012年に建設されたエヴロスのフェンス
イタリア
5.92
スペイン
5.84
ポルトガル
2.77
ギリシャ
5.63
アフガニスタン人 9601人
パキスタン人 7859人
シリア人 7697人
トルコ
マルタ
6.01
キプロス
4.01
セウタ、メリリャ 1993年
モロッコ人 1万2751人
ギニア人 6113人
600 km

コソボ Kosovo

紛争の原因

セルビア人は、1389年にオスマン帝国を相手に戦ったコソボでの悲劇的な敗北以来、コソボをセルビア人国家の発祥の地だと考えている。だが、「コソボの戦い」は、セルビアの歴史を語るときに引き合いに出すには逆説的な出来事だ。なぜならこの戦いによってセルビア公国は消滅し、オスマン帝国の支配が始まったからだ。いっぽう、非スラブ系のアルバニア人は3世紀からバルカン半島に住みつき、コソボ地域の人口において多数派を占めてきた。

1990年、セルビア人のミロシェビッチは、1974年からユーゴスラビア社会主義連邦（旧ユーゴ）大統領のチトーによってセルビア内のコソボ自治州で認められていた自治権を廃止した。ミロシェビッチはセルビア人の再団結と大セルビア主義を掲げ、旧ユーゴの瓦解を加速させた。このような状況下で、コソボのアルバニア人は独立を要求した。なかでも強硬派はコソボ解放軍（UCK）を組織しゲリラ活動を開始する。対立の激化を前に、新たな民族浄化の発生とバルカン戦争の再発を恐れたG7のうち、アメリカと西ヨーロッパは、18カ月にわたる調停活動が不調に終わると、1999年3月にNATO軍による空爆に踏み切った。ミロシェビッチはその78日後に降伏する。コソボには多国籍の治安維持部隊が配備され、この地方におけるユーゴスラビア連邦共和国の主権は、国連安保理が受諾した「実質的な自治権」によって、基本的に守られることとなった。しかし今度は少数派のセルビア人が迫害される立場になり（東方教会が焼かれたりした）、その多くがコソボから脱出した。

現在の危機

コソボの人口中、セルビア人は12万人で6%を占め、アルバニア人は93%を占める。ベオグラードのセルビア政府とプリシュティナのコソボ政府は2006年に交渉を試みるが、どちらも立場を譲らず、物別れに終わった。コソボの人々は独立を望んでいるが、セルビア共和国側はこれを拒否しているのだ。西側数カ国に後押しされて、コソボは2008年2月17日、一方的に独立を宣言した。コソボの独立は、アメリカや大部分のヨーロッパの国々をはじめとする104カ国から承認される。フランスは承認したが、たとえばスペインは承認していない。セルビアとロシアもこれを却下している。したがってコソボは国連にも、ほぼすべての国際機関にも加盟することはできない。コソボ内のセルビア人とコソボ政府のあいだの緊張は今でも、とりわけ北部のミトロビツァで高い。EUの助力を得て、セルビアとコソボは2013年に関係「正常化」に向けた15項目の合意書に署名した。しかし2018年、両者は再び緊張関係に陥る。コソボが国軍を創設したことに、セルビアのみならずヨーロッパ全体が危機感を抱いた。しかし2019年には、国境を修正するという計画が提案されている。コソボは汚職と組織犯罪が横行する破綻国家である。政治・経済における見通しが立っていないため（失業率は人口の40%）、2014年以来、人口の約10%にあたる20万人が国外脱出している。

今後考えられるシナリオ

1. セルビアはEU加盟の道を選択し（2012年に加盟候補国として承認されている）、2013年4月19日の合意ののち、国連加盟についての拒否権を取り下げるようロシアを説得して成功する。同時にコソボも国際的に国家として認められるようになり、健全で安定した政治体制を敷き、経済成長も実現する。やがてセルビアはEUに加盟する。

2. 12万人のセルビア人が居住するコソボ北部のミトロビツァ周辺と、5万人のアルバニア人が住むセルビア南部（プレシェボ）の領土交換が合意に達し、セルビア政府はコソボを国家として承認し紛争は終結する。

3. 現状のまま。2013年4月の合意と諸国からのコソボ承認にもかかわらず、コソボは国際機関の蚊帳の外に置かれたままである。経済活動の大部分をマフィアが牛耳り、経済成長は始まらない。略奪の犠牲となっているセルビア人は、コソボ北部で結束を強めるか、コソボを去る。政治的経済的安定を求めるコソボ住民の集団脱出は続く。

4. セルビア共和国とコソボ共和国間における状況が鎮静化しても、コソボのセルビア人（あまりに妥協的なセルビア政府への不信感を持つ）とコソボ政府のあいだの紛争はいつまでも続く。

ワラキア
ブカレスト
ノビ・サド
ベオグラード
ザダル
ボスニア
ドナウ川
ニコポリス
ビディン
黒海
セルビア
チルノヴォ
スプリト
ペヤ（ペーチ）
ソフィア
ブルガリア
アドリアノープル（現エディルネ）
ラグサ
スコピエ
プロブディフ
コンスタンティノープル（現イスタンブール）
ルメリア
ドゥラス
オフリド
ターラント
アルバニア
イオアニナ
テッサロニキ
エーゲ海
地中海
パトラ
アテネ

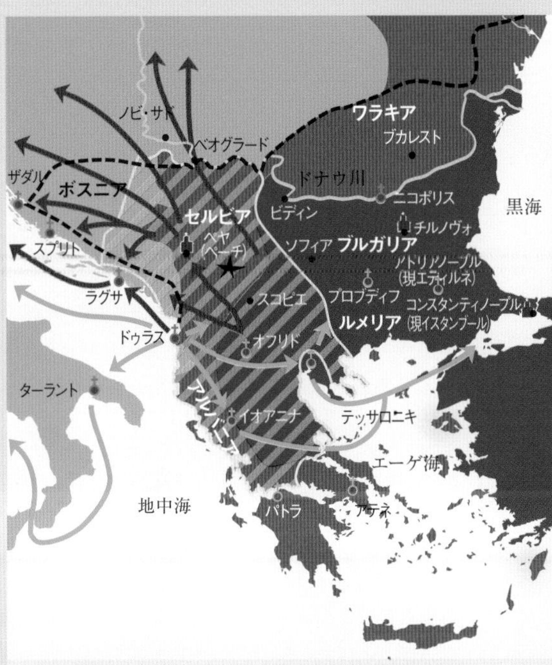

14世紀から16世紀にかけてのオスマン帝国の進出によって国外脱出したセルビア人とアルバニア人のキリスト教徒

- 1350年のステファン・ウロシュ4世・ドゥシャンのセルビア帝国
- 東方正教会の国
- 1402年のオスマン帝国
- 1600年のオスマン帝国の境界
- アルバニア人
- セルビア人
- カトリック大司教区
- 東方正教会大司教区
- 東方正教会総大司教区

セルビア人の集団記憶のなかにあるコソボの重要性

★ コソボの戦い（1389年6月15日）は、オスマン帝国が英雄的な抵抗運動を行ったセルビア・ボスニア・アルバニア同盟軍に勝利した日

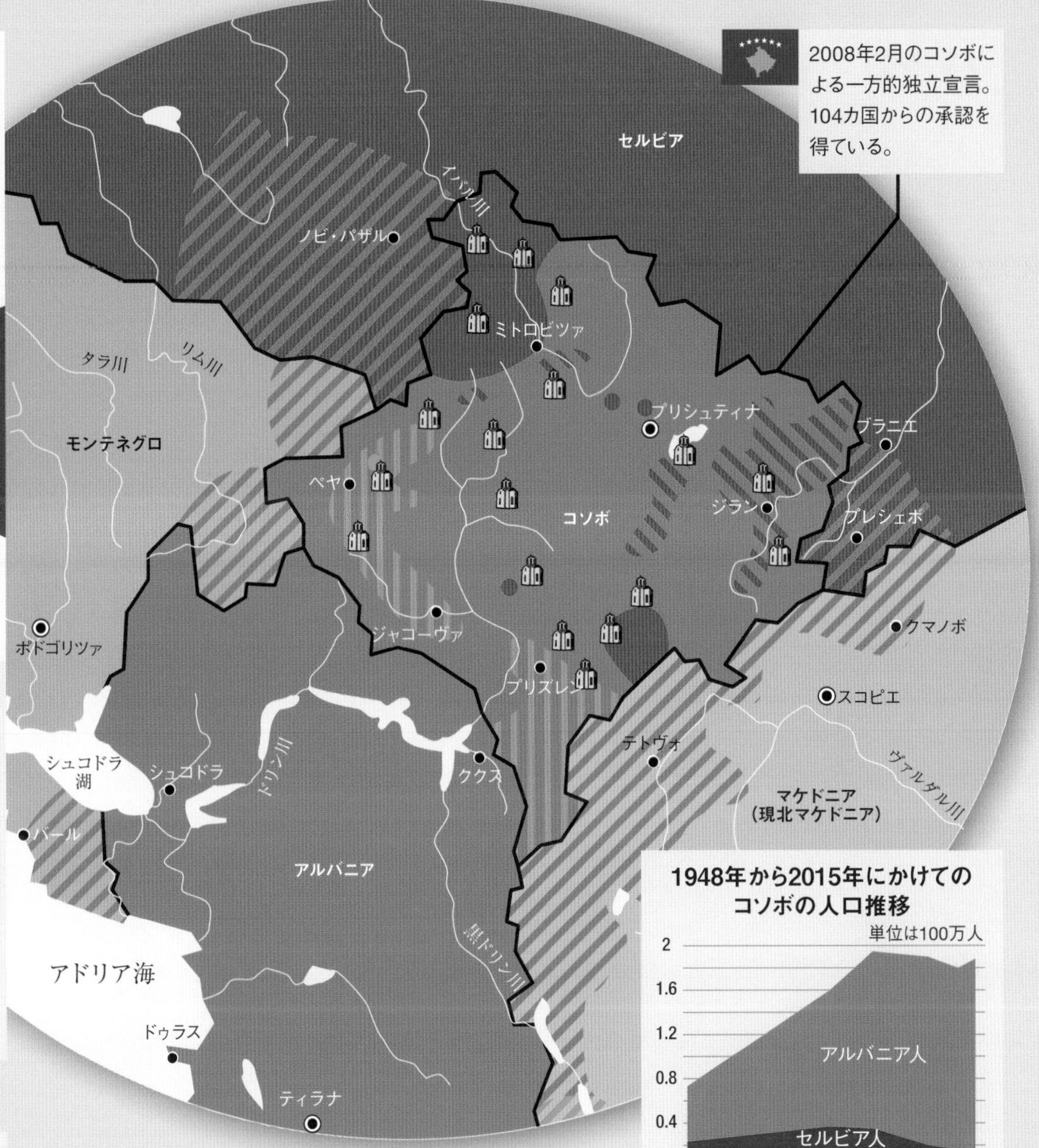

セルビア
イバル川
ノビ・パザル
ミトロビツァ
タラ川
リム川
プリシュティナ
モンテネグロ
ブラニエ
ペヤ
コソボ
ジラン
プレシェボ
ポドゴリツァ
ジャコーヴァ
クマノボ
プリズレン
スコピエ
テトヴォ
シュコドラ湖
シュコドラ
ドリン川
ククス
ヴァルダル川
マケドニア（現北マケドニア）
バール
アルバニア
黒ドリン川
アドリア海
ドゥラス
ティラナ
25 km

2008年2月のコソボによる一方的独立宣言。104カ国からの承認を得ている。

国籍の地理的分布

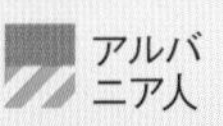

- アルバニア人
- セルビア人
- ボスニア人とゴーラ人
- 東方正教会修道院

1948年から2015年にかけてのコソボの人口推移

単位は100万人
2
1.6
1.2
0.8
0.4
0
アルバニア人
セルビア人
その他
1948
1981
1991
2004
2015*

*2015年の予測

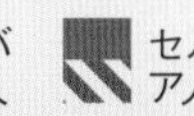

バルカン半島 Balkans

紛争の原因

ユーゴスラビアの解体は、1992年から1995年にかけてのクロアチアとボスニアにおける「エスニック」集団間の激しい紛争、さらに1999年のコソボ紛争となって現れ、いずれもこの地域に深い後遺症を与えた。今でも多くの場合、共存は難しい。市民と指導者たちは、EU加盟や西洋社会との同化への憧れと、いつまでも尾を引く不信感とナショナリズムのあいだで揺れ、迷っている。

現在の危機

1992年から1995年まで続いたバルカン戦争のおもな舞台となったボスニア・ヘルツェゴビナには、1995年にアメリカのオハイオ州デイトンで交わされた和平合意（デイトン合意）以来、イスラム教徒のボシュニャク人とクロアチア人、セルビア人が共存していた。ボスニア・ヘルツェゴビナのセルビア人が、コソボがやったように、独立かセルビア共和国との合併を目指し、自決権をボスニア・ヘルツェゴビナ政府に対して要求したいと願ったのも無理はない。「大アルバニア」主義者（訳注：歴史的な、または今日アルバニア人が分布している地域をアルバニアの領土として主張する人々）は、コソボおよびアルバニア系住民が多い（人口の25%を占める）マケドニアの一部を取り込み連邦化しようとするが、その道のりは険しい。低成長のアルバニア共和国は魅力に乏しく、またアルバニア政府は自分たちが領土問題で要求の多いトラブルメーカー的な国だとみなされて、西側諸国や周辺地域との関係が悪化することを恐れている。そしてマケドニア共和国は、少数派であるアルバニア人を統合するという課題に立ち向かわなければならないうえ、南に隣接するギリシャとの長年にわたる関係の行き詰まりに直面している。ギリシャは、マケドニアが国名に「マケドニア」を使うことによって古代ギリシャの遺産の一部を盗み、さらにギリシャ北部の地方を要求しているとして非難したのだ。正式国名を「マケドニア旧ユーゴスラビア共和国」とすることを余儀なくされたマケドニアは、2019年初頭に国名を「北マケドニア」と変更するまで、NATOとEUへの加盟プロセスをギリシャに阻止されていた。いっぽう、ボスニア・ヘルツェゴビナは事実上EUの保護領のままである。2003年6月、テッサロニキ欧州理事会において、EUは西バルカン諸国、つまりクロアチア、ボスニア・ヘルツェゴビナ、モンテネグロ、セルビア、コソボ、マケドニア、そしてアルバニアを潜在的EU加盟候補国と認定した。しかしこのときは、各国の加盟の期日も日程も示されていない。結局クロアチア共和国だけが2013年にEUの第28番目の加盟国となった。セルビア共和国は、コソボのセルビアからの独立宣言（1999年に採択された国連安保理事会決議1244によって「実質的自治」が選ばれた）も、大半（であるがすべてではない）の欧米諸国からのコソボの承認も、阻むことはできなかった。セルビア政府はまた、ハーグの国際刑事裁判所に協力し、クロアチア側よりもセルビア側に厳しい判決が下されたことを受け入れ、2013年4月19日にはコソボとの合意に署名した。こうすればいつかセルビアのEU加盟という報酬が得られると期待したのである。いっぽうでボスニア・ヘルツェゴビナは3つの構成体から成っており、統制が困難な状態である。また失業率も非常に高い（国際労働機関〔ILO〕基準によると2016年の失業率は25.6%、同国のデータによると45.9%）。

今後考えられるシナリオ

1. バルカン半島諸国はEU加盟の見通しによって、さまざまな権利の主張が和らぐ。EU加盟が可能になりつつあることによって、国内でくすぶる対立は弱まっていき、近代化に向けた政治と経済成長が始まる。最終的にすべての国がEUに加盟する。

2. バルカン半島諸国の経済危機が引き起こす、ナショナリズムに根差す要求はさらに過熱し、対立陣営の衝突が止まらない。「難民危機」によって国境が相互に封鎖され、言葉による応酬は激化する。マケドニアのアルバニア人、ボスニアのセルビア人、そしてコソボのセルビア人は、セルビア国内でコソボ住民が享受してきたような自決権を要求する。分離主義者のあいだでの緊張は続き、戦略不安と経済沈滞をもたらす。バルカン諸国の「ヨーロッパ化」のプロセスは、慢性的な経済危機を背景に停滞している。EUはこれらの国々の加盟を批准させることができないままでいる。

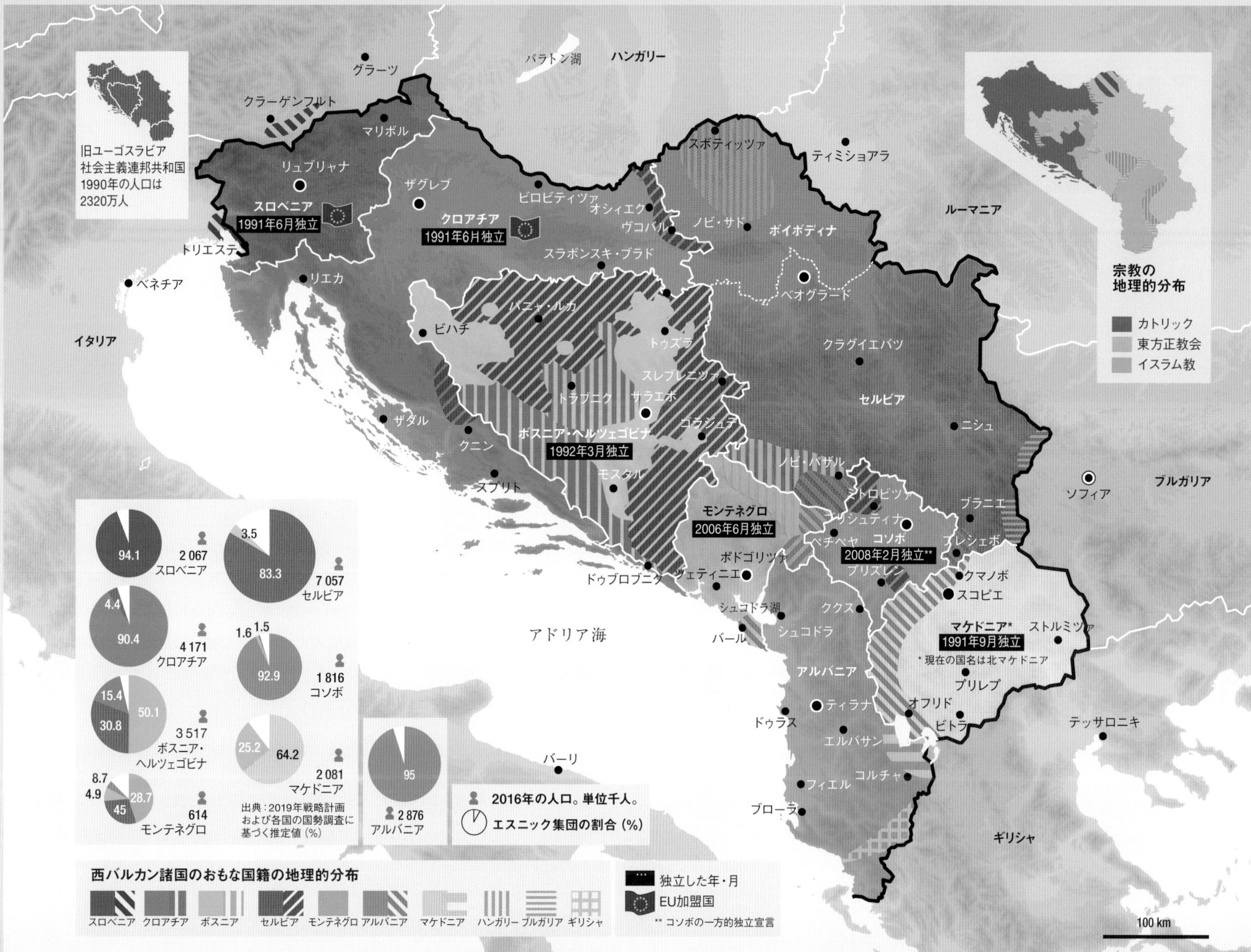
旧ユーゴスラビア
社会主義連邦共和国
1990年の人口は
2320万人
グラーツ
バラトン湖
ハンガリー
クラーゲンフルト
マリボル
スボティッツァ
ティミショアラ
リュブリャナ
ザグレブ
ビロビティツァ
オシィエク
ヴコバル
ノビ・サド
ボイボディナ
ルーマニア
スロベニア
1991年6月独立
クロアチア
1991年6月独立
トリエステ
スラボンスキ・ブラド
ベネチア
リエカ
ベオグラード
バニャ・ルカ
ビハチ
トゥズラ
イタリア
クラグイエバツ
スレブレニツァ
トラブニク
サラエボ
セルビア
ザダル
ゴラジュデ
ニシュ
ボスニア・ヘルツェゴビナ
1992年3月独立
クニン
ノビ・パザル
モスタル
スプリト
ミトロビツァ
ソフィア
ブルガリア
モンテネグロ
2006年6月独立
ブラニエ
プリシュティナ
ペチ
コソボ
2008年2月独立**
ポドゴリツァ
ツェティニエ
プリズレン
ドゥブロブニク
ヴレシェボ
クマノボ
スコピエ
シュコドラ湖
ククス
アドリア海
バール
シュコドラ
マケドニア*
1991年9月独立
ストルミツァ
* 現在の国名は北マケドニア
アルバニア
プリレプ
オフリド
ティラナ
ドゥラス
ビトラ
テッサロニキ
エルバサン
バーリ
コルチャ
フィエル
ブローラ
ギリシャ
宗教の
地理的分布
カトリック
東方正教会
イスラム教
94.1
2 067
スロベニア
3.5
83.3
7 057
セルビア
4.4
90.4
4 171
クロアチア
1.6
1.5
92.9
1 816
コソボ
15.4
50.1
30.8
3 517
ボスニア・
ヘルツェゴビナ
25.2
64.2
2 081
マケドニア
95
2 876
アルバニア
8.7
4.9
28.7
45
614
モンテネグロ
出典：2019年戦略計画
および各国の国勢調査に
基づく推定値（%）
2016年の人口。単位千人。
エスニック集団の割合（%）
西バルカン諸国のおもな国籍の地理的分布
スロベニア
クロアチア
ボスニア
セルビア
モンテネグロ
アルバニア
マケドニア
ハンガリー
ブルガリア
ギリシャ
独立した年・月
EU加盟国
** コソボの一方的独立宣言
100 km

アルメニア／アゼルバイジャン Arménie/Azerbaïdjan

紛争の原因

古来より住民の多数派がアルメニア人であるナゴルノ・カラバフは、アルメニアとアゼルバイジャンが旧ソ連の構成体だった1921年、スターリンによってイスラム教徒が大多数を占めるアゼルバイジャンへと併合させられた。スターリンの目的は、アゼルバイジャン人と民族的に近いトルコの機嫌をとり、ボリシェビキを批判したアルメニアを罰することだった。スターリンはその後、1923年にナゴルノ・カラバフを自治区に昇格させた。しかし、1991年にソ連が崩壊する少し前、ナゴルノ・カラバフのアルメニアへの併合を要求するデモがエレバン（アルメニアの首都）で発生した（1988年2月18～26日）。そして1988年7月以来、ナゴルノ・カラバフのアルメニア系議員たちはこの地域のアルメニアへの併合を要求し続けている。

アゼルバイジャンとアルメニアが旧ソ連から独立（1991年8月～9月）したのち、ナゴルノ・カラバフは改めて独立を要求した。これに対しアゼルバイジャンは1992年、分離主義を掲げるこの地域に侵攻し軍事封鎖を行った。その結果、アゼルバイジャン人もアルメニア人も相互に虐殺を引き起こした。最終的にアルメニア軍が1994年にこの地域を支配下におさめた。

現在の危機

ナゴルノ・カラバフ紛争の解決に向けた交渉は1992年以来、ロシア、アメリカ、そしてフランスが共同議長を務める欧州安全保障協力機構（OSCE）の枠組み（ミンスク・グループ。ウクライナ情勢解決のためのミンスク・グループとは別）において続けられているが、実りはない。アゼルバイジャンは自国の領土保全を、アルメニアはこの地域の自決権を主張した。それぞれの主張は正当であっても、調整は難航している。国際機構は国の領土保全の原則を遵守するよう求めたが、アルメニアにこれを拒絶されたため解決を見出すことができない。アゼルバイジャンの石油をロシアを迂回し直接地中海へ運ぶためのバクー・トビリシ・ジェイハン（BTC）を結ぶパイプライン計画が、ロシア政府の反対にもかかわらず着手された。ロシア（とイラン）はアルメニアを支持し、トルコはアゼルバイジャンを支持している。2016年4月戦闘が再開するも、ロシア政府が停戦を受け入れさせた。その後、アゼルバイジャンはアルメニア軍から数千ヘクタールの領土を奪回したが、これが両陣営の態度を硬化させた。アゼルバイジャン政府との対話の推進派であるニコル・パシニャン（訳注：アルメニアのジャーナリストで政治家。1975年生まれ）が2018年にアルメニアの首相に就任すると、両国の外相は2018年に3度にわたって会談を持ち、緊張緩和に寄与した。

今後考えられるシナリオ

1. 現状のまま：アゼルバイジャンは自国の領土回復を主張、アルメニアは自決権を主張する。両国の和解が実現しないため、地域全体が不穏な空気に包まれている。共存のための解決策を実行させるだけの力がある大国はない。

2. アゼルバイジャンは軍事費を大幅に増加し、資源にも恵まれているため、領有権があるとする土地の奪回に向けて武力攻勢を開始する。再度武力を行使すれば、経済制裁を再び受けるかもしれず（訳注：アルメニア・ロビーの力が強いアメリカ議会は、ナゴルノ・カラバフ紛争ではアルメニア支持の立場を取り、アゼルバイジャンに経済制裁を行った）、勝利の見込みも薄い。このシナリオは実現可能性が低い。

3. 妥協点を見出す：アルメニアはナゴルノ・カラバフをアゼルバイジャン統治下に戻すことを承諾する。ナゴルノ・カラバフには自治権が与えられ、アルメニアとナゴルノ・カラバフを結ぶ回廊地帯が築かれる。しかし、このシナリオが実現するとはほとんど考えられない。

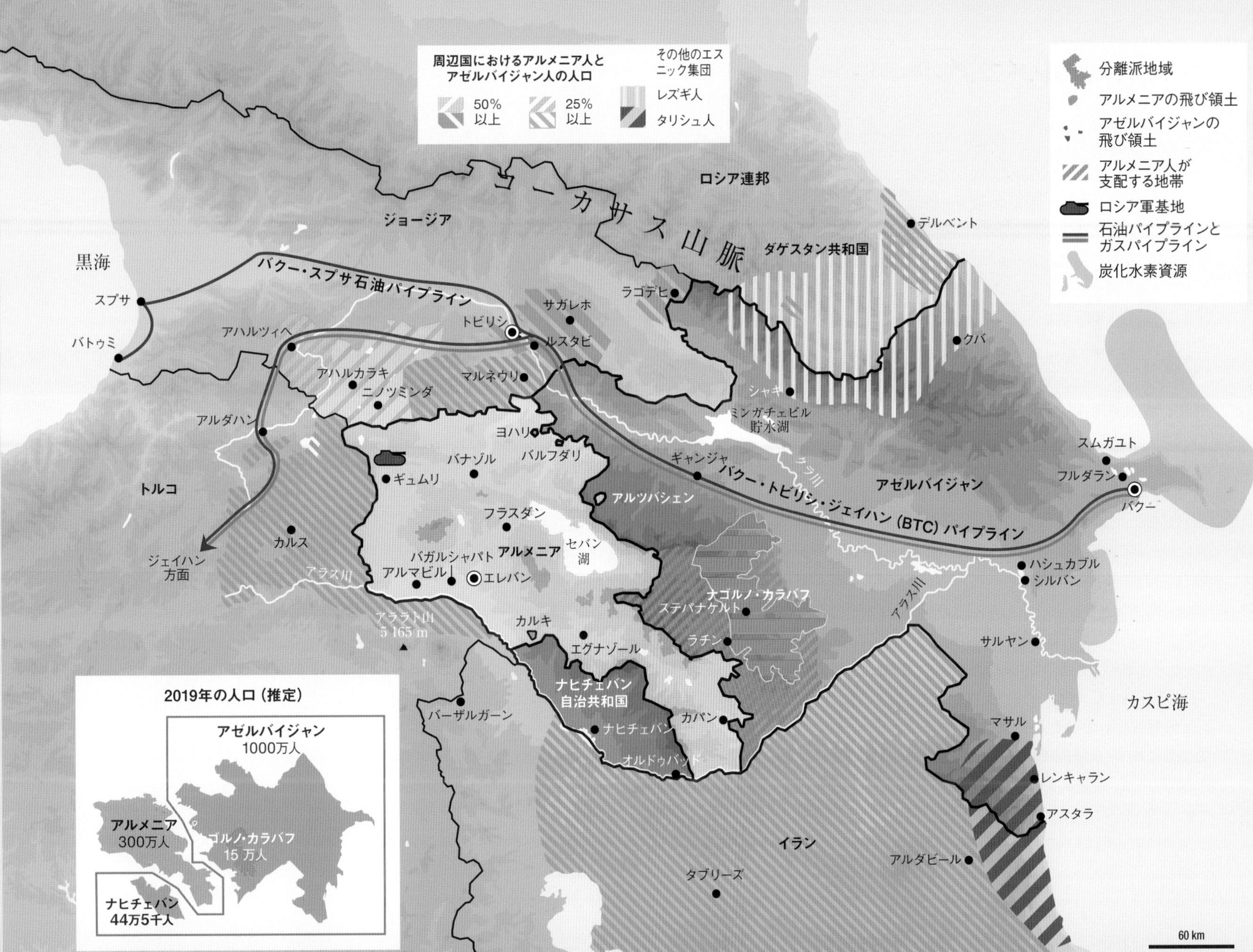
周辺国におけるアルメニア人とアゼルバイジャン人の人口
50% 以上
25% 以上
その他のエスニック集団
レズギ人
タリシュ人
分離派地域
アルメニアの飛び領土
アゼルバイジャンの飛び領土
アルメニア人が支配する地帯
ロシア軍基地
石油パイプラインとガスパイプライン
炭化水素資源
ロシア連邦
コーカサス山脈
ジョージア
ダゲスタン共和国
デルベント
黒海
バクー・スプサ石油パイプライン
スプサ
バトゥミ
ラゴデヒ
サガレホ
トビリシ
ルスタビ
アハルツィヘ
アハルカラキ
ニノツミンダ
マルネウリ
クバ
シャキ
ミンガチェビル貯水湖
アルダハン
ヨハリ
バナゾル
バルフダリ
ギュムリ
ギャンジャ
クラ川
スムガユト
フルダラン
バクー
アゼルバイジャン
トルコ
アルツバシェン
フラスダン
カルス
ジェイハン方面
バクー・トビリシ・ジェイハン（BTC）パイプライン
バガルシャパト
アルメニア
セバン湖
アラス川
アルマビル
エレバン
ハシュカブル
シルバン
ナゴルノ・カラバフ
ステパナケルト
アララト山 5 165 m
カルキ
エグナゾール
ラチン
サルヤン
ナヒチェバン自治共和国
バーザルガーン
カパン
ナヒチェバン
オルドゥバッド
カスピ海
マサル
レンキャラン
アスタラ
イラン
アルダビール
タブリーズ
60 km
2019年の人口（推定）
アゼルバイジャン 1000万人
アルメニア 300万人
ナゴルノ・カラバフ 15 万人
ナヒチェバン 44万5千人

トルコ／アルメニア Turquie/Arménie

紛争の原因

1914年当時、アルメニア人はペルシア帝国、オスマン（トルコ）帝国、ロシア帝国の3帝国に離散していた。アルメニア人のなかにはトルコ軍やロシア軍に入隊する者がいたが、彼らの目的はトルコのヴァン（訳注：東部アナトリア地方の都市）にアルメニア人の大共同体を築いていた同胞を解放することだった。1915年、アルメニア人の分離運動を掃討しようとしたトルコ軍は、彼らが敵国ロシアのために諜報活動を行ったという口実の下、多数のアルメニア人をシリアの砂漠地帯にある強制収容所へ送った。この大量強制収容の際に多くのアルメニア人が命を落とした。その数はトルコ側によれば30万人、アルメニア人側によれば150万人といわれる。一般に、西欧世界ではこの出来事を20世紀に起きた最初のジェノサイド（集団虐殺）ととらえているが、トルコ側はいまだにこれを認めていない。

その数年後にソビエト連邦が成立したとき、アルメニア人キリスト教徒はソ連の15の共和国のうちのひとつ（アルメニア社会主義ソビエト共和国）を建国した。いっぽう、ソ連の南側という戦略的な地域に位置するトルコは1952年にNATOに加盟し、冷戦中、西側諸国の対ソ連防衛戦略において重要な地位を占めていた。アルメニアはやがて、1991年のソ連解体にともない、独立国家（アルメニア共和国）になった。

現在の危機

1993年、トルコはアルメニアとの国境を封鎖し、ナゴルノ・カラバフ紛争のさなかにあるアゼルバイジャンの援護に回った。いっぽう、アルメニア側の国境を警備していたのはロシア軍兵士たちだった。

この紛争はトルコ人とアルメニア人のあいだのさまざまな歴史が重なりあって起こった。トルコ人によるアルメニア人のジェノサイドは、フランスとドイツの議会、カナダ、欧州議会、その他の西欧諸国の議会で認定されている。さらに集団虐殺の事実を認めるかどうかの問題は、トルコのEU加盟にとっての障害となっている。

2008年9月6日、2010年サッカーワールドカップの予選試合がアルメニアのエレバンで開催された機会に、サッカー観戦の名目でトルコ大統領とアルメニア大統領が会談を行った。外交関係のないトルコ大統領のアルメニア訪問と会見という歴史的な出来事であった。これをきっかけに、2009年に国境の解放と国交正常化をにらんだ合意が署名された。しかしこの合意は批准されることも実行されることもなかった。

トルコの現政権はオスマン帝国の後継国ではないが、トルコ政府はこれまでアルメニア人ジェノサイドを否定してきた。トルコの市民社会にジェノサイドの件が知られるようになったあと、近年のエルドアン政権による専制政治の緊張がこの問題に影を投げかけている。トルコはジェノサイドを認めさせようとする西欧諸国からの圧力には、断固として屈していない。

今後考えられるシナリオ

1. アルメニアとアゼルバイジャンの紛争は解決せず、トルコがアルメニア人ジェノサイドを認めないために、トルコとアルメニアの真の和解は生まれない。さらに、エルドアン政権の硬直化によって、国交開始のめどは立たない。

2. アルメニアの首相ニコル・パシニャンがアゼルバイジャンならびにトルコとの交渉を始める。しかし、エルドアンが大統領の地位にある限り、可能性は低い。

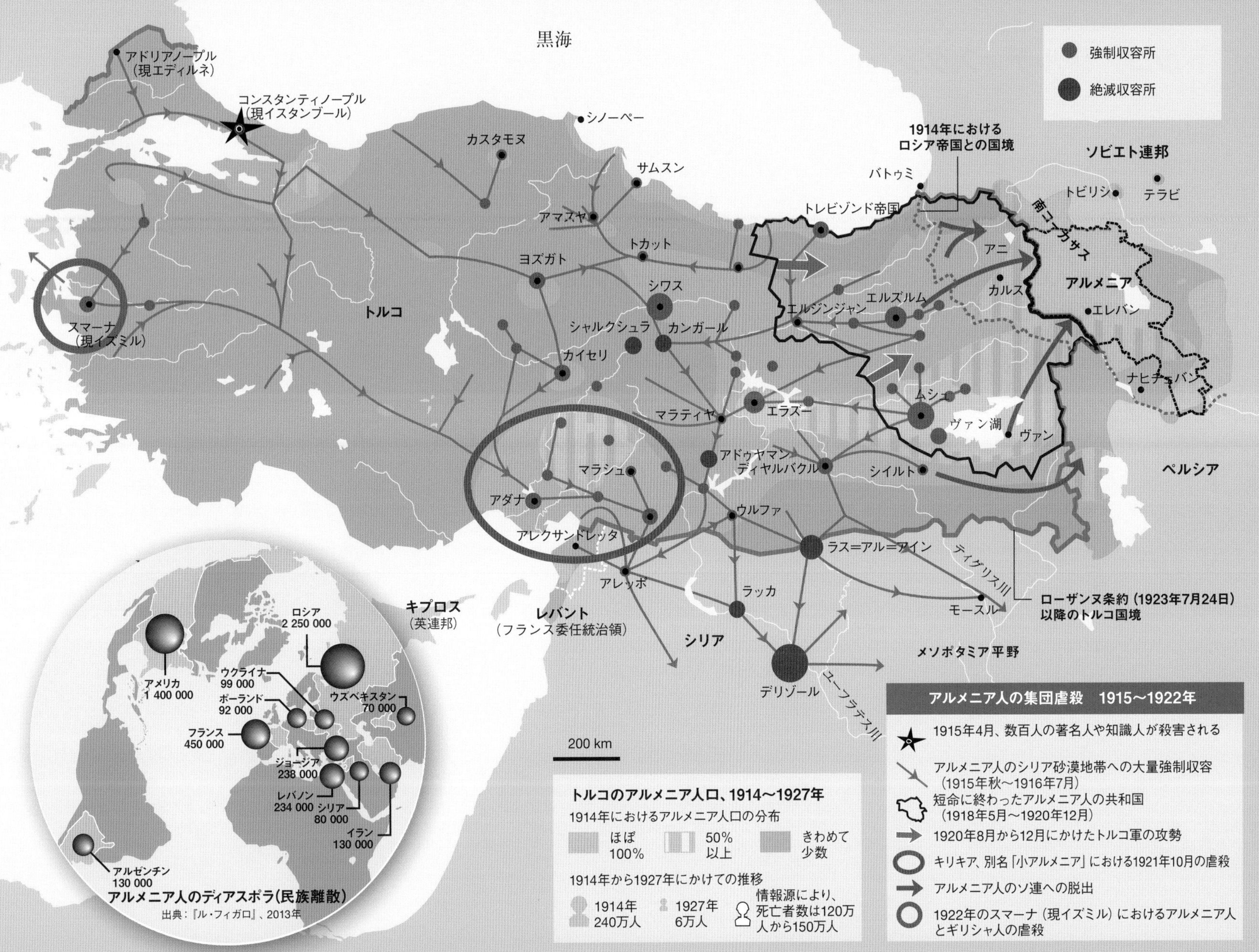
黒海
アドリアノープル（現エディルネ）
コンスタンティノープル（現イスタンブール）
シノーペー
カスタモヌ
サムスン
アマスヤ
トカット
ヨズガト
シワス
シャルクシュラ
カンガール
カイセリ
トルコ
スマーナ（現イズミル）
マラティヤ
エラズー
アドゥヤマン
ディヤルバクル
マラシュ
アダナ
アレクサンドレッタ
ウルファ
ラス＝アル＝アイン
アレッポ
ラッカ
デリゾール
モースル
ティグリス川
ユーフラテス川
シイルト
ヴァン湖
ヴァン
ムシュ
エルズルム
エルジンジャン
トレビゾンド帝国
バトゥミ
1914年におけるロシア帝国との国境
ソビエト連邦
トビリシ
テラビ
南コーカサス
アニ
カルス
アルメニア
エレバン
ナヒチェバン
ペルシア
ローザンヌ条約（1923年7月24日）以降のトルコ国境
メソポタミア平野
シリア
レバント（フランス委任統治領）
キプロス（英連邦）
200 km
強制収容所
絶滅収容所
アルメニア人の集団虐殺　1915〜1922年
1915年4月、数百人の著名人や知識人が殺害される
アルメニア人のシリア砂漠地帯への大量強制収容（1915年秋〜1916年7月）
短命に終わったアルメニア人の共和国（1918年5月〜1920年12月）
1920年8月から12月にかけたトルコ軍の攻勢
キリキア、別名「小アルメニア」における1921年10月の虐殺
アルメニア人のソ連への脱出
1922年のスマーナ（現イズミル）におけるアルメニア人とギリシャ人の虐殺
トルコのアルメニア人口、1914〜1927年
1914年におけるアルメニア人口の分布
ほぼ100%
50%以上
きわめて少数
1914年から1927年にかけての推移
1914年 240万人
1927年 6万人
情報源により、死亡者数は120万人から150万人
ロシア 2 250 000
アメリカ 1 400 000
ウクライナ 99 000
ポーランド 92 000
ウズベキスタン 70 000
フランス 450 000
ジョージア 238 000
レバノン 234 000
シリア 80 000
イラン 130 000
アルゼンチン 130 000
アルメニア人のディアスポラ（民族離散）
出典：『ル・フィガロ』、2013年

トルコ／クルディスタン Turquie/Kurdistan

紛争の原因

世界のクルド人人口は3000万人から4000万人。クルド人は独自の言語を持ち、本来アラビア語もトルコ語も話さない。現在、その大多数はスンニ派のイスラム教徒で、祖先は紀元前9世紀から山岳地帯や高原に住みつき、強いアイデンティティを保ち続けている。彼らが住むのは、トルコ（1800万人）、イラン（600万～900万人）、イラク（600万人）、そしてシリア（250万人）の4カ国にまたがる地域だ。

1920年に第一次世界大戦の勝者の連合国がオスマン帝国に課したセーブル条約では、クルディスタンの国家としての独立が決められていた。しかしムスタファ・ケマル・アタテュルクはみずから組織した国民軍で連合国の軍隊を撃破して、セーブル条約を無効にさせた。連合国はセーブル条約を破棄し、1923年に締結されたローザンヌ条約で現在のトルコ領を承認した。トルコの近代化と非宗教化を抜本的に推し進めたムスタファ・ケマルは、クルド人問題も厳しい同化政策をとって解決しようとした。トルコ人から「山岳トルコ人」と呼ばれたクルド人は、そのアイデンティティを否定された。クルド語の使用もクルド文化の実践も禁止されたのである。

1978年に結成されたクルディスタン労働者党(PKK)は、1984年にトルコに武力闘争を仕掛けた。この「戦争」は4万5000人の犠牲者を出し、党首のオジャランは1999年に拘束された。結局PKKは西欧諸国からテロ組織に認定された。しかし西欧諸国は同時に、クルド人の文化的権利を認めるようトルコ政府に対して要請している。

現在の危機

1990年から1991年にかけての湾岸戦争以来、イラク国内のクルド人は比較的自治権には恵まれており、2003年（訳注：アメリカによるイラク戦争開始年）以降はさらにその傾向が増した。トルコは当初、これが自国にも伝播するのではないかと危惧していた。トルコは、イラク戦線に向かうアメリカ軍の領内通過を拒絶した。以来、アンカラのトルコ政府とエルビル（イラクのクルディスタン地域つまり実質上クルド自治区の首都）のクルディスタン政府との関係はかなり円満で親密なものとなった。

トルコのクルド人ナショナリストは分離ではなく自治を要求している。2013年、トルコ政府とPKK党首オジャランとのあいだで行われた和平交渉は「イムラル島交渉」とも呼ばれ、その目的は、武装闘争の終結と引きかえにクルド人の文化的権利を承認させることだった。交渉は成功したかのように思われたが、2015年、PKKの犯行によるとされるテロ行為とそれに対するトルコ軍による弾圧をきっかけに武力衝突が再発した。シリアのクルド人は西欧諸国の支持を得て、ダーイシュ（訳注：イスラム国、ISIL、ISISとも呼ばれる）との戦いにおいて決定的な役割を果たしている。シリアのクルド人が自治地域を確立していることは、トルコ政府にとっての不安材料で、エルドアン大統領は強硬な姿勢で、クルド人自治地域とトルコとの国境を彼らに支配させないよう何度も軍隊を侵入させている。トルコ政府はシリアのクルド人をPKKの同盟者とみなしているのだ。いずれにせよ、ダーイシュは国家の保全と存続に対する脅威であり続けている。

今後考えられるシナリオ

1. 大クルディスタン構想：イラン、イラク、シリア、そしてトルコのクルド人を集結しクルド人国家を建国する。これはトルコとイランのクルド人からは必ずしも歓迎されていない。またイラン、イラク、シリア（内戦の状況にもよるが）、トルコの各国からの強い政治・軍事的反発を引き起こすだろう。また、イラクのクルド人は、トルコ政府と良好な関係を持ち、すでに大きな自治権を獲得し、他地域のクルド人と石油収益を共有することにはあまり乗り気ではないため、この構想には大反対するだろう。

2. 「イムラル島交渉」の再開：交渉によってトルコのクルド人は真の文化的権利を獲得する。最終的にPKKによる武力闘争は終結する。しかし2015年夏の武力衝突再発によって、このシナリオの信ぴょう性はなくなった。

3. トルコ政府とPKKのあいだの小競り合いが続く。イラクのクルド人は幅広い自治権を享受し、シリアのクルド人はトルコ政府によって国境の確立を阻まれており、シリア政府と和解する。こうしてクルド人問題は一枚岩ではなくなっていく。

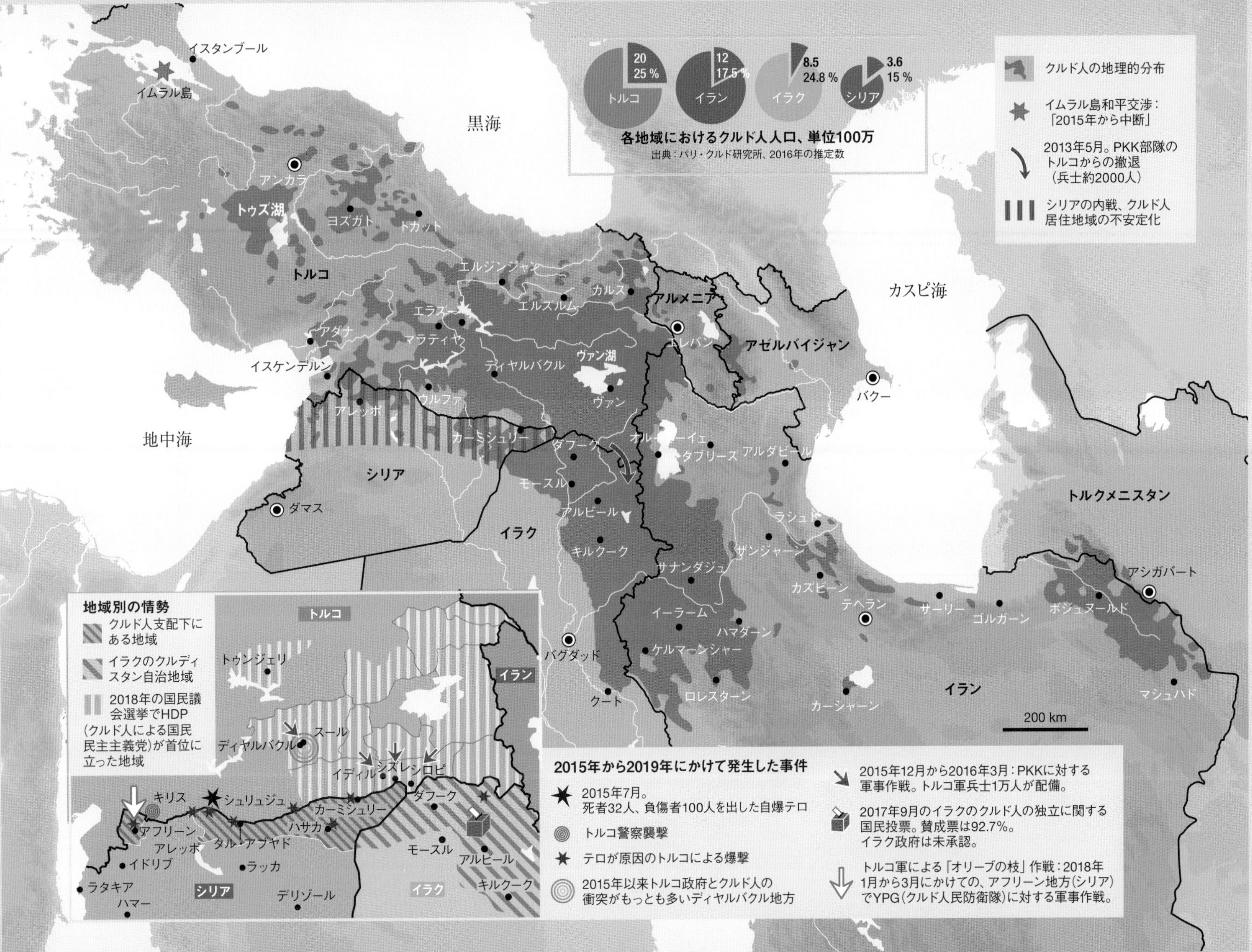

イスタンブール
イムラル島
黒海
アンカラ
トゥズ湖
ヨズガト
トカット
トルコ
エルジンジャン
カルス
エルズルム
アルメニア
エラズー
アダナ
マラティヤ
エレバン
アゼルバイジャン
カスピ海
イスケンデルン
ディヤルバクル
ヴァン湖
バクー
ヴァン
アレッポ
ウルファ
地中海
カーミシュリー
ダフーク
オルーミーイェ
タブリーズ
アルダビール
シリア
モースル
アルビール
ダマス
イラク
キルクーク
ラシュト
ザンジャーン
サナンダジュ
トルクメニスタン
カズビーン
アシガバート
イーラーム
テヘラン
サーリー
ゴルガーン
ボジュヌールド
ハマダーン
バグダッド
ケルマーンシャー
ロレスターン
カーシャーン
イラン
マシュハド
クート
200 km
トルコ 20 25 %
イラン 12 17.5 %
イラク 8.5 24.8 %
シリア 3.6 15 %
各地域におけるクルド人人口、単位100万
出典：パリ・クルド研究所、2016年の推定数
クルド人の地理的分布
イムラル島和平交渉：「2015年から中断」
2013年5月。PKK部隊のトルコからの撤退（兵士約2000人）
シリアの内戦、クルド人居住地域の不安定化
地域別の情勢
クルド人支配下にある地域
イラクのクルディスタン自治地域
2018年の国民議会選挙でHDP（クルド人による国民民主主義党）が首位に立った地域
トルコ
トゥンジェリ
イラン
スール
ディヤルバクル
イディル
ジズレ
シロピ
キリス
シュリュジュ
ダフーク
カーミシュリー
アフリーン
ハサカ
アレッポ
タル・アブヤド
モースル
アルビール
イドリブ
ラッカ
ラタキア
シリア
イラク
キルクーク
ハマー
デリゾール
2015年から2019年にかけて発生した事件
2015年7月。死者32人、負傷者100人を出した自爆テロ
トルコ警察襲撃
テロが原因のトルコによる爆撃
2015年以来トルコ政府とクルド人の衝突がもっとも多いディヤルバクル地方
2015年12月から2016年3月：PKKに対する軍事作戦。トルコ軍兵士1万人が配備。
2017年9月のイラクのクルド人の独立に関する国民投票。賛成票は92.7%。イラク政府は未承認。
トルコ軍による「オリーブの枝」作戦：2018年1月から3月にかけての、アフリーン地方（シリア）でYPG（クルド人民防衛隊）に対する軍事作戦。

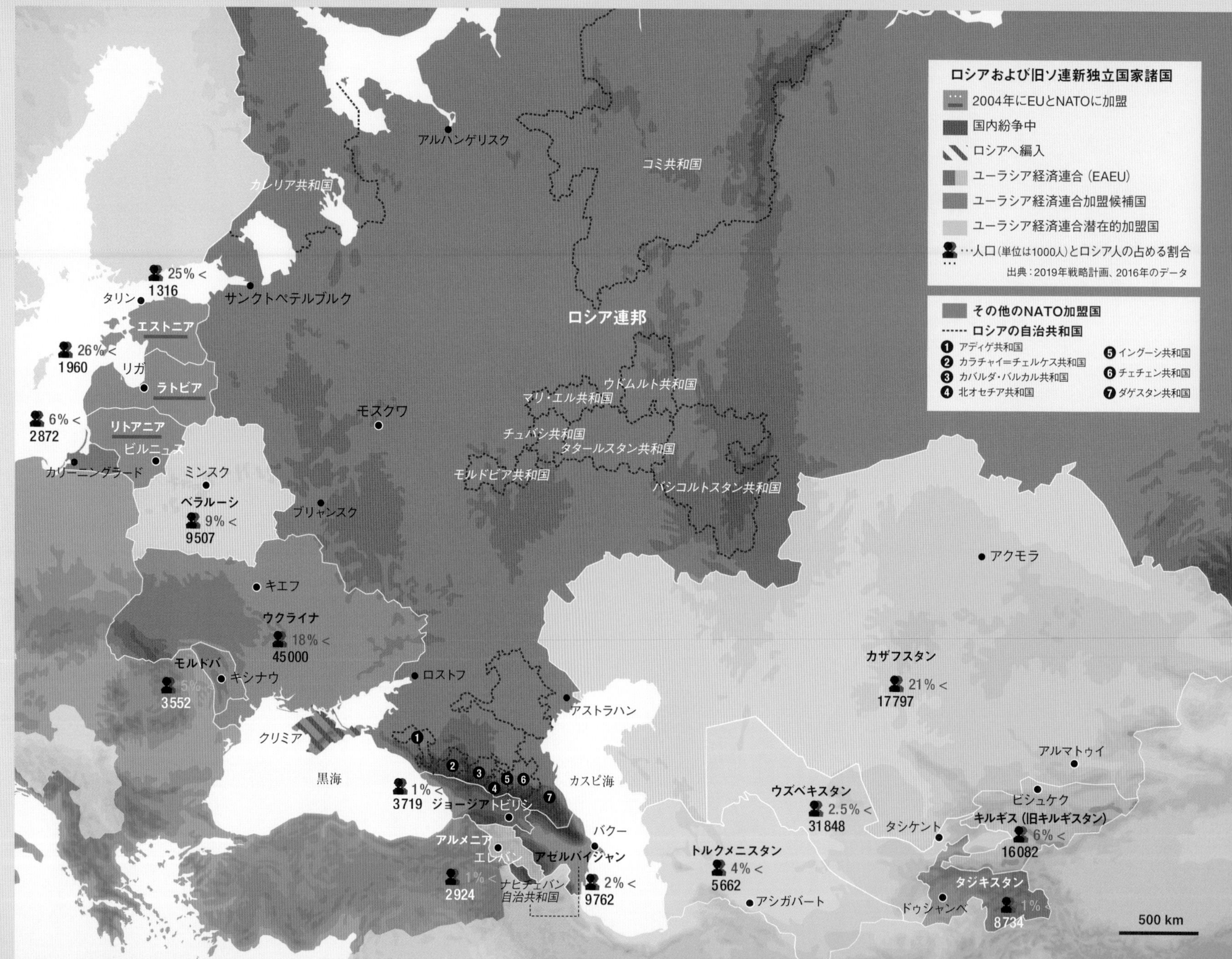

ロシアおよび旧ソ連新独立国家諸国
2004年にEUとNATOに加盟
国内紛争中
ロシアへ編入
ユーラシア経済連合（EAEU）
ユーラシア経済連合加盟候補国
ユーラシア経済連合潜在的加盟国
…人口（単位は1000人）とロシア人の占める割合
出典：2019年戦略計画、2016年のデータ
その他のNATO加盟国
ロシアの自治共和国
❶ アディゲ共和国
❷ カラチャイ＝チェルケス共和国
❸ カバルダ・バルカル共和国
❹ 北オセチア共和国
❺ イングーシ共和国
❻ チェチェン共和国
❼ ダゲスタン共和国
アルハンゲリスク
コミ共和国
カレリア共和国
25%＜
1316
タリン
サンクトペテルブルク
ロシア連邦
エストニア
26%＜
1960
リガ
ラトビア
ウドムルト共和国
マリ・エル共和国
6%＜
2872
リトアニア
モスクワ
チュバシ共和国
タタールスタン共和国
ビルニュス
カリーニングラード
ミンスク
モルドビア共和国
バシコルトスタン共和国
ベラルーシ
9%＜
9507
ブリャンスク
アクモラ
キエフ
ウクライナ
18%＜
45000
カザフスタン
モルドバ
5%＜
3552
キシナウ
ロストフ
21%＜
17797
アストラハン
クリミア
アルマトゥイ
黒海
カスピ海
1%＜
3719
ジョージア
トビリシ
ウズベキスタン
2.5%＜
31848
ビシュケク
キルギス（旧キルギスタン）
タシケント
6%＜
16082
アルメニア
エレバン
バクー
アゼルバイジャン
トルクメニスタン
4%＜
5662
1%＜
2924
ナヒチェバン
自治共和国
2%＜
9762
タジキスタン
アシガバート
ドゥシャンベ
1%＜
8734
500 km

ロシアの危機と紛争

La Russie des crises et des conflits

強いロシアへの回帰 Le retour de la Russie

ソビエト連邦が崩壊したあと、西欧世界ではこんなふうに考える人たちがいた。ロシアは今や、共産主義、中央アジア諸国というお荷物、そして計画経済を動かし国民から主体性を奪ってきた官僚制度から解放された。あとは近代化と民主化を進めるだけだ。彼らはやがて西欧世界にとってありがたいパートナーとなってくれるだろう。

ところが実際にはそんなことにはならなかった。国有企業の民営化で得をしたのは一部の新興財閥(オリガルヒ)だけだった。大部分の国民は、体制の変化に対する関心が薄く、やる気もなかったので、疲弊しきっていたロシア経済はさらに混乱に陥った。国内総生産(GDP)は、1991年から2000年のあいだに実質上半減した！
外交面においては、世界情勢に与える影響力を失ったため、西欧諸国はこれに乗じ、自分たちの戦略に沿ってロシア周辺で行動を起こした。ロシアはヨーロッパの陰に隠れ、NATOの拡大もコソボの対セルビア戦争も手をこまねいて見ているだけだった。対ミサイル防御システムの構築に関しても、核抑止力の信頼性を損なうという口実の下、後れを取った。そのような状況下で2000年に最高権力者(大統領)の座に就いたウラジーミル・プーチンは、ロシアの名誉挽回を誓う。プーチンにとってソ連解体は「20世紀における地政学上もっとも悲惨な出来事」だった。なぜなら、世界の覇権を狙うアメリカが好き放題できるようになってしまったからだ。しかし、プーチンは現実主義者であり、ソビエト連邦を再建しようなどとは考えない。「ソ連を懐かしまない者に心はない。だがソ連をまた築きたいと思う者には脳がない」と言い放った。

プーチンは2001年9月11日を境に、アメリカ政府に近づきはじめた。2003年に開戦したアメリカの対イラク戦争や、エネルギー資源の価格を釣り上げて富裕層になったいわゆる新ロシア人たちの力のおかげで、ロシア経済は息を吹き返し、1991年の水準を上回るようになった。その結果、人口の約30％が中流階級へと成長し、プーチンは国の債務を返済し、地方の有力者や新興財閥を国家の監視下に置いた。アフガニスタンやイラクにおけるアメリカの失敗のおかげで、ロシアが自身の対外政策を実行する余地ができた。メドベージェフが大統領を務めていた期間も政治を操っていたプーチンは、2012年に任期6年の予定で大統領に返り咲いた。プーチンはメドベージェフ外交が協調的すぎたとして、自身は強硬な外交政策をとった。反米姿勢を貫き、2008年にはジョージアに軍事的敗北を与え、2014年2月にはソチで冬季オリンピックを、2018年にはサッカーワールドカップ(ロシア大会)を開催し、NATOのさらなる東方拡大に反対してウクライナの加盟を阻み、ロシア国民の自尊心をくすぐった。

ウクライナが欧州連合とNATOに接近しようとして、首都キエフの独立広場における反政府デモやその他の挑発的行為が発生すると、プーチンはクリミア半島を武力でロシアに従属させた。この軍事作戦によってプーチンの支持率は88％にまで上昇し、2018年には76％の得票率で再び大統領に選ばれた。ロシア国内でのプーチンの人気は、西欧世界の不人気に反比例している。ところが、ウクライナ問題によって西欧から制裁を受け、それに追い打ちをかけるように天然資源価格も低下したことで、ロシアの景気は相対的に後退した。プーチンはまた、年金支給開始年齢を引き上げた(女性は55歳から63歳、男性は60歳から65歳に引き上げられた)ことにより、一部の支持層を失ってもいる。

シリアでは、プーチンはバッシャール・アル＝アサド政権を支援し、シリアの政治問題解決に不可欠な相談相手として認められている。プーチンはまた、対立しているイスラエルとハマス、サウジアラビアとイランのそれぞれ、そして中東地域全体の国々とも良好な関係を保っている。近年では、アフリカ進出も再開している。

ロシア政府が世界規模の諸国同盟のリーダーでなくなった今、「冷戦再開」はない。ロシアは再び力を備え、尊重されたり畏怖されたりしてはいるが、本当の意味での同盟国は持たない。中国はパートナーではあるが、国力の点でロシアを凌駕している。しかも中国政府が複雑な感情を交えながらも優先するのは、アメリカ政府との関係なのだ。とはいえロシアと中国は2018年に合同軍事訓練を行っている。いっぽうトランプは、選挙戦中からロシアとの関係を深めたいと宣言してきたが、まだ実現できていない(オバマ時代の米露関係ととそう変わらない)。ロシア政府はアメリカの安全保障システムにとっていまだに大きな脅威であり、敵対する相手だからだ。

ロシア
9.6%
4.3%
4.3%
2.9%
2.8%
3.3%
3.4%
2.9%
10.4%
3.6%
800
エストニア
1200
ラトビア
1200
リトアニア
ベラルーシ
4000
ポーランド
オランダ
ドイツ
ウクライナ
モルドバ
ルーマニア
ブルガリア
クリミア
南オセチア
アブハジア
アルメニア
トルコ
シリア
イラン
カザフスタン
ウズベキスタン
キルギス
（旧キルギスタン）
トルクメニスタン
タジキスタン
ロシア
中国
韓国
日本
インド
アメリカ
ブラジル
南アフリカ

ロシアの主要な貿易相手国と輸出総額に占める割合（%）
ユーラシア経済連合（EAEU）
EAEU加盟候補国
西側諸国による経済制裁
2014年3月のクリミア併合
ドンバス（ウクライナ東部）におけるウクライナ危機
ロシアによるシリア介入
ロシア軍基地
ロシア語話者への支援
NATO軍駐留国と兵士数
イラン核開発計画問題における仲裁役
BRICS
EUとロシアのエネルギー供給上の相互依存

ロシア／ウクライナ Russie/Ukraine

紛争の原因

860年から12世紀まで存在したキエフ大公国「ルーシ」は、現在ウクライナがある地域に位置していた。「ルーシ」は、ロシア帝国の前身であるモスクワ大公国の台頭以前に成立した、初の東スラブ人国家である。ズビグネフ・ブレジンスキーの言葉を借りれば、「ウクライナがなければ、ロシアは、ヨーロッパで帝国の地位を保てなかっただろう」。17世紀と18世紀には、ウクライナ領土の大半がロシア帝国の支配下に入り、独立していたのは1918年から1920年のあいだだけで、その後は強制的にソ連に従属させられた。ウクライナ人のナショナリズムはつねに抑圧されてきたのだ。やがて、ウクライナ人たちはロシア共和国大統領だったエリツィンを支持して、ソビエト連邦を終わらせ、自分たちの独立を勝ち取ろうとした。ウクライナは地域による格差がとても目立つ国である。ロシア語、さらに全般的にはロシアを中心とする文明集団への帰属意識が、東部と南部に根強く残っている。クリミア半島のセバストポリは、ロシアで唯一南部へと進水できる玄関口としてロシア艦隊の大部分が駐留しており、人口の大半はロシア人である。クリミア半島は、1954年にウクライナ出身のソ連の最高指導者フルシチョフにより、ロシア・ソビエト連邦社会主義共和国からウクライナ・ソビエト社会主義共和国に併合された。

現在の危機

2005年、世界的な原油価格高騰を背景に、プーチンがロシアの国力を再び大きくしようとしたとき、ロシアとウクライナの関係は悪化した。ウクライナではオレンジ革命が起こり、親ヨーロッパ派のユシチェンコが大統領に就任した。ウクライナ大統領はEUとの接近を試み、ブッシュ政権の後押しもあってNATOへの加盟も望んでいた。そしてロシア側はこれを自国に対する封じ込め作戦だと考えた。親ロシア派のヴィクトル・ヤヌコービチは2010年のウクライナ大統領選および2012年10月のウクライナ最高議会選挙で勝利をおさめ、オレンジ革命に終止符を打った。ヤヌコービチは自分の政敵を投獄し、正当性が疑われる手段を用いて裁判にかけた。またロシアのディミトリ・メドベージェフ首相と組んで、ロシア黒海艦隊によるセバストポリ港の借用期限を25年間延長し、ロシアからウクライナに供給する天然ガス価格を30%引き下げるという内容のハリコフ合意に署名した。2013年11月、ヤヌコービチはEUとの政治・貿易協定に関する交渉を打ち切った。これがきっかけとなって、キエフの独立広場では親ヨーロッパ派による大規模なデモが発生した。2014年2月22日、ヤヌコービチはウクライナから脱出を図る。5月にペトロ・ポロシェンコが大統領選で勝利し、第5代ウクライナ大統領となった。2014年3月、国民投票の結果クリミアはロシアへの編入を宣言した。この国民投票は西欧世界では承認されていない。同時に、親ロシアの分離独立派とウクライナ軍がウクライナ東部（ドンバス）で内戦を開始した。西欧諸国はこれに対してロシアへの経済制裁を決定する。2015年2月、ドイツ首相メルケルとフランス大統領オランドの指揮下で、ミンスク（ベラルーシの首都）においてウクライナ大統領ポロシェンコにより停戦合意が調印された。しかしこの停戦合意は遵守されなかった。2017年11月、ロシアから承認されている自称共和国であるドネツィク州とルハンスク州において選挙が行われた。ウクライナ政府はこの2州への年金や給与の支払いを停止し、経済封鎖を実施した。いっぽうロシアはクリミア半島と自国領土のあいだに橋を建設し、アゾフ海をロシアの内海として扱っている。西欧諸国はウクライナを支持しつつも、攻撃用兵器の供給は拒否している。

今後考えられるシナリオ

1. 2019年5月に選出されたウクライナのゼレンスキー大統領が、力関係を変化させる。ミンスク議定書の内容は遵守される。憲法を改正し、東部地域の人々により多くの自治権を与えるだろう。ロシアに対するヨーロッパの経済制裁は解かれる。ロシア政府とウクライナ政府の関係は正常化する。

2. ミンスク議定書は実行に移されず、ウクライナは東部地域に自治権を与えようとはしないため、武力衝突が散発する。ウクライナの汚職にうんざりしたヨーロッパは、ウクライナへの支援を減らすが、ロシアに対する経済制裁は続行する。

3. ウクライナ政府（西側からの武力支援を受けている）とロシア政府（西側からの反発を受けずに勝利しようと望む）のあいだの紛争が再び発生する。戦略がこのあとどう変わるかについては、無数の可能性が考えられる。

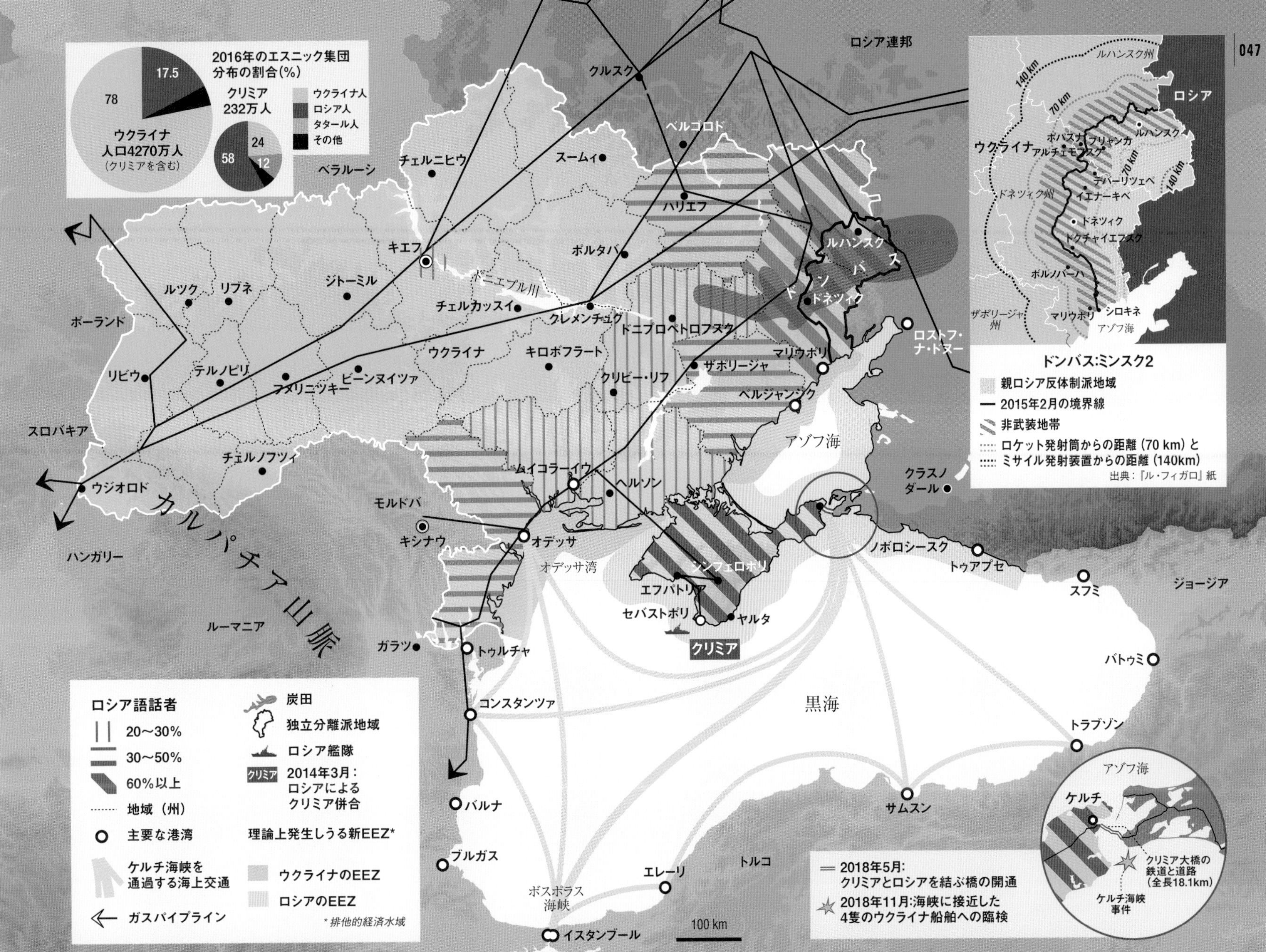

ロシア連邦
2016年のエスニック集団分布の割合(%)
17.5
78
ウクライナ
人口4270万人
(クリミアを含む)
クリミア
232万人
24
58
12
ウクライナ人
ロシア人
タタール人
その他
ベラルーシ
チェルニヒウ
スームィ
クルスク
ベルゴロド
ハリエフ
ポルタバ
キエフ
ジトーミル
ルツク
リブネ
ポーランド
ドニエプル川
チェルカッスイ
クレメンチュグ
ドニプロペトロフスク
ルハンスク
ドネツィク
ドンバス
ロストフ・ナ・ドヌー
マリウポリ
ザポリージャ
ベルジャンシク
キロボフラート
クリビー・リフ
ウクライナ
リビウ
テルノピリ
フメリニツキー
ビーンヌイツァ
スロバキア
チェルノフツィ
ウジオロド
ムイコラーイウ
ヘルソン
アゾフ海
クラスノダール
カルパチア山脈
モルドバ
キシナウ
オデッサ
オデッサ湾
ハンガリー
ルーマニア
ガラツ
トゥルチャ
シンフェロポリ
エフパトリア
セバストポリ
ヤルタ
クリミア
ノボロシースク
トゥアプセ
スフミ
ジョージア
バトゥミ
黒海
コンスタンツァ
トラブゾン
バルナ
サムスン
ブルガス
エレーリ
トルコ
ボスポラス海峡
イスタンブール
100 km
ロシア語話者
20〜30%
30〜50%
60%以上
地域（州）
主要な港湾
ケルチ海峡を通過する海上交通
ガスパイプライン
炭田
独立分離派地域
ロシア艦隊
2014年3月：ロシアによるクリミア併合
理論上発生しうる新EEZ*
ウクライナのEEZ
ロシアのEEZ
*排他的経済水域
2018年5月：クリミアとロシアを結ぶ橋の開通
2018年11月：海峡に接近した4隻のウクライナ船舶への臨検
アゾフ海
ケルチ
クリミア大橋の鉄道と道路（全長18.1km）
ケルチ海峡事件
ルハンスク州
ロシア
ウクライナ
140 km
70 km
ルハンスク
ポパスナ
プリヤンカ
アルチェモフスク
デバーリツェベ
イエナーキベ
ドネツィク州
ドネツィク
ドクチャイエフスク
ボルノバーハ
ザポリージャ州
マリウポリ
シロキネ
アゾフ海
ドンバス：ミンスク2
親ロシア反体制派地域
2015年2月の境界線
非武装地帯
ロケット発射筒からの距離（70 km）と
ミサイル発射装置からの距離（140km）
出典：『ル・フィガロ』紙

ロシア／ジョージア Russie/Géorgie

紛争の原因

1991年12月、ソビエト社会主義共和国連邦が内部崩壊を起こし、15の独立国家が誕生した。15の独立国家にはロシアの他、コーカサス地域の3つの国家、アルメニア、アゼルバイジャン、ジョージアも含まれる。旧ソ連時代のジョージアには、少数民族で構成されるアブハジアと南オセチアという自治領があった。1991年から1992年のあいだ、このふたつの自治領は独立を宣言し、ジョージア政府の支配から抜け、ロシア政府からの援助を受けた。ロシア政府は、アブハジアと南オセチアの後ろ盾となれば、「旧ソ連邦諸国」内での影響力を保てると考えていた。しかしジョージアは、分離独立した2カ国を取り戻そうとしており、とくにミヘイル・サアカシュビリ大統領は就任後、アメリカに接近していく。こうしてジョージアはますます反ロシア的姿勢をとるようになり、NATOへの加盟も目指しはじめた。ジョージア政府がアメリカ政府に接近すればするほど、ロシア政府は苛立ち、ジョージア政府への風当たりを強める。するとジョージア政府はますますアメリカ政府との結びつきを深めようとする……という悪循環が生まれた。最終的にロシア政府は、ジョージアが「ロシアを包囲し、弱体化させる」というアメリカの戦略に利用されていると考えるようになった。

現在の危機

2008年8月8日北京オリンピックの開会式の日、ジョージアは南オセチアの州都ツヒンバリに対する軍事攻撃を開始した。しかし、アメリカ製の兵器を利用し、おそらくアメリカ政府からの後押しを得ていたにもかかわらず、ジョージア軍は無様な負け方をした。ロシア軍はアブハジアと南オセチア全域を掌握し、これら以外のジョージア領内までもが制圧されるのは時間の問題となった。停戦は、欧州連合理事会議長だったフランスのニコラ・サルコジ大統領の仲介で、合意に至った。ロシア軍はジョージアから撤退したが、分離独立派のアブハジアと南オセチアには留まった。アブハジアと南オセチア奪回のために対ロシア戦を引き起こしたジョージアのサアカシュビリ大統領は、ロシア側の反撃の規模を過小評価し、アメリカからの援護を過大評価していた。ジョージアの敗因のひとつには、すでにイラクとアフガニスタンで窮地に陥っていたアメリカのブッシュ政権が、ロシアとの新たな戦争の開始を望んでいなかったことがある。いっぽう、ロシアにとっては、歯向かってきたジョージアを懲らしめ、同じことをすればどうなるかをウクライナに見せつけ、西欧諸国にロシアの存在感を再認識させ、1990年代のソ連崩壊当時のような戦略的衰退状態ではもはやないことを示す絶好の機会だった。また同時に、ロシアの指導者たちはこれに乗じて、ロシアが反対するコソボの独立と、西欧諸国が反対するアブハジアならびに南オセチアの独立の類似性を並べて見せ、西欧諸国にしっぺ返しをした。かつてNATOの拡大や、コソボの独立、対ミサイル防衛計画に際して無力を証明してしまったものの、2008年の危機の前に起こった原油価格の高騰により立場を強化したプーチン率いるロシアは再び、毅然とした姿勢を取り戻した。2013年10月、ジョージアではギオルギ・マルグベラシビリがサアカシュビリ大統領の後任となった。彼は西欧諸国との連携を保ちつつも、ロシアにも歩み寄りの姿勢を見せた（ロシアはアブハジアと南オセチアでの支配力を強めていたのだが）。2018年にはフランス生まれのジョージア人でフランスの外交官も務めた、サロメ・ズラビシュビリが大統領に選ばれる。親ヨーロッパ派のズラビシュビリは、現実主義者でもあるため、ロシアを粗略に扱うことはない。だが、2008年の紛争から10周年を迎えた2018年、ジョージアの首相がジョージア領の一部を占領しているとしてロシアを糾弾することも起こった。

今後考えられるシナリオ

1. 領土に関しても、法制上も、現状が長く続く。アブハジアと南オセチアの独立を承認するのはロシアと少数の国のみであるが、この2地域は事実上ジョージアの支配下にはない。ジョージアは同地域を軍事的に再び掌握することはできない。いっぽうでNATOへの加盟は阻まれ続ける。

2. ロシアはアブハジアと南オセチアの支配を維持する。しかもその代償はそれほどの重荷ではなく、ロシアが戦略上の力を高めてきたことを顕著に示している。

3. 分離独立した2地域に対してジョージアは保証を与え、連邦的な枠組みのなかで問題が解決される。短期的にはこのシナリオの実現の可能性は低く、アメリカ・ロシア間、ヨーロッパ・ロシア間という、より規模の大きい枠組みのなかでしか実現できないだろう。

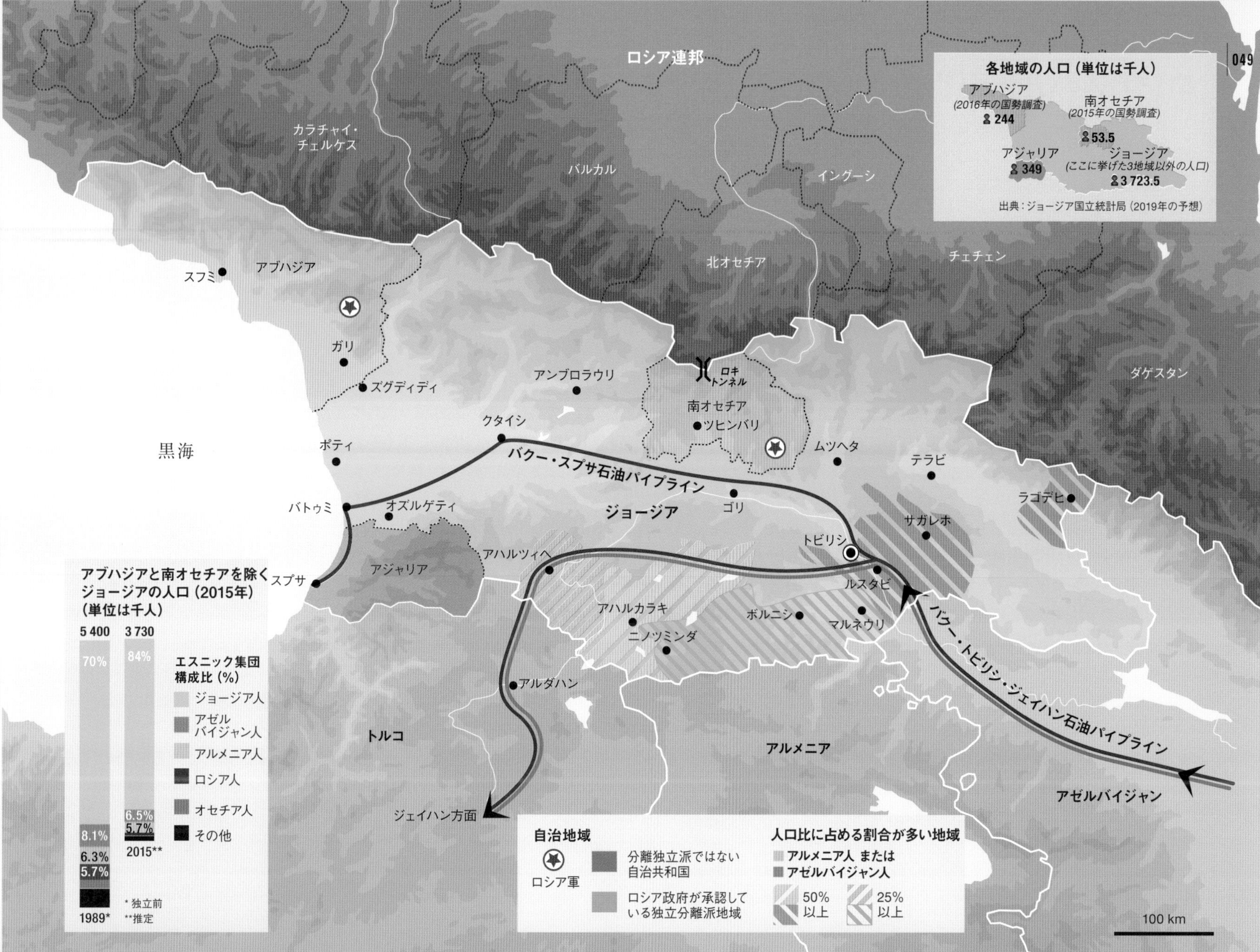

ロシア連邦
各地域の人口（単位は千人）
アブハジア
(2016年の国勢調査)
244
南オセチア
(2015年の国勢調査)
53.5
アジャリア
349
ジョージア
(ここに挙げた3地域以外の人口)
3 723.5
出典：ジョージア国立統計局（2019年の予想）
カラチャイ・チェルケス
バルカル
イングーシ
北オセチア
チェチェン
ダゲスタン
スフミ
アブハジア
ガリ
ズグディディ
アンブロラウリ
ロキトンネル
南オセチア
ツヒンバリ
クタイシ
黒海
ポティ
ムツヘタ
テラビ
バクー・スプサ石油パイプライン
ゴリ
ラゴデヒ
バトゥミ
オズルゲティ
ジョージア
サガレホ
トビリシ
アハルツィヘ
スプサ
アジャリア
ルスタビ
アハルカラキ
ボルニシ
マルネウリ
ニノツミンダ
アルダハン
バクー・トビリシ・ジェイハン石油パイプライン
トルコ
アルメニア
アゼルバイジャン
ジェイハン方面
アブハジアと南オセチアを除くジョージアの人口（2015年）（単位は千人）
5 400
3 730
70%
84%
エスニック集団構成比（%）
ジョージア人
アゼルバイジャン人
アルメニア人
ロシア人
オセチア人
その他
8.1%
6.3%
5.7%
1989*
6.5%
5.7%
2015**
* 独立前
**推定
自治地域
ロシア軍
分離独立派ではない自治共和国
ロシア政府が承認している独立分離派地域
人口比に占める割合が多い地域
アルメニア人 または
アゼルバイジャン人
50% 以上
25% 以上
100 km

ロシア／バルト三国 Russie/Pays baltes

紛争の原因

バルト三国（エストニア、リトアニア、ラトビア）は、18世紀からロシアの支配下にあった。ロシアで起きたボリシェビキ革命をきっかけに独立宣言したバルト三国は、ソ連に占領された一時期を経て、1920年にソビエト連邦から独立を承認された。しかし1940年、モロトフ・リッベントロップ条約（独ソ不可侵条約）に基づき再びソ連に併合された。1941年から1944年にかけては第三帝国の占領下に置かれ、第二次世界大戦終結後はまたソ連に併合された。ソ連政府はバルト三国のソビエト化とロシア化政策をとり、エストニアのスラブ人人口は全体の40%を占めるまでになった。エストニアに住むロシア人は、ナチスからエストニアを解放した自分たちはエストニア人にとっての恩人であると考えていた。また同国の工業化にも寄与しており、エストニアではエリート層であると自認していた。しかし、エストニアに居住するロシア人とエストニア人は言語も異なれば交わりを持つことも少ない。

現在の危機

ソ連の解体後、バルト三国は再び独立したが、いつかまたロシアの支配下に置かれるのではないかと危惧している。エストニア語はエストニアの公用語になった。エストニア新政府は、1940年以降から国内に在住している人々やその子孫たちに対し、エストニア国籍取得の可能性を制限している。このようにしてロシア人は2年ごとに滞在許可証を申請し、エストニア語習熟度の試験を受けなければならなくなった。さらに、独立以降進められてきた経済自由化政策によって、工場が民営化されたり閉鎖されたりして、ロシア人は働く場所を失っていく。1993年、エストニアの議会は外国人法を採択した。その条項によると、外国人はエストニア国籍を取得するか、滞在許可証を持って外国籍を保持するかのどちらかを選択しなければならない。エストニアとロシアの関係を悪化させているのは歴史記憶の問題だ。ロシア人にとって5月9日は1945年に赤軍がナチスに勝利した記念すべき日であるが、エストニア人にとってこの日は、ソ連による母国占領と併合の始まった日なのである。最終的に、ロシアとの国境問題を解決していないのはバルト三国のなかでエストニアだけとなった。2004年のバルト三国のNATO加盟は、西側によるロシア囲い込み政策の立証に他ならないとロシアは見ている。そしてバルト三国はロシアが再び支配の手を伸ばそうとしているのではないかという懸念を持つ。とりわけエストニアは2007年に受けたサイバーアタックをロシア政府によるものとみなしており、国家保全に関しては誰よりもまずアメリカを頼りにしている。

ウクライナ危機とロシアによるクリミアの併合を目の当たりにしたバルト三国は、ロシアへの警戒心をますます強め、軍事費を増加してきた。バルト三国の600万の人々はロシアに対し恐怖心を抱いているのだ。ロシア側は、NATOによるバルト三国への軍事支援に対抗するためという理屈を持ち出して、国境における軍備を強化している。バルト三国は西欧諸国全体からの助力を得ているが、自国の保全が決してロシア政府に脅かされないために、もっとも頼りにしているのはアメリカだ。

ロシアとバルト三国の関係は、ロシア政府がアメリカ政府やEU諸国と全体的にどのような関係を築いていくかで、大きく変わってくる。

今後考えられるシナリオ

1. 以上に述べたような点が改善していけば、エストニアとロシアの関係は落ち着いていく可能性がある。そしてエストニア政府はロシア系エストニア人の融和に注力し、ロシアとエストニアは歴史記憶の問題と国境の問題について和解するだろう。

2. ロシアと西欧諸国のあいだで戦略上の対立が続くことは、エストニアを筆頭とするバルト三国とロシアとの関係が硬直し緊張し続けることを意味する。しかし紛争が実際に始まるほど悪化することはない。バルト三国の要請によりNATO軍が支援を行うことになるが、これはロシア政府の態度を硬化させるだけである。

2016年の人口(単位は千人)。エスニック集団と無国籍者の割合 (%)

エストニア 1 316

ラトビア 1 970

リトアニア 2 889

エストニア人
ラトビア人
リトアニア人
その他

ロシア人:
国籍取得者
無国籍者
外国籍者

出典:各国の公式統計および国連難民高等弁務官事務所 (UNHCR)

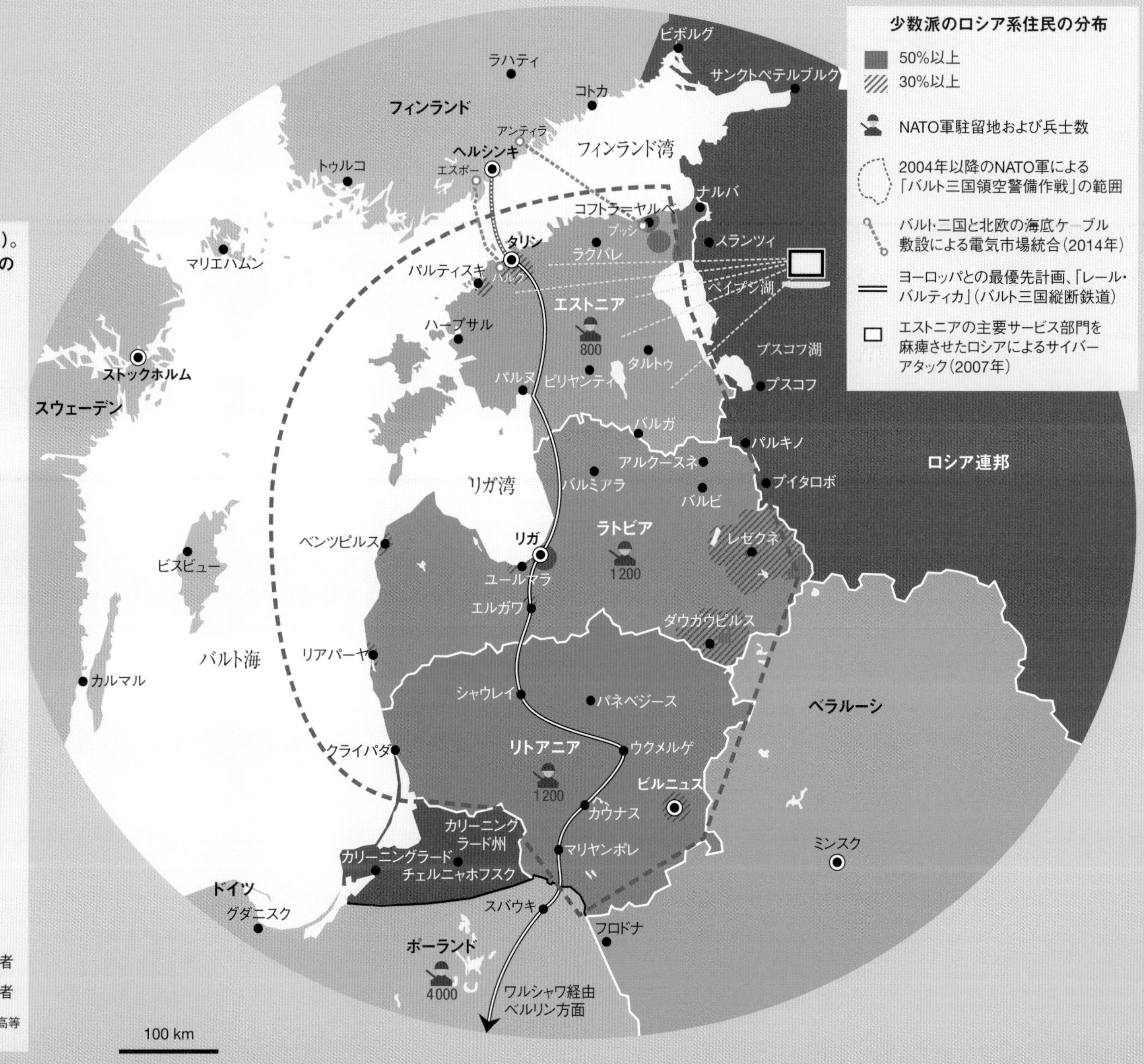

チェチェンと北コーカサス Tchétchénie et Caucase Nord

紛争の原因

チェチェン人はイスラム教徒で、スラブ系ではなく、2000年前から北コーカサス地域に住んでいる。国家を築いたことはなかったが、組織化された社会を構築してきた。18世紀、チェチェン人たちはロシアによる植民地化に反発し、ロシア帝国に対して武力抵抗を始めた。しかしついに1858年、激戦の末に征服されてしまう。20世紀に入るとソ連の最高指導者スターリンは、1944年にナチスと共謀していたとして大量のチェチェン人をシベリアへ強制移住させ、反抗分子を撲滅した。1957年、フルシチョフが彼らの名誉を回復させ、帰還を許可した。

1991年にソ連が15の共和国に解体されたとき、チェチェンはこれを好機ととらえた。1991年8月に起こった軍事クーデター加担者に対抗し、ボリス・エリツィンの側に立ったチェチェンのドゥダエフ将軍は、1991年11月8日チェチェンの独立を宣言した。当初は「不干渉」の姿勢を維持するしかなかったエリツィンであるが、ロシア全体に同じような分離独立の機運が伝染するのを恐れ、対抗措置をとりはじめた。1994年12月にエリツィンが開始した軍事作戦はきわめて残虐非道であり、多くの死者を出した。1996年8月、ロシア政府は軍事的敗北を喫する。1996年から1999年にかけて、チェチェンはロシアの支配から逃れ、事実上独立していた。チェチェン国内ではイスラム化が進み、1999年8月、チェチェンのイスラム武装勢力が隣国のダゲスタン共和国を攻撃する。さらに1999年秋、モスクワ市内をはじめロシア国内の都市で複数のテロ事件が発生する。ロシア政府はこれらをチェチェン人の犯行と見て、「対テロ作戦」として分離独立を主張するチェチェンへ再度派兵した。のちに状況が正常化したのはプーチンのおかげである、というのがロシアの世論だ。この戦争は、チェチェン人口の10％にあたる10万人以上の死者を出した。

現在の危機

2003年からプーチンはチェチェン内の親ロシア派に賭けている。元独立派のアフマド・カディロフが2003年に大統領に選ばれたが、2004年5月9日に暗殺され、息子のラムザンがその後継者となった。2009年、ロシア政府は対テロ作戦の終了を宣言する。弾圧と近代化に向けた巨額の投資の二本立てによって、チェチェンは国内の平和を保っており、北コーカサス地域の他の共和国と比べて、より大きな経済成長を実現している。

現在の首長ラムザン・カディロフはチェチェンを厳しい統制の下で率いている。反対派は弾圧し、報道と司法には箝口令を敷き、ロシア政府要人の暗殺（2015年にはボリス・ネムツォフが暗殺された）さえも企てている。イスラム主義運動を抑えるために、イスラム主義者たちが推奨する規範を国民に押し付け、女性の権利を制限し、同性愛者を暴力的手段で迫害している。ロシアのプーチン大統領は、平和を取り戻すためであるとして、カディロフにチェチェン地域におけるすべての権限を与えている。

2015年、チェチェンのジハーディストらは「IS（イスラム国）」に忠誠を誓い、シリアのIS戦闘員たちと結びつこうとしている。

今後考えられるシナリオ

1. 独立：チェチェンの独立をロシアは承認するわけにはいかない。隣国であるイングーシとダゲスタンは1990年代、チェチェンと同じ分離独立の道を選ばなかった。地域の不安と荒廃を招いたチェチェンの独立運動はむしろ反面教師として受け取られている。

2. 国交正常化：ロシアは経済努力、社会再構築、文化的自治権の付与に配慮する。そしてロシア政府との連携で利益を得るチェチェン高官を擁立する方針を採用、状況を正常化していく。

3. 現状は変わらず、北コーカサス地域全体での小競り合いが続く。

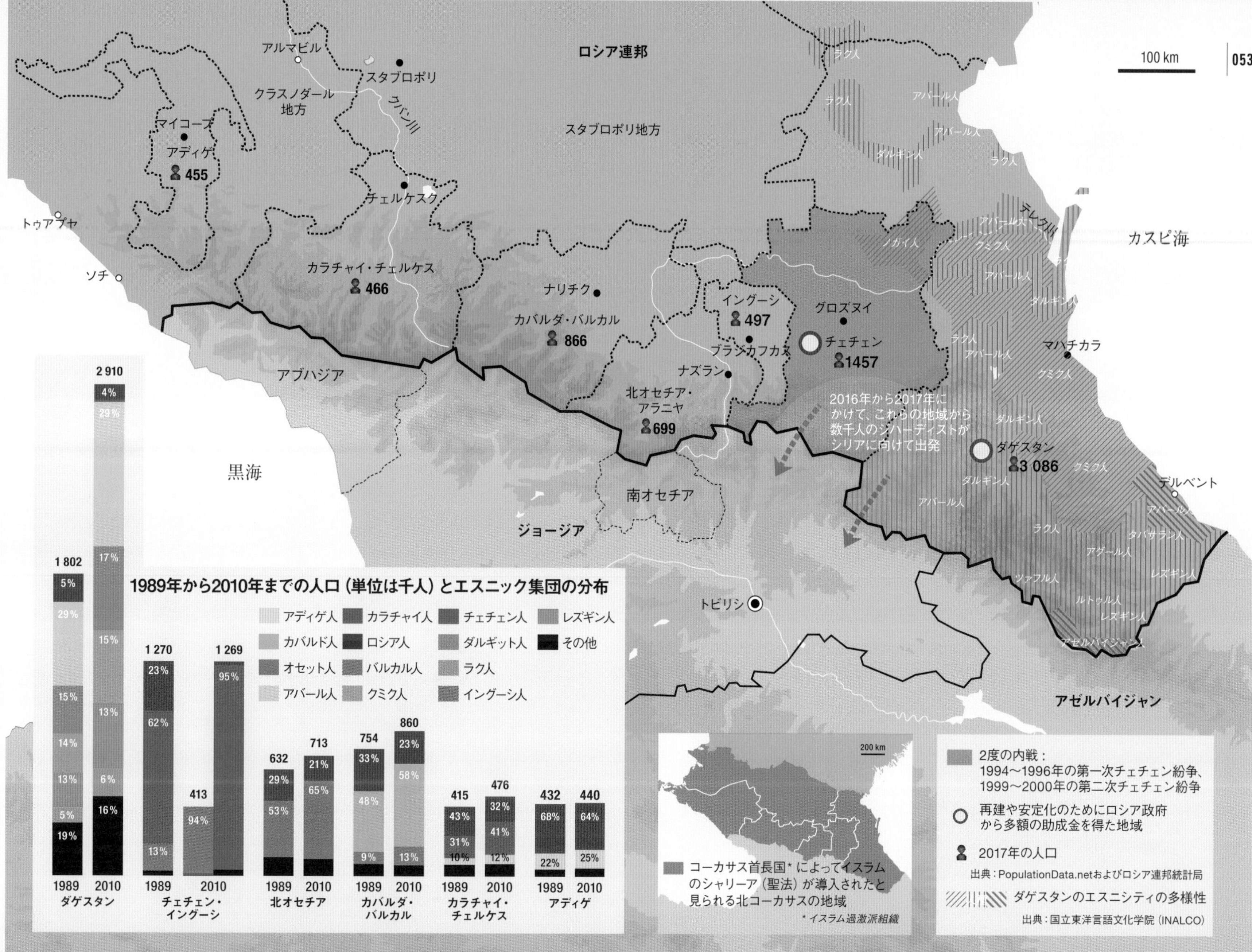

ロシア連邦
100 km
アルマビル
スタブロポリ
クラスノダール地方
クバン川
マイコープ
アディゲ
455
チェルケスク
トゥアプセ
ソチ
スタブロポリ地方
ラク人
アバール人
ダルギン人
ノガイ人
テレク川
クミク人
カスピ海
カラチャイ・チェルケス
466
ナリチク
カバルダ・バルカル
866
イングーシ
497
グロズヌイ
チェチェン
1457
ウラジカフカス
ナズラン
マハチカラ
アブハジア
北オセチア・アラニヤ
699
2016年から2017年にかけて、これらの地域から数千人のジハーディストがシリアに向けて出発
ダゲスタン
3 086
黒海
デルベント
南オセチア
ジョージア
タバサラン人
アグール人
ツァフル人
レズギン人
ルトゥル人
アゼルバイジャン人
トビリシ
アゼルバイジャン
1989年から2010年までの人口（単位は千人）とエスニック集団の分布
アディゲ人
カラチャイ人
チェチェン人
レズギン人
カバルド人
ロシア人
ダルギット人
その他
オセット人
バルカル人
ラク人
アバール人
クミク人
イングーシ人
ダゲスタン 1989: 1 802 — 5%, 29%, 15%, 14%, 13%, 5%, 19%
ダゲスタン 2010: 2 910 — 4%, 29%, 17%, 15%, 13%, 6%, 16%
チェチェン・イングーシ 1989: 1 270 — 23%, 62%, 13%
チェチェン・イングーシ 2010: 413 — 94%; 1 269 — 95%
北オセチア 1989: 632 — 29%, 53%
北オセチア 2010: 713 — 21%, 65%
カバルダ・バルカル 1989: 754 — 33%, 48%, 9%
カバルダ・バルカル 2010: 860 — 23%, 58%, 13%
カラチャイ・チェルケス 1989: 415 — 43%, 31%, 10%
カラチャイ・チェルケス 2010: 476 — 32%, 41%, 12%
アディゲ 1989: 432 — 68%, 22%
アディゲ 2010: 440 — 64%, 25%
200 km
コーカサス首長国* によってイスラムのシャリーア（聖法）が導入されたと見られる北コーカサスの地域
* イスラム過激派組織
2度の内戦：1994〜1996年の第一次チェチェン紛争、1999〜2000年の第二次チェチェン紛争
再建や安定化のためにロシア政府から多額の助成金を得た地域
2017年の人口
出典：PopulationData.netおよびロシア連邦統計局
ダゲスタンのエスニシティの多様性
出典：国立東洋言語文化学院（INALCO）

アメリカ
メキシコ
メキシコ麻薬戦争
2006年以降
メキシコシティ
経済封鎖
ナッソー
バハマ
ハバナ
キューバ
ハイチ
ドミニカ共和国
プエルトリコ
ジャマイカ
キングストン
ポルトープランス
サント・ドミンゴ
アンティグア・バーブーダ
セントクリストファー・ネービス
ドミニカ
セントルシア
バルバドス
セントビンセント及びグレナディーン諸島
グレナダ
トリニダード・トバゴ
カラカス
ベリーズ
ベルモパン
グァテマラ
ホンジュラス
テグシガルパ
サンサルバドル
エルサルバドル
ニカラグア
マナグア
サン・ホセ
コスタリカ
パナマ
全面化した経済危機
ジョージタウン
パラマリボ
仏領ギアナ
ベネズエラ
ガイアナ
スリナム
サンタ・フェ・デ・ボゴタ
コロンビア
サン・ホアン川
ニカラグア対
コスタリカ紛争
リタニ川とマルーイーニ川
FARCS
(コロンビア革命軍)、
ELN(民族解放軍)
ショーンブルクによる
暫定国境線
キト
エクアドル
サン・アンドレス・イ・プロビデンシア
ニカラグア対コロンビア紛争
コーランタイン川とニュー川
ラテンアメリカ諸国における貿易自由化の動き
米州機構(OAS)。
1948年設立。
北米自由貿易協定(NAFTA)。
1994年設立。
ラテンアメリカ・カリブ諸国
共同体(CELAC)。
2010年2月設立。
ブラジル
リマ
ペルー
ブラジリア
ラパス
ボリビア
パラグアイ
アスンシオン
チリ
アルゼンチン
ラテンアメリカの紛争と係争
2014年に始まった経済危機。2018年には
国際的な政治危機によって深刻化した。
2014年にアメリカとの国交正常化合意が
なされるも、2017年以降は再び緊張状態へ
内戦
2016年のFARCSとの和平合意、ELNとの交渉中断
国家の疲弊と貧困
国境紛争
環境係争
キーワード
ウルグアイ川、
パルプ工場事件
工業排水による
河川の汚染
ウルグアイ
サンチアゴ
ブエノスアイレス
モンテビデオ
600 km

南北アメリカの危機と紛争

Les Amériques des crises et des conflits

アメリカ合衆国 États-Unis

紛争の原因

1991年にソ連が崩壊してから、アメリカは超大国という立場で「グローバル化が進む」世界のリーダーになった。ジョージ・H・W・ブッシュ（在任期間1989〜1993）とビル・クリントン（在任期間1993〜2001）が大統領として在任中の10年間、アメリカは新たな国際秩序において見識あるリーダーシップを発揮する意気込みを見せた。心ならずも世界の治安を守る義務がある自分たちは、「気が進まぬ保安官」である、と主張したのはそのためだ。2001年（9・11同時多発テロや中国の台頭）を境に、ジョージ・W・ブッシュ大統領と多大な影響力を持つ新保守主義者が率いるアメリカは、西欧世界はこのままでは存亡の危機にさらされると考えた。そして自分たちは軍事力をつねに優位に保ち、万一の場合には武力行使も辞すまい、そう決めたのである。一方的な開戦はこうやって正当化されてきた（2003年の対イラク戦争のように）。いっぽうで、アメリカは一貫してイスラエルを支持している。2009年に大統領に就任し、2012年に再選を果たしたバラク・オバマは、前政権とは反対に「ブッシュの戦争」（対アフガニスタン、対イラク戦争）から手を引くことを選んだ。オバマは、アメリカの将来を左右する課題（経済競争力、テクノロジー、エネルギー革命、地域回帰、アジア対策、中国からの挑戦）への取り組みに集中し、新たな紛争（中東アラブ地域での革命、シリア、リビア、マリ）が起きたときにも、派兵延長や再介入は最低限に抑えるか、背後からの指揮のみに留めた。オバマは世界の対アメリカ感情がこれ以上悪化するのを食い止めたかった。しかし、ロシア政府との平穏な関係は取り戻せず、急成長を続ける中国への対処にも追われた。それでもなお、アメリカが政治的にも軍事的にも他国を大きく引き離して世界一の大国であることには変わりはない。

現在の危機

2016年、破壊的な選挙公約を掲げてドナルド・トランプが大統領選に勝利したときには、誰もが驚いた。トランプ大統領は、雇用減少の元凶であるとして経済のグローバル化を批判し、孤立主義的・一国主義的・攻撃的な政策を推し進めている。アメリカの領土を移民の流入と対外貿易赤字（年間6000億ドルの貿易赤字は、2018年には8910億ドルにまで達した）から守るのが目標だ。また世界の警察官役はもう辞めたい（できない）、海外への軍事的関与から解放されたい、とも発言している。トランプのスローガン、「Make America Great Again（アメリカを再び偉大な国に）」「America First（アメリカ第一主義）」はつまり、同盟国であれ敵国であれ、他国のことは考慮せずに自国の政治を推し進めていきたいというアメリカの姿勢の表れなのだ。敵国にアメリカの意向を認めさせるには、軍事力ではなく経済制裁をちらつかせる。ドル高、デジタル化による相互依存、そしてアメリカ市場の重要性を頼みに、相手国に混乱と不安を与えるためだ。いっぽうで、軍事費は増大し（6000億ドルから7200億ドルへ）、ロシア政府との和解はいまだ実現せず、中国に対しては経済的・戦略的な強硬姿勢を崩していない。また、イランとキューバに対しては経済的弾圧を行うことによって、政体の弱体化を狙っている。

今後考えられるシナリオ

1. アメリカ以外の国々はアメリカ市場への参入ができなくなると困るため、逡巡を続ける。もう少しましな時代が来ることを期待しながら、ドナルド・トランプのやり方に多かれ少なかれ順応していく。しかし、次期アメリカ大統領はトランプほど攻撃的な政策は打ち出さないだろう。一国主義（単独行動主義）である点ではトランプと変わりはないが。

2. トランプの政策に恐れをなした他の国々は、協力してドルに頼らない経済構造を築こうとする。ヨーロッパはより自立性の高い軍事戦略を目指し、中国やロシアをはじめとする各国も互いに歩み寄ってトランプに対抗しようとする。こうした情勢はアメリカの超大国としての地位を危うくするだろう。

3. アメリカの留まるところを知らない一国主義は他国にも伝染し、世界はますます混沌とし、収拾不能になっていく。

4. 2020年の大統領選で、民主党左派から際立った人物が出てきて当選し、多国間主義政策を採用すれば、世界におけるアメリカの評判が非常に高くなるだろう。

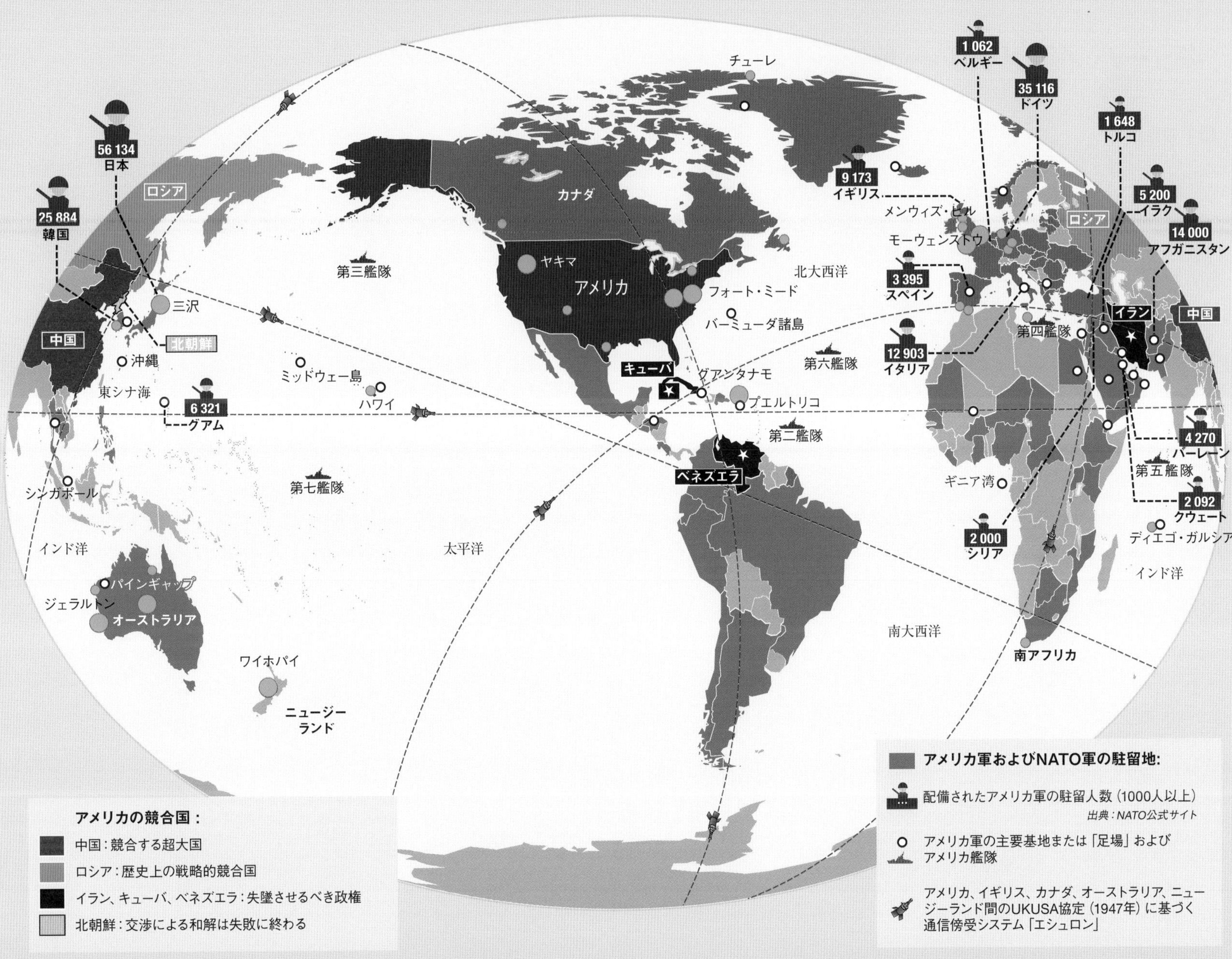

1 062
ベルギー
35 116
ドイツ
56 134
日本
1 648
トルコ
9 173
イギリス
5 200
イラク
25 884
韓国
14 000
アフガニスタン
3 395
スペイン
12 903
イタリア
6 321
グアム
4 270
バーレーン
2 092
クウェート
2 000
シリア
チューレ
ロシア
カナダ
メンウィズ・ヒル
モーウェンストウ
北大西洋
第三艦隊
ヤキマ
アメリカ
フォート・ミード
三沢
バーミューダ諸島
中国
北朝鮮
沖縄
ミッドウェー島
キューバ
グアンタナモ
第六艦隊
第四艦隊
イラン
東シナ海
ハワイ
プエルトリコ
第二艦隊
ベネズエラ
第五艦隊
シンガポール
第七艦隊
ギニア湾
ディエゴ・ガルシア
インド洋
太平洋
パインギャップ
ジェラルトン
オーストラリア
南大西洋
南アフリカ
ワイホパイ
ニュージーランド
アメリカ軍およびNATO軍の駐留地:
配備されたアメリカ軍の駐留人数（1000人以上）
出典：NATO公式サイト
アメリカ軍の主要基地または「足場」および
アメリカ艦隊
アメリカ、イギリス、カナダ、オーストラリア、ニュージーランド間のUKUSA協定（1947年）に基づく通信傍受システム「エシュロン」
アメリカの競合国：
中国：競合する超大国
ロシア：歴史上の戦略的競合国
イラン、キューバ、ベネズエラ：失墜させるべき政権
北朝鮮：交渉による和解は失敗に終わる

キューバ／アメリカ Cuba/États-Unis

紛争の原因

スペインにとってラテンアメリカ最後の植民地であったキューバは、1898年にアメリカの介入によって独立を果たした。しかしこの独立はまったくの形式に過ぎず、事実上はアメリカがキューバの政治・経済を支配していた。それから長い月日が経ち、フィデル・カストロが武装闘争の末1959年1月1日に権力の座を勝ち取った。カストロはもともとナショナリストであり反共主義者であったが、新政権がアメリカ企業を国営化していくと、アメリカ政府はキューバの主要財源であるサトウキビの輸入を停止した。これを好機ととらえたソ連政府はサトウキビの買い手として名乗りを上げ、キューバはソ連の支援に頼るようになる。1961年4月、CIAが支援する反カストロ分子がキューバのピッグス湾に侵攻したが、作戦は大失敗に終わった。この事件以降カストロは共産主義者になり、ソ連と戦略的同盟関係を結ぶ。ソ連側はアメリカから90マイル（約150km）の地点に基地を得たと喜んだ。1962年、キューバでソ連の核ミサイルが配備されつつあること（トルコでアメリカがミサイルを配備したことへの対抗措置）が発覚し、攻撃用核ミサイルが発射されるのではないかという一触即発の事態を生み、世界は危うく核戦争に突入するところとなる。瀬戸際でケネディ大統領とフルシチョフは対話を続け、結局ソ連政府はキューバからのミサイル撤去を承諾した。アメリカ政府はキューバに対し経済封鎖を宣言、キューバは米州機構（OAS）から除名された。キューバ政府はチェ・ゲバラとともにラテンアメリカに革命を広めようと何度か試みたが、すべて失敗に終わっている。現在のキューバは、アメリカによる経済封鎖と官僚による計画経済体制のせいで、経済は停滞している。ソ連が崩壊して唯一の支援国がなくなり、状況はますます深刻になった。国家としては観光業などにやや力を入れはじめたが、共産党一党による政治・経済支配は続いている。

現在の危機

アメリカによる経済封鎖と孤立主義政策によって、キューバの経済成長は低迷しているが、フィデル・カストロは長らく国家元首の地位に留まり、2007年には健康上の理由から弟のラウルを後継者とした。アメリカ人は1962年に起きた核ミサイル危機のショックが忘れられず、アメリカ企業の国営化を今も許してはいない。アメリカ人にとってキューバは、アメリカの目と鼻の先に位置する共産主義世界の残滓としていまだに位置づけられている。数多くのキューバ人がカストロ政権を嫌って亡命しており、アメリカのマイアミで影響力あるロビーを形成し、アメリカとキューバの和解に徹底して反対している。しかし、若い世代のキューバ人にはそうした先入観はなく、キューバの開国に対して好意的な見方をしている。キューバ政府がつねに掲げる反アメリカ主義は、この国の政権強化に役立ち、経済政策の失敗の言い訳ともなってきた。2008年、ラウル・カストロはわずかだが政治・経済上の開放政策を打ち出した。そして2014年にはオバマ大統領がキューバとの国交回復を宣言した。マイアミの過激な反カストロ団体の反対を押しての決断だった。キューバへのアメリカ人旅行者数は爆発的に増加した（2014年は9万人、2017年は60万人）。2015年にキューバを訪問したローマ教皇フランシスコの仲介を得て、バラク・オバマは2016年、アメリカ大統領としては1928年以来初めて、キューバへの歴史的訪問を果たした。だが、ドナルド・トランプはオバマが行ってきた国交回復政策を見直そうとしている。これは前任者オバマに対する対抗意識や彼自身の反共主義のせいでもあり、いくつかの経済制裁が再び実施された。キューバの新大統領、ミゲル・ディアス＝カネルは中国を手本（共産党政権と資本主義経済の両立）と考え、2019年にこの案に関する憲法改正の投票を行い、国民の86%の支持を得た。しかし、ベネズエラに危機が起こり、キューバはラテンアメリカ地域におけるもっとも重要な同盟国を失った。

今後考えられるシナリオ

1. アメリカのトランプ大統領はキューバに対する圧力を強める。アメリカによる経済的制限措置は政権の崩壊を招く。

2. 経済は自由主義に移行し政権は現状維持するというキューバの賭けは功を奏する。国民は満足し、アメリカや亡命キューバ人に支配されることを拒む。

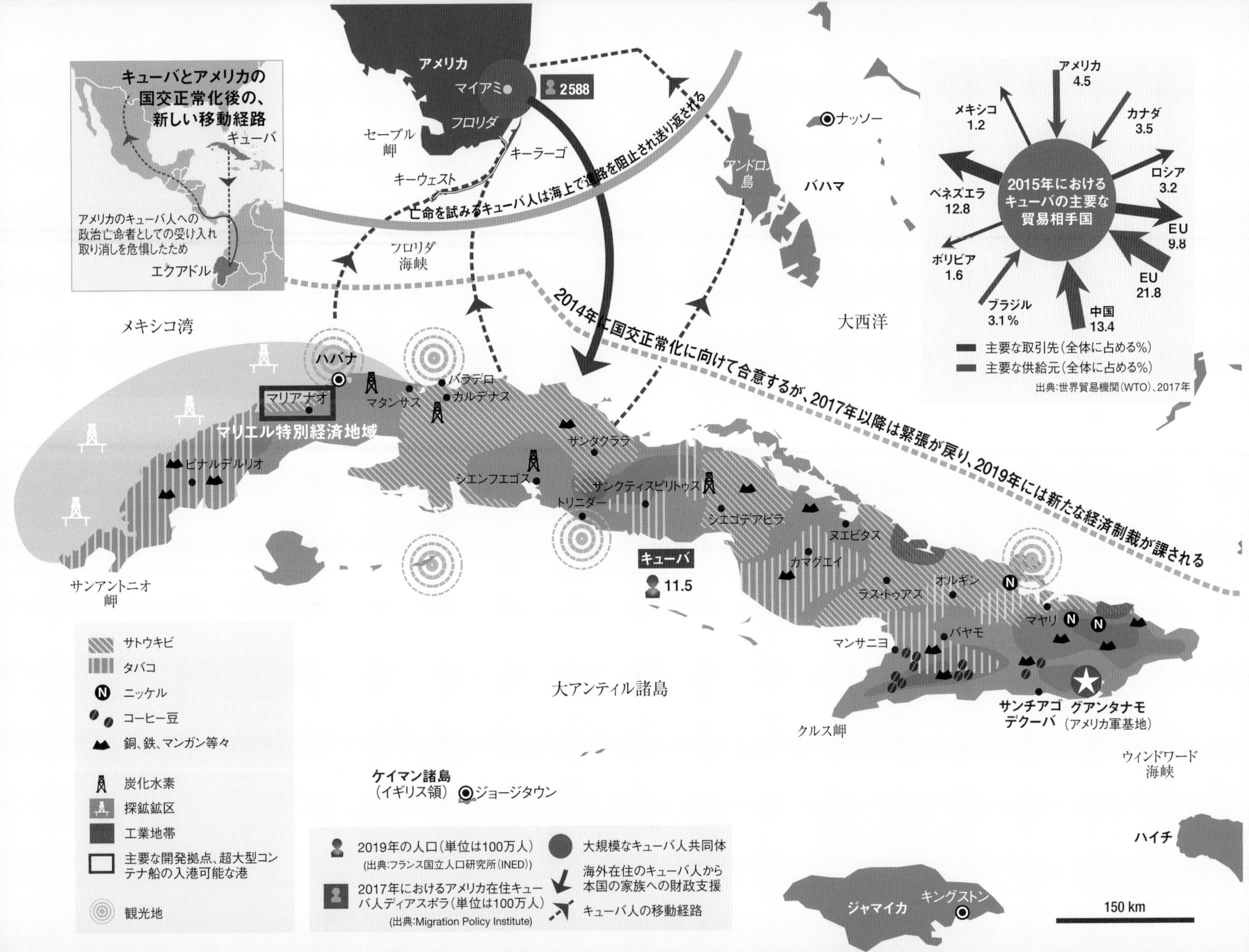

キューバとアメリカの国交正常化後の、新しい移動経路
キューバ
アメリカのキューバ人への政治亡命者としての受け入れ取り消しを危惧したため
エクアドル
アメリカ
マイアミ
2588
フロリダ
セーブル岬
キーラーゴ
キーウェスト
亡命を試みるキューバ人は海上で進路を阻止され送り返される
フロリダ海峡
ナッソー
アンドロス島
バハマ
2014年に国交正常化に向けて合意するが、2017年以降は緊張が戻り、2019年には新たな経済制裁が課される
メキシコ湾
大西洋
2015年におけるキューバの主要な貿易相手国
アメリカ 4.5
メキシコ 1.2
カナダ 3.5
ロシア 3.2
ベネズエラ 12.8
EU 9.8
ボリビア 1.6
EU 21.8
ブラジル 3.1%
中国 13.4
主要な取引先(全体に占める%)
主要な供給元(全体に占める%)
出典:世界貿易機関(WTO)、2017年
ハバナ
バラデロ
マタンサス
カルデナス
マリアナオ
マリエル特別経済地域
サンタクララ
ピナルデルリオ
シエンフエゴス
サンクティスピリトゥス
トリニダー
シエゴデアビラ
ヌエビタス
カマグエイ
キューバ
11.5
オルギン
ラス・トゥアス
マヤリ
バヤモ
マンサニヨ
サンアントニオ岬
大アンティル諸島
サンチアゴデクーバ
グアンタナモ(アメリカ軍基地)
クルス岬
ウィンドワード海峡
ケイマン諸島(イギリス領)
ジョージタウン
ハイチ
ジャマイカ
キングストン
150 km
サトウキビ
タバコ
ニッケル
コーヒー豆
銅、鉄、マンガン等々
炭化水素
探鉱鉱区
工業地帯
主要な開発拠点、超大型コンテナ船の入港可能な港
観光地
2019年の人口(単位は100万人)
(出典:フランス国立人口研究所(INED))
2017年におけるアメリカ在住キューバ人ディアスポラ(単位は100万人)
(出典:Migration Policy Institute)
大規模なキューバ人共同体
海外在住のキューバ人から本国の家族への財政支援
キューバ人の移動経路

メキシコと中央アメリカ Mexique et Amérique centrale

紛争の原因

中央アメリカの国々は、20世紀初頭から構造的不安定に悩まされてきた。アメリカは中央アメリカに自国の傀儡（かいらい）政権（バナナ共和国と呼ばれる。ホンジュラスやグァテマラ、パナマなど）を作ったが、これに抵抗する反逆者やゲリラが増大した。これらの武力衝突は多数の犠牲者を出した。コスタリカ（軍事組織を持たない）とパナマ（パナマ運河の存在によってアメリカ政府の完全な支配下にあり、中央アメリカの金融ビジネスの中心地でもある）だけが、この負のスパイラルから逃れている。

中央アメリカ諸国は、東西冷戦終結後に民主主義国家になったが、経済的、社会的状況は依然として深刻なままだ。政治の暴力がなくなれば犯罪という暴力が起こる。ホンジュラス、グァテマラ、エルサルバドルは記録的な貧困率に苦しんでいる。その結果、黄金郷（エルドラド）アメリカへの亡命希望者が後を絶たない（そしてこれにつけこんだ人身売買組織が暗躍している）。さらに、麻薬の生産地である南アメリカ（おもにコロンビア）とその消費地である北アメリカのあいだに位置する中央アメリカでは、麻薬の密売も急増している。

犯罪組織がはびこり、殺人発生率はこの地域が世界でもっとも高い（エルサルバドルでは2016年、10万人中83人が殺されている。ちなみにEU諸国ではすべての国で6人以下）。ホンジュラス、グァテマラ、エルサルバドルに関しては、この10年間で15万人以上が殺害されており、国民ひとり当たりの殺人発生率はメキシコの3倍、アメリカの10倍である。こうした組織犯罪の犠牲となった人々の数は、戦争による犠牲者の数よりも多い。

メキシコでは1980年後半から麻薬カルテルが成長した。カルデロン大統領は2006年以降、アメリカの支援を受けて麻薬密造・密輸組織撲滅のための闘いを繰り広げ、10万人の兵士と警官を国内全域に配備した。暴力行為はエスカレートし、一般市民や腐敗を告発するジャーナリスト、そして汚職への関わりを拒絶する政治家たちが殺害された。2006年以降、麻薬密売組織との抗争は4万人の死者を出しており、（身代金目当ての）誘拐事件も年間1万件発生している。腐敗と治安悪化は広がるばかりであった。

現在の危機

アンドレス・マヌエル・ロペス・オブラドール（通称AMLO（アムロ））は2018年の大統領戦で、腐敗と治安悪化との闘いを公約として掲げた。大多数の票を得て当選したAMLOはメキシコ初の左派大統領となった。

AMLOは人口の43%を占める貧困層を救うために社会政策を展開した。暴力の原因を根絶することを目指し、武力行使だけに頼らずに麻薬密売撲滅のための闘いを続けている。アメリカのトランプ大統領に対しては、衝突を避けながらも断固たる態度で接している。とはいえ、メキシコの輸出の80%はアメリカが相手である。

中央アメリカの低迷の原因は、市民社会の空洞化、腐敗した政治、そして貧困と暴力から抜け出すには亡命が最良の手段だとする国民の認識だ。

今後考えられるシナリオ

1. ボルソナーロ大統領が率いるブラジルが陰りを見せるにつれて、メキシコがラテンアメリカのリーダー的役割を果たすようになる。AMLOは腐敗との闘いや社会正義の確立を掲げ、命運を賭けた国内政策に成功する。ホンジュラス、グァテマラ、そしてエルサルバドルもメキシコの例に倣おうとする。

2. AMLOに対する麻薬カルテルの闘いがますます激化して、暗殺さえ企てられる。暴力が支配する状況に変化は訪れない。

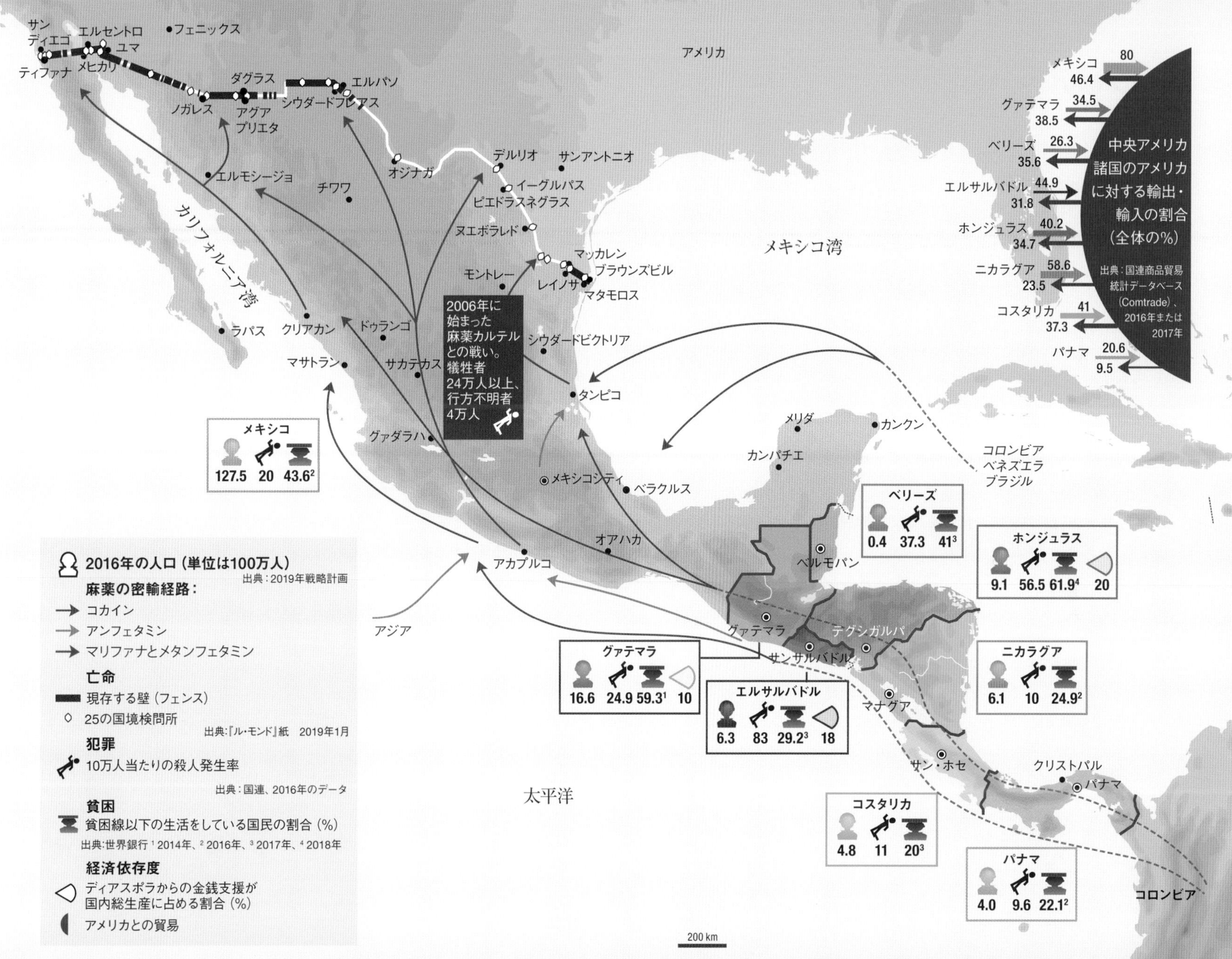

サン
ディエゴ
エルセントロ
フェニックス
ユマ
ティファナ
メヒカリ
アメリカ
ダグラス
エルパソ
ノガレス
アグア
プリエタ
シウダードフレアス
デルリオ
サンアントニオ
オジナガ
エルモシージョ
チワワ
イーグルパス
ピエドラスネグラス
カリフォルニア湾
ヌエボラレド
メキシコ湾
マッカレン
ブラウンズビル
モントレー
レイノサ
マタモロス
2006年に
始まった
麻薬カルテルとの戦い。
犠牲者
24万人以上、
行方不明者
4万人
ラパス
クリアカン
ドゥランゴ
シウダードビクトリア
マサトラン
サカテカス
タンピコ
メリダ
カンクン
ヴァダラハ
カンパチエ
コロンビア
ベネズエラ
ブラジル
メキシコシティ
ベラクルス
オアハカ
ベルモパン
アカプルコ
アジア
グァテマラ
テグシガルパ
サンサルバドル
マナグア
サン・ホセ
クリストバル
パナマ
太平洋
コロンビア
200 km
中央アメリカ諸国のアメリカに対する輸出・輸入の割合（全体の%）
メキシコ 80 46.4
グァテマラ 34.5 38.5
ベリーズ 26.3 35.6
エルサルバドル 44.9 31.8
ホンジュラス 40.2 34.7
ニカラグア 58.6 23.5
コスタリカ 41 37.3
パナマ 20.6 9.5
出典：国連商品貿易統計データベース（Comtrade）、2016年または2017年
メキシコ 127.5 20 43.6[2]
ベリーズ 0.4 37.3 41[3]
ホンジュラス 9.1 56.5 61.9[4] 20
グァテマラ 16.6 24.9 59.3[1] 10
ニカラグア 6.1 10 24.9[2]
エルサルバドル 6.3 83 29.2[3] 18
コスタリカ 4.8 11 20[3]
パナマ 4.0 9.6 22.1[2]
2016年の人口（単位は100万人）
出典：2019年戦略計画
麻薬の密輸経路：
コカイン
アンフェタミン
マリファナとメタンフェタミン
亡命
現存する壁（フェンス）
25の国境検問所
出典：『ル・モンド』紙 2019年1月
犯罪
10万人当たりの殺人発生率
出典：国連、2016年のデータ
貧困
貧困線以下の生活をしている国民の割合（%）
出典：世界銀行 [1] 2014年、[2] 2016年、[3] 2017年、[4] 2018年
経済依存度
ディアスポラからの金銭支援が国内総生産に占める割合（%）
アメリカとの貿易

コロンビア Colombie

紛争の原因

コロンビアは自由党（進歩派）の指導者だったホルヘ・ガイタンの暗殺がきっかけとなり、1948年から1958年にかけて血まみれの内戦（ラ・ビオレンシア〔暴力の時代〕と呼ばれている）に引き裂かれることになった。保守党による弾圧は内戦に発展し、自由党の支持者と見られた村では住民全員が殺された。犠牲者の数は20万人とも30万人ともいわれている。当時のコロンビアの人口は1500万人だった。その後コロンビアではマルクス主義に傾倒するふたつのゲリラ集団が結成されている。FARC（「コロンビア革命軍」。共産党に近い）とELN（カストロ主義者の「民族解放軍」）だ。1958年、対立による被害の大きさを憂慮した自由党と保守党は和平合意に署名し、「国民戦線」体制を敷いた。これによって両党が4年ごとに政権交代する体制が1978年まで続く。こうしてふたつの党の一部のエリートだけが権力を共有する政治の複占が行われ、国民の要求が聞き入れられることはなかった。ゲリラ組織はこれにつけこんで政治に介入しはじめる。ゲリラ対策として政府が設立した準軍事組織（訳注：政府軍や大土地所有者などが資金を提供する武装市民集団）は無差別に弾圧を行い、一般市民、とくに農村地帯に住む人々に危害を加えた。

コロンビアの麻薬密輸組織は、国の機関の機能不全（国家の援助の手が届かない貧困層への慈善事業は麻薬王たちが行っていた）が原因で急増し、秩序と私有財産の番人を自任するゲリラや私兵組織の活動を助長した。誘拐と殺人の件数は増え続け、政治絡みの暴力と犯罪という暴力が混在するなかで、FARCがコロンビア領土の一部を掌握した。ウリベ大統領（在任期間2002～2010）は、交渉を基本とするそれまでのゲリラ対策方針を止め、アメリカから支援を得て軍隊を投入し、問題を解決しようとした。ウリベはまた、FARCを援助したとしてベネズエラのチャベス大統領を批判した。しかしウリベが望んでいたゲリラ集団との闘いにおいては、勝利は叶わなかった。

現在の危機

2010年に大統領に選ばれたサントスは、交渉によって道は開けると信じていた。政府と反政府ゲリラ組織の和解に向けた秘密の交渉の多くはキューバで始められ、2016年、ついに和平合意に至る。長年の内戦によってコロンビアでは30万人近くが犠牲になり、700万人が国外に亡命した。FARCは武装を解除して合法政党を設立、議会で上院・下院5議席ずつの計10議席を保証された。農地改革が計画され、大赦が発表された。しかし大赦は過去の暴力的な出来事が忘れられない一部の国民には受け入れられなかった。いっぽうで、FARCその他の私兵集団の残党のなかには、現在も暴力行為を働き続ける者が存在している。内戦を終結させたサントス大統領は2016年にノーベル平和賞を授与され、ELNとも交渉を開始した。しかし、2018年に選出されたイバン・ドゥケ大統領は、FARCとの合意や、ELNとの交渉の基本原則を見直そうとしている。

数字で見るコロンビアの紛争

コロンビアの人口は現在約4900万人。過去60年間の紛争で命を落としたのは26万人で、そのうち80％が民間人だった。戦闘員の死亡者数は4万5000人以上だ。9万5000人以上が準軍事組織に、3万6000人以上が極左革命組織に、9800人以上がコロンビア軍に殺害された。また、紛争によって700万人近くが国外亡命者となった。3万人が誘拐され、そのほとんどがFARCかELNによるものだった。性暴力は1万5000件を数える。

今後考えられるシナリオ

1. ドゥケ大統領の政策はアメリカのトランプ大統領に後押しされてエスカレートしていく。和平合意と恩赦を見直し、FARCの責任者数名の裁判を望む。FARCは再び非合法組織となり、紛争が再開する。

2. 休戦協定はドゥケの次の新大統領が選出されるまでどうにか維持される。新大統領はサントス時代の方針に沿った政策をとり、包括的な平和合意にこぎつける。

ニカラグア
カリブ海
コスタリカ
パナマ
太平洋
ベネズエラ
コロンビア
ブラジル
エクアドル
ペルー
リオハチャ
バランキヤ
サンタマルタ
ソレダート
カルタヘナ
バエドゥパル
シンセレホ
シンチリア
トゥルボ
ククタ
ブカラマンガ
フロリダブランカ
フラド
ベヨ
イタグイ
メデジン
ヌキ
マニサレス
ペレイラ
ボゴタ
アルメニア
イバゲ
ソアチャ
ビジャビセンシオ
ブエナベントゥーラ
カリ
パルミラ
ネイバ
サン・ホセ・デル・グアビアレ
ポパヤン
トゥマコ
フロレンシア
パスト
1965年以降の武装紛争の状況
26万人の犠牲者のうち80%は民間人
戦闘員が4万5000人
国外亡命者700万人
カリブ海
エル・ブランコ
ティブ
タベイバ
カウカシア
サラベナ
メデジン
アルメニア
ボゴタ
イバゲ
カリ
ポパヤン
サン・ホセ・デル・グアビアレ
トゥマコ
フロレンシア
クリリョ
ペトゥチヤ
パスト
ソリタ
プエルトアシス
ケシ(アヘン原料)の生産地域
コカ(コカイン原料)の生産地域
麻薬原料の栽培地域
ELNの私兵*、約1500人
2019年1月:テロ事件により政府とELNの交渉は中断
2016年当時、何らかの武装組織がいるのではないかと見られていた地域
2013年当時、FARC**が影響力を持っていた地域
コロンビアを出発する麻薬のルート
* 民族解放軍、** コロンビア革命軍
出典:国連薬物犯罪事務所-平和と和解財団
2017年の人口
4900万人
出典:世界銀行
2012年から2016年にかけての10万人当たりの殺人発生率
16
15
13
12.7
12.4
出典:国連薬物犯罪事務所、AFP(フランス通信社)

ベネズエラ Venezuela

紛争の原因

1974年、原油価格が4倍の値上がりを見せたことで、ベネズエラは豊かな国になった（世界の石油埋蔵量の18%を有する。これはサウジアラビアよりも多い）。農業経済から、石油というレント（訳注：天然資源所得など国家に直接流入する所得）に頼る経済へと移行したのである。1958年から民主主義国家となっていたベネズエラは、軍事独裁国家にはならずには済んだものの、石油によるレントが国民に恩恵を与えることはなく、腐敗が蔓延した。1998年、国家の富の再分配を公約したウゴ・チャベスが大統領として民主的に選出された。チャベスは、フィデル・カストロに近いイデオロギーを標榜し、キューバに接近した。石油相場の高騰を利用して、気前よく民衆に受けのいい社会政策をとったが、経営者たちの反感を買った。また、アメリカ側にしてみれば、最大の石油取引相手である自分たちを差し置いてキューバに歩み寄るベネズエラの外交には不安要素が多かった。ウゴ・チャベスは自国の富を存分に使って、非常に活発で反米的な外交関係を構築していった。接近したのはロシア、イラン、そして中国だ。キューバには石油を安価で提供し、代わりにキューバからは領土保全への協力や、社会制度面での援助（教師や医師の派遣）を得た。チャベスはまたラテンアメリカの他のポピュリスト政権（エクアドル、ボリビア）とも結びつきを深め、ルラ大統領の治めるブラジルとは良好な関係を築いた。アメリカのブッシュ大統領をこき下ろすチャベスは国際舞台の人気者となった。しかしチャベスはせっかくの石油によるレントを使って、ベネズエラに多様な経済活動を展開したり、インフラの近代化を図ったりはしなかった（石油の精製は依然としてアメリカ頼りだった）。「カウディーリョ」（ラテンアメリカの独裁者に対する称号）的な側面を持ち合わせながらも、大統領の任期は遵守していたチャベスは、出馬したすべての大統領選に勝利している。これは国民がチャベスの社会政策に感謝していたことを意味している。

現在の危機

チャベスが2013年に他界すると、ニコラス・マドゥロが後継者として大統領に就任した。ベネズエラ史上出るべくして登場したカリスマ性あふれるチャベスとは、マドゥロはまったく違っていた。原油価格が下落すると、消費財のすべてを輸入しているベネズエラは経済危機に陥り、政治的・社会的な危機へと発展していった。マドゥロ政権は、「野党はアメリカと手を組んでいる」と告発したが、その野党は2015年12月の総選挙で勝利、大統領の罷免を前提とした国民投票の実施を図った。反マドゥロ派は、経済の混乱を招き弾圧を行うしか術を持たないマドゥロの無能ぶりを批判した。マドゥロは反対派を反動分子と呼び、政権与党から既得権益を奪いたいだけの、アメリカ帝国主義の手先にすぎないと反撃した。2017年3月、マドゥロは議会を解散し、立法権までも独断で手中におさめ、2018年5月の大統領選で再選された。しかしこの選挙は野党によりボイコットされている。抗議運動は拡大し、石油産業と経済は壊滅状態に陥った。食糧危機さえ発生した。かつてラテンアメリカ地域でもっとも豊かな国だったベネズエラの経済は麻痺し、400万人（人口の10%以上にあたる）のベネズエラ人が経済難民として国外に流出した。2018年には137万%以上という極度のインフレ状態に陥り、失業率は労働力人口の35%を占めている。2019年1月、野党のリーダー、フアン・グアイドが暫定大統領就任を宣言した。しかしキューバ、ロシア、中国、ボリビア、そしてニカラグアは依然としてマドゥロと軍部を支持している。リマ・グループ（ラテンアメリカの大多数の国で構成される）とEUのほぼすべての国がグアイドを大統領として承認してきた。またメキシコとウルグアイは、危機の収束と衝突の回避のための調停役を申し出ている。しかし、アメリカは経済制裁を続けており、ベネズエラの経済危機に拍車をかけている。

今後考えられるシナリオ

1. 軍部を掌握しているマドゥロが引き続き反対派に弾圧を加えながら、疲弊した国の統率を続ける。

2. メキシコ、ウルグアイ両国による仲裁が功を奏してマドゥロの名誉ある退陣が実現し、大統領選挙が実施される。

3. アメリカが介入する（直接的または間接的に野党陣営の武装を援助する）。内戦が始まる。

4. ベネズエラの分断は長期化・泥沼化する。

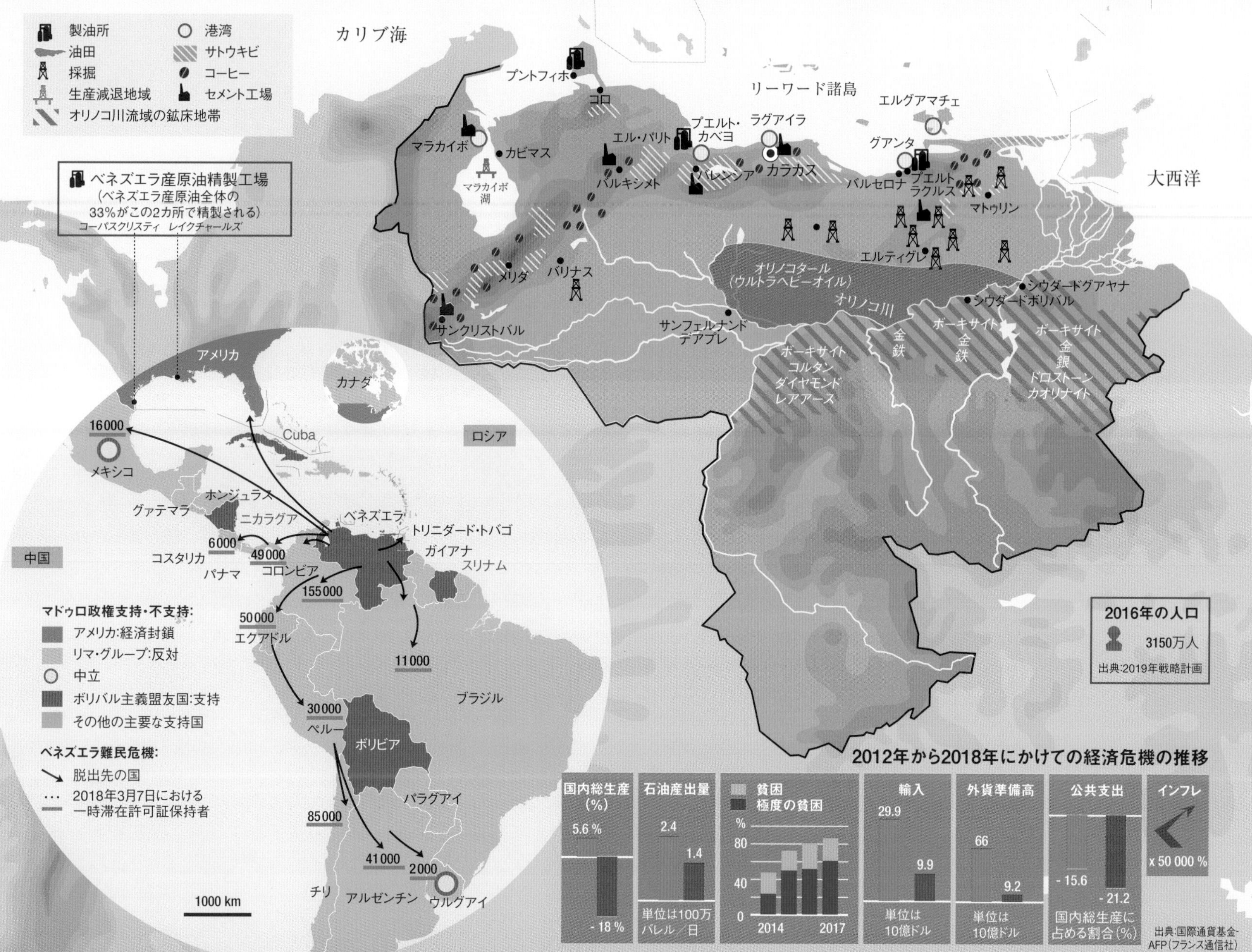
製油所
油田
採掘
生産減退地域
オリノコ川流域の鉱床地帯
港湾
サトウキビ
コーヒー
セメント工場
カリブ海
リーワード諸島
大西洋
ベネズエラ産原油精製工場
（ベネズエラ産原油全体の
33%がこの2カ所で精製される）
コーパスクリスティ　レイクチャールズ
プントフィホ
コロ
マラカイボ
カビマス
マラカイボ湖
エル・パリト
プエルト・カベヨ
ラグアイラ
カラカス
バレンシア
バルキシメト
エルグアマチェ
グアンタ
バルセロナ
プエルト ラクルス
マトゥリン
エルティグレ
メリダ
バリナス
サンクリストバル
オリノコタール（ウルトラヘビーオイル）
オリノコ川
シウダードグアヤナ
シウダードボリバル
サンフェルナンド デアプレ
ボーキサイト コルタン ダイヤモンド レアアース
金 鉄
ボーキサイト 金 鉄
ボーキサイト 金 銀 ドロストーン カオリナイト
アメリカ
カナダ
ロシア
中国
Cuba
16000
メキシコ
ホンジュラス
グァテマラ
ニカラグア
ベネズエラ
トリニダード・トバゴ
6000
49000
コスタリカ
パナマ
コロンビア
ガイアナ
スリナム
155000
50000
エクアドル
11000
ブラジル
30000
ペルー
ボリビア
パラグアイ
85000
41000
2000
チリ
アルゼンチン
ウルグアイ
1000 km
マドゥロ政権支持・不支持:
アメリカ:経済封鎖
リマ・グループ:反対
中立
ボリバル主義盟友国:支持
その他の主要な支持国
ベネズエラ難民危機:
脱出先の国
2018年3月7日における一時滞在許可証保持者
2016年の人口
3150万人
出典:2019年戦略計画
2012年から2018年にかけての経済危機の推移
国内総生産（%）
5.6 %
-18 %
石油産出量
2.4
1.4
単位は100万バレル／日
貧困
極度の貧困
%
80
40
0
2014
2017
輸入
29.9
9.9
単位は10億ドル
外貨準備高
66
9.2
単位は10億ドル
公共支出
-15.6
-21.2
国内総生産に占める割合（%）
インフレ
x 50 000 %
出典:国際通貨基金-AFP（フランス通信社）-国連難民高等弁務官事務所-『フィナンシャル・タイムズ』紙

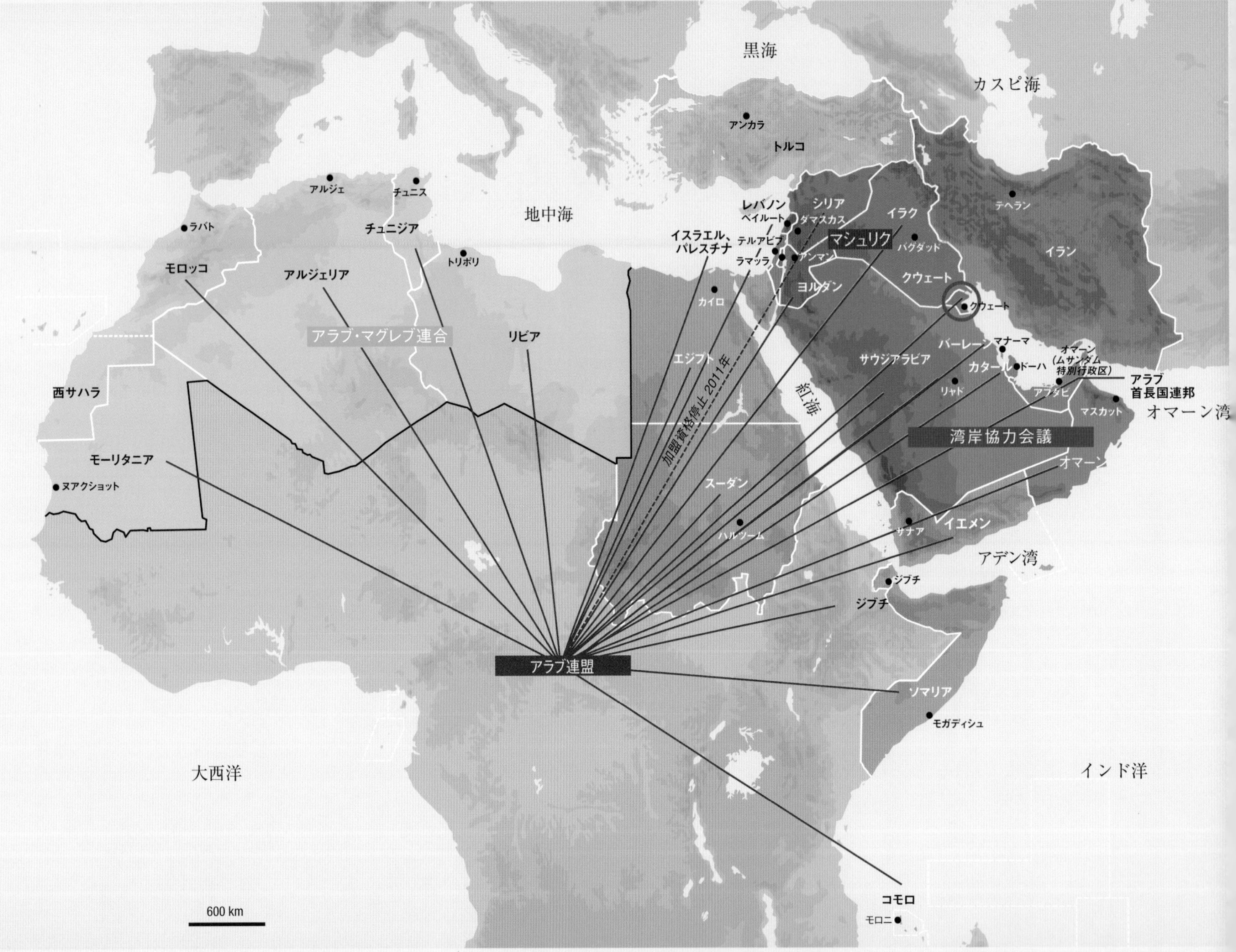

黒海
カスピ海
アンカラ
トルコ
アルジェ
チュニス
地中海
テヘラン
ラバト
チュニジア
レバノン
シリア
ベイルート
ダマスカス
イラク
イスラエル、
パレスチナ
テルアビブ
マシュリク
バグダッド
トリポリ
ラマッラ
アンマン
イラン
モロッコ
アルジェリア
クウェート
カイロ
ヨルダン
クウェート
アラブ・マグレブ連合
リビア
バーレーン
マナーマ
エジプト
サウジアラビア
オマーン
(ムサンダム
特別行政区)
カタール
ドーハ
加盟資格停止2011年
紅海
アラブ
首長国連邦
西サハラ
リヤド
アブダビ
マスカット
オマーン湾
湾岸協力会議
モーリタニア
オマーン
ヌアクショット
スーダン
ハルツーム
サナア
イエメン
アデン湾
ジブチ
ジブチ
アラブ連盟
ソマリア
モガディシュ
大西洋
インド洋
コモロ
600 km
モロニ

中東の危機と紛争

Le Moyen-Orient des crises et des conflits

イスラエル／パレスチナ／アラブ諸国（前編） Israël/Palestine/Pays arabes (1/2)

紛争の原因

1897年、テオドール・ヘルツルは『ユダヤ人国家』を著し、反ユダヤ主義者たちによる迫害からユダヤ人を守るためにはユダヤ人国家を建設しなければならない、と唱えた。1917年、イギリスの外務大臣であったバルフォア卿は、パレスチナにおけるユダヤ人の「民族的郷土」の建設への協力を宣言する。しかしバルフォアは同時にオスマン帝国の支配下にあったアラブ人に対して独立の約束もしていた。1919年から1939年にかけて、イギリスの委任統治の下でパレスチナのユダヤ人人口は6万5000人から42万5000人になり、パレスチナの住民数に占める割合は10%から30%に増加した。その原因は、中央ヨーロッパやドイツにおける迫害を逃れてやって来たユダヤ人の集団移動だった。このことはユダヤ移民に対するアラブ人の敵意を生んだ。第二次世界大戦後、国連はパレスチナ分割案を採択し、領土の55%をユダヤ人に割り当て、残りの45%をアラブ人に割り当てた国家を創設することにした。アラブ側はこの分割案を拒否し、第一次中東戦争が勃発した。その結果、アラブ側は敗北し、1948年5月14日にベン・グリオンが建国を宣言したイスラエルは、やがてその領土をパレスチナの55%から78%にまで増やしていく。残りはエジプト領とヨルダン領になった。つまりパレスチナ人への約束であったアラブ人の国家は実現しなかったのだ。結果的に72万5000人のパレスチナ人が避難し、難民になることを余儀なくされた。アラブ諸国はイスラエルを承認せず、イスラエルは保身のために西欧諸国とアメリカに接近し、かつての植民地大国の同盟国とみなされた。1956年、エジプトのナーセル大統領が国有化しようとしたスエズ運河をめぐって、イスラエルはイギリスとフランスとともに軍事行動を起こした。ソ連はエジプト側についてこの戦争に介入した。1967年には、イスラエルは「六日戦争」と呼ばれる戦争に勝利し、東エルサレム、ヨルダン川西岸地区、ガザ地区、そしてエジプト領のシナイ半島とシリア領のゴラン高原を占領した。このときの完膚なきまでの敗北は、アラブ諸国にとって屈辱の記憶となった。国連は安保理決議242を採択し、戦争による領土奪取を認めず、イスラエルには占領地域から撤退するよう要請した。1967年、スーダンのハルツームにおけるアラブ連盟の首脳会議で、3つの「NO」が採択された：和解への「NO」、イスラエル承認への「NO」、交渉への「NO」である。

アラブ側ではパレスチナ人が武力闘争を強く推し進めており、対話を拒むイスラエルを国家として認めなかった。1973年、イスラエルとエジプト・シリアのあいだで再び戦争が始まったが、領土問題は現状維持のままで終結した。1978年、エルサレムを訪問したエジプトのサダト大統領がイスラエルに対して和平を提案し、エジプトとイスラエルは互いの国を承認することになった。シナイ半島はエジプトに返還されたが、エジプトは単独で平和条約に調印したために、アラブ連盟から除名された。するとエジプトはアメリカと同盟関係を結び、多大な経済支援を受けるに至った。1982年、イスラエルはレバノンに侵攻し、レバノンにおける国家内国家となっていたパレスチナ解放機構（PLO）を立ち退かせようとした。1964年にPLOを創設したヤーセル・アラファトは、イスラエルのレバノン侵攻が始まると首都ベイルートから逃亡しフランスの保護下に入った。しかしイスラエル侵攻下で、パレスチナ難民キャンプ内での民間人の虐殺が発生すると、イスラエルのイメージは地に落ちた。1987年から、ガザ地区のパレスチナの青年たちを中心に、イスラエルによる占領に抵抗するインティファーダ、通称「石の闘い」が始まった。1990年から1991年にかけての湾岸戦争が終わると、サダム・フセインが、イスラエルによる占領をうまく利用することでアラブ諸国の世論をたやすく操作していたという事実を、アメリカは初めて理解した。ジョージ・H・W・ブッシュ大統領は、イスラエルに方針変更を強要した。イスラエルとパレスチナの直接交渉が実現し、オスロ合意が成立した。この協定により、PLOはイスラエルを国家として承認し、イスラエル（イツハク・ラビン首相）はそれまでテロ組織とみなしていたPLOをパレスチナの正式な代表として認めることになった。オスロ合意（1993年9月にワシントンで批准された）の計画では、イスラエルは段階的に占領地域から撤退し、パレスチナ人の国家が建設されることになっていた。

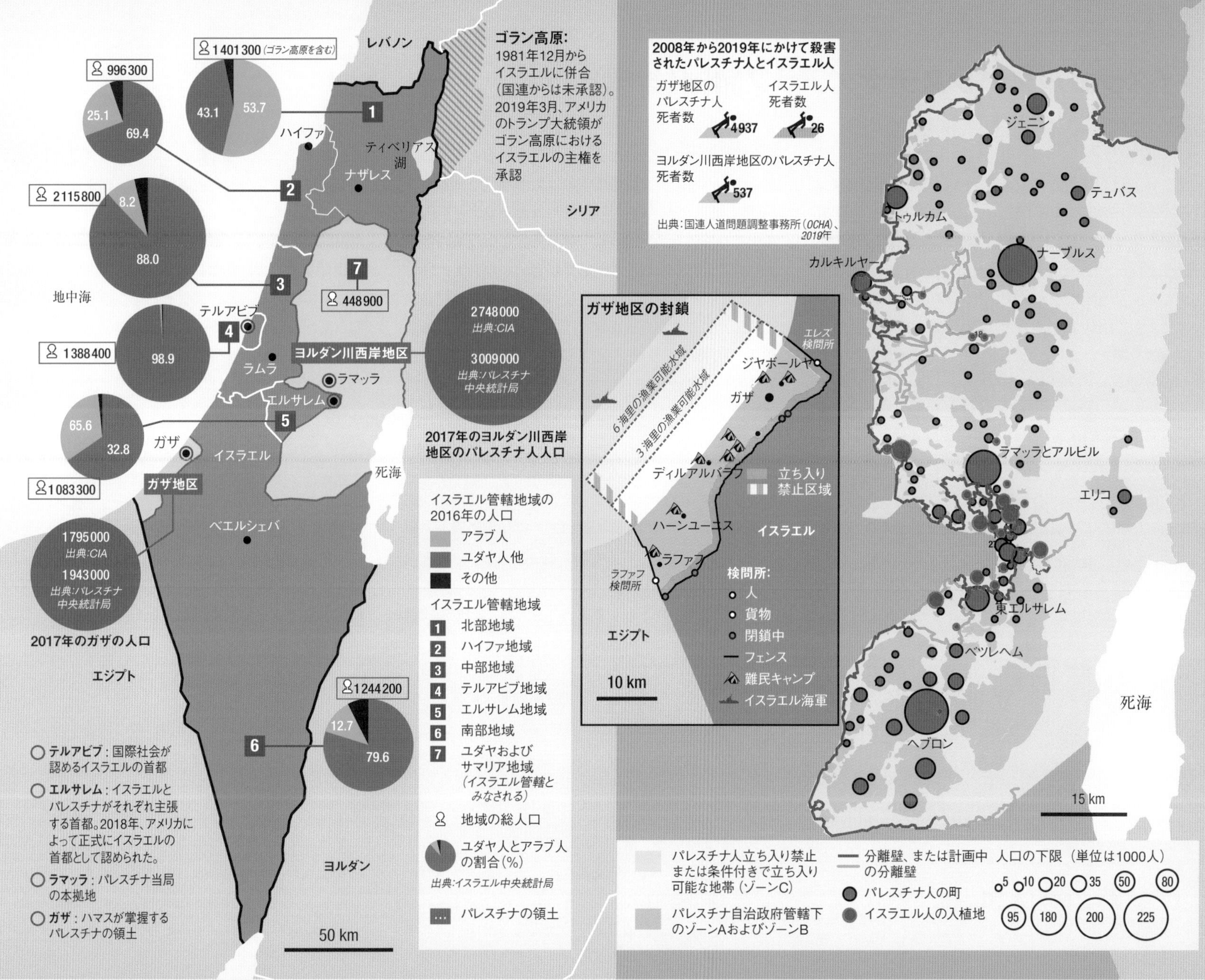

レバノン
ゴラン高原:
1981年12月から
イスラエルに併合
(国連からは未承認)。
2019年3月、アメリカ
のトランプ大統領が
ゴラン高原における
イスラエルの主権を
承認
シリア
1401300 (ゴラン高原を含む)
53.7
43.1
996300
25.1
69.4
2115800
8.2
88.0
448900
1388400
98.9
65.6
32.8
1083300
1244200
12.7
79.6
ハイファ
ティベリアス湖
ナザレス
地中海
テルアビブ
ラムラ
ヨルダン川西岸地区
ラマッラ
エルサレム
ガザ
イスラエル
死海
ガザ地区
ベエルシェバ
2748000
出典:CIA
3009000
出典:パレスチナ中央統計局
2017年のヨルダン川西岸地区のパレスチナ人人口
1795000
出典:CIA
1943000
出典:パレスチナ中央統計局
2017年のガザの人口
エジプト
ヨルダン
50 km
イスラエル管轄地域の2016年の人口
アラブ人
ユダヤ人他
その他
イスラエル管轄地域
1 北部地域
2 ハイファ地域
3 中部地域
4 テルアビブ地域
5 エルサレム地域
6 南部地域
7 ユダヤおよびサマリア地域(イスラエル管轄とみなされる)
地域の総人口
ユダヤ人とアラブ人の割合(%)
出典:イスラエル中央統計局
パレスチナの領土
テルアビブ:国際社会が認めるイスラエルの首都
エルサレム:イスラエルとパレスチナがそれぞれ主張する首都。2018年、アメリカによって正式にイスラエルの首都として認められた。
ラマッラ:パレスチナ当局の本拠地
ガザ:ハマスが掌握するパレスチナの領土
2008年から2019年にかけて殺害されたパレスチナ人とイスラエル人
ガザ地区のパレスチナ人死者数
4937
イスラエル人死者数
26
ヨルダン川西岸地区のパレスチナ人死者数
537
出典:国連人道問題調整事務所(OCHA)、2019年
ガザ地区の封鎖
6海里の漁業可能水域
3海里の漁業可能水域
エレズ検問所
ジャバールヤ
ガザ
ディルアルバラフ
ハーンユーニス
ラファフ
ラファフ検問所
イスラエル
エジプト
立ち入り禁止区域
検問所:
人
貨物
閉鎖中
フェンス
難民キャンプ
イスラエル海軍
10 km
ジェニン
テュバス
トゥルカム
ナーブルス
カルキルヤー
ラマッラとアルビル
エリコ
東エルサレム
ベツレヘム
ヘブロン
死海
15 km
パレスチナ人立ち入り禁止または条件付きで立ち入り可能な地帯(ゾーンC)
パレスチナ自治政府管轄下のゾーンAおよびゾーンB
分離壁、または計画中の分離壁
パレスチナ人の町
イスラエル人の入植地
人口の下限(単位は1000人)
5 10 20 35 50 80
95 180 200 225

イスラエル／パレスチナ／アラブ諸国（後編） Israël/Palestine/Pays arabes (2/2)

1994年7月1日、それまで亡命していたヤーセル・アラファトPLO議長がパレスチナへの帰還を許された。ところが1995年11月4日、イスラエルのラビン首相が過激派ユダヤ人に殺害され、和平プロセスは暗礁に乗り上げた。そこで、大統領として２期目の終了を控えたアメリカのビル・クリントンは和平合意成立に向けて、2000年7月にキャンプデービッドで両者の首脳会談を持った。しかし交渉は決裂し、再び武力闘争が繰り返される。2001年2月、イスラエルはアリエル・シャロンを首相に選んだ。新首相シャロンはオスロ合意には反対の立場で、ラビン路線（あたかも和平プロセスは存在しないかのように厳しくテロ組織との闘いを続けると同時に、あたかもテロ活動など起こっていないかのように友好的に和平交渉を進める方法）を退けた。シャロンがオスロ合意を少しずつ切り崩していく一方で、ハマスによるテロ活動は規模を拡大していく。2002年にはアラブ連盟から和平案の提案があった。アラブ諸国によるイスラエルの承認と引きかえにイスラエルは占領地域から撤退し、そこにパレスチナ国家を樹立するという内容だ。この提案にイスラエルからの回答はなかった。ところがシャロンは7000人のイスラエル人入植者が140万人のパレスチナ人に囲まれて暮らすガザ地区からの全入植者の撤退を突然決行する。そしてそのあいだもヨルダン川西岸地区では入植地建設が続いた。

パレスチナで2006年1月に行われた選挙ではハマスが圧勝した。ハマスはオスロ合意に反対しており、西欧諸国とイスラエルからはテロ組織とみなされている。西欧諸国はガザ地区にあるパレスチナ政府との関係を絶った。パレスチナは地理的にはガザ地区とヨルダン川西岸地区に分断され、政治的にはガザ地区を掌握しているハマスとファタハに分離した。イスラエルが撤退したあともガザ地区の封鎖は続き、パレスチナはこれに対してイスラエルの都市にロケット弾を発射して対抗した。これをきっかけにイスラエルは新たに軍事侵攻を開始、ガザ地区を爆撃し、2008年12月から2009年1月にかけてパレスチナ側では1400人の死傷者を出した。さらに2009年2月に行われた選挙ではイスラエル史上もっともナショナリズム色の強い政府が成立した。当時、イスラエルとパレスチナの和平合意がゆくゆくはどのような形を取ることになるかは知られており、多くの文書においてすでに定義済みであった。その内容は、まずイスラエルの隣にパレスチナ国家を建設すること、そしてイスラエル人は67年ライン内に住む権利を有すること、さらに、領有権問題で両者に損失が出ず両者の合意がありさえすれば、境界線の変更も可能であること、などである。とはいうものの、この頃からまたもイスラエル・パレスチナ間では不信感が生まれ、敵意にまでエスカレートした。2014年、3人のイスラエル人が誘拐されるという事件が発生、イスラエル政府はまたもガザ地区を爆撃し、2200人が犠牲になった。2015年3月、ベンヤミン・ネタニヤフ率いるリクードが選挙戦で再び勝利をおさめ、パレスチナとの和平交渉に反対する右派と極右派による政府が発足した。大のイスラエルびいきであるドナルド・トランプのアメリカ大統領選出は、ユダヤ教原理主義者や植民地主義者たちとの結びつきが強いネタニヤフが、妥協を認めない政策を続けるうえで、強固な支えになった。アメリカ政府は駐イスラエル大使館をテルアビブからエルサレムに移し、パレスチナ自治政府と断交し、ゴラン高原におけるイスラエルの主権を承認した。EUは現状を承認し、ロシアと中国もこれに続いた。インド、そして数多くのアフリカ諸国も密かにではあるがイスラエルに協力している。また、イランという共通の敵をめぐって、国交のなかったアラブ諸国との関係改善を図り、サウジアラビアとアラブ首長国連邦への接近も実現した。だが、アラブ諸国の政府にまで見放されたパレスチナの大義は、今でも世論に強く訴えかける力を持ち続けている。

今後考えられるシナリオ

1.ネタニヤフ政権は、正式には交渉を拒絶しないが、ヨルダン川西岸地区への入植は続行し、既成事実の上に成り立つ政策で勝負する。

2. イスラム世界の世論は、不公平感を強め、西欧世界の日和見主義に不満を持つ。これが西欧世界に対する敵意へと展開し、武力衝突が再び発生する。

3. 世界規模での世論の圧力と、イスラエルの世論の変化によって、イスラエルはパレスチナ国家を真の意味で承認する。両国は協力しあうようになり、真の平和が訪れる。その恩恵として地域の経済は発展する。こうしてイスラム世界と西欧キリスト教世界のあいだの緊張は緩む。これはもっともありえないシナリオだ。

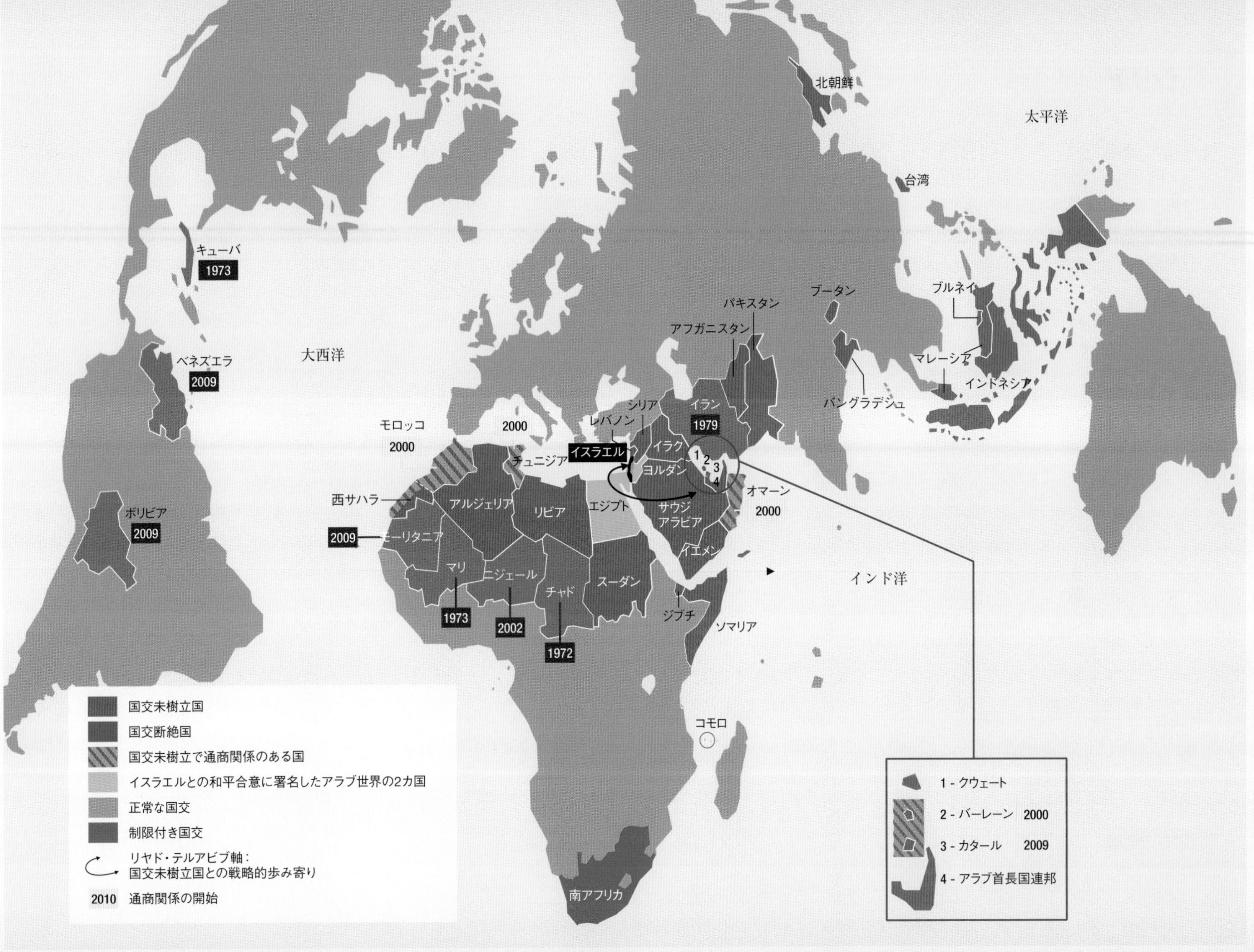

北朝鮮
太平洋
台湾
キューバ
1973
ブータン
ブルネイ
パキスタン
アフガニスタン
大西洋
ベネズエラ
2009
マレーシア
インドネシア
イラン
シリア
バングラデシュ
モロッコ
2000
2000
レバノン
1979
イスラエル
イラク
チュニジア
1
2
3
4
ヨルダン
オマーン
2000
西サハラ
アルジェリア
リビア
エジプト
サウジ
アラビア
ボリビア
2009
2009
モーリタニア
イエメン
マリ
ニジェール
スーダン
インド洋
チャド
ジブチ
1973
2002
ソマリア
1972
国交未樹立国
国交断絶国
国交未樹立で通商関係のある国
イスラエルとの和平合意に署名したアラブ世界の2カ国
正常な国交
制限付き国交
リヤド・テルアビブ軸：
国交未樹立国との戦略的歩み寄り
2010 通商関係の開始
コモロ
1 - クウェート
2 - バーレーン 2000
3 - カタール 2009
4 - アラブ首長国連邦
南アフリカ

シリア Syrie

紛争の原因

かつてオスマン帝国領だったシリアは、第一次世界大戦後にフランスの委任統治下に置かれ、1946年に独立を実現した。シリアにとって残念だったのは、独立の際にレバノンを併合できなかったことである。

1970年、空軍司令官のハーフィズ・アル＝アサドがクーデターによって権力を握った。アサドはイスラム教の少数派で、人口の約10％を占めるアラウィー派（シーア派の一派）に属していた。アサドは独裁体制を敷き、ソ連と戦略的に結びついて権威主義的な体制を作り上げた。1976年にレバノンで内戦が発生すると、シリアはキリスト教側からの要請で軍事介入し、レバノンにおけるコミュニティ間の対立を終結させた。これによりアサドの影響力は広がった。2000年に息子バッシャールを後継者としたハーフィズ・アル＝アサドは反西欧主義・反ユダヤ主義の言説を展開したが、軍事力ではイスラエルが優位にあることをつねに念頭に置き、同国と直接対立することは徹底的に避けた。2004年、国連安保理決議1559によりレバノンからの外国軍の撤退が要求された。シリアは、レバノンの元首相ラフィーク・ハリーリーを含む反シリア派の人間の暗殺に資金を提供したとして非難され、2005年にレバノンからの完全撤退を強制された。

現在の危機

エジプトやチュニジアで起こった事件（訳注：「アラブの春」と呼ばれる民主化運動）の影響で、シリアでもバッシャール・アル＝アサド大統領に抗議する民衆のデモが2011年3月半ばに発生する。アサド大統領の独裁者的性格、政治の腐敗、経済・社会問題に関する展望の欠如、そして少数派のアラウィー派と大統領側近に権力と富が集中していることを、人々は糾弾した。大統領に就任したときにバッシャール・アル＝アサドが約束した民主主義改革は実現されず、軍部による横暴な弾圧が始まった。デモ隊が外国と共謀していると非難したアル＝アサドは、アラウィー派をはじめとするさまざまな少数派を刺激して多数派スンニ派に対する恐怖を煽った結果、政治的抗議運動は内戦に発展した。そのような状況下、アル＝アサドに対して武力で抵抗していたシリア国民評議会の内部は路線をめぐり対立が続いていた。バッシャール・アル＝アサドを支持するのは、国連安全保障理事会において拒否権を行使してシリアをかばうロシア、そしてイランとレバノンのヒズボラだ。西欧諸国は、アフガニスタンやイラクからの撤退時、アラブ世界で余計な兵力を極力使いたくなかった。このため、2011年にシリア内戦が始まると、ジハーディスト（イスラム過激派）が次の政権を奪取しないように反体制武装組織を最小限だけ応援するに留まった。結果的に、いっぽうでバッシャール・アル＝アサド政権が、他方でイスラム過激派が、穏健派の反体制組織よりも優位に立つことになった。2014年には、シリアとイラクにまたがる領土基盤（イギリスと同程度の面積）を有するスンニ派のジハーディスト組織（イスラム過激派組織）、「イスラミック・ステート（ダーイシュとも呼ばれる）」（訳注：以下IS）の建国が宣言された。ISはテロリストたちの受け入れ場所となり、多くの国で組織的なテロ活動を行った。2015年9月、バッシャール・アル＝アサドはロシア、イラン、そしてヒズボラの支援を受け、ISから領土の大部分を奪回した。アラブ人とクルド人の混成部隊が中心となって活躍し、ISは2019年3月に領土基盤を失った。この内戦で50万人が死亡、500万人が難民となり、700万人が国内避難民となった。シリアの国土の多くの部分が破壊された。内戦が始まったときに比べて国内総生産は75％も低下した。西側諸国と湾岸諸国はバッシャール・アル＝アサドを戦争犯罪人として、また人道に対する罪を犯したとして糾弾している。いっぽう、ロシアはアサドを支持している。なぜなら、アメリカがテロとの戦いを口実にして政権交代を実現させ、戦略上の利益を得ようとしている（イラクやリビアの例）とみなし、反発しているからだ。さらに、トルコは国境におけるクルド人自治区の樹立を回避しようとしている。

今後考えられるシナリオ

1. ジハーディストを除く反体制派とバッシャール・アル＝アサド大統領を除く現政権の構成員とで政権を作る合意が、ロシア、西欧諸国、および湾岸諸国のあいだで成立する。西欧諸国と湾岸諸国はシリアの再建への財政支援を承認する。

2. ロシアとイランはバッシャール・アル＝アサドを支持し、シリアを管理下に置き続ける。しかし湾岸諸国と西欧諸国はシリア再建への経済援助を拒否する。アサド大統領はロシアと中国の援助を得て、崩壊した国家を統治する。

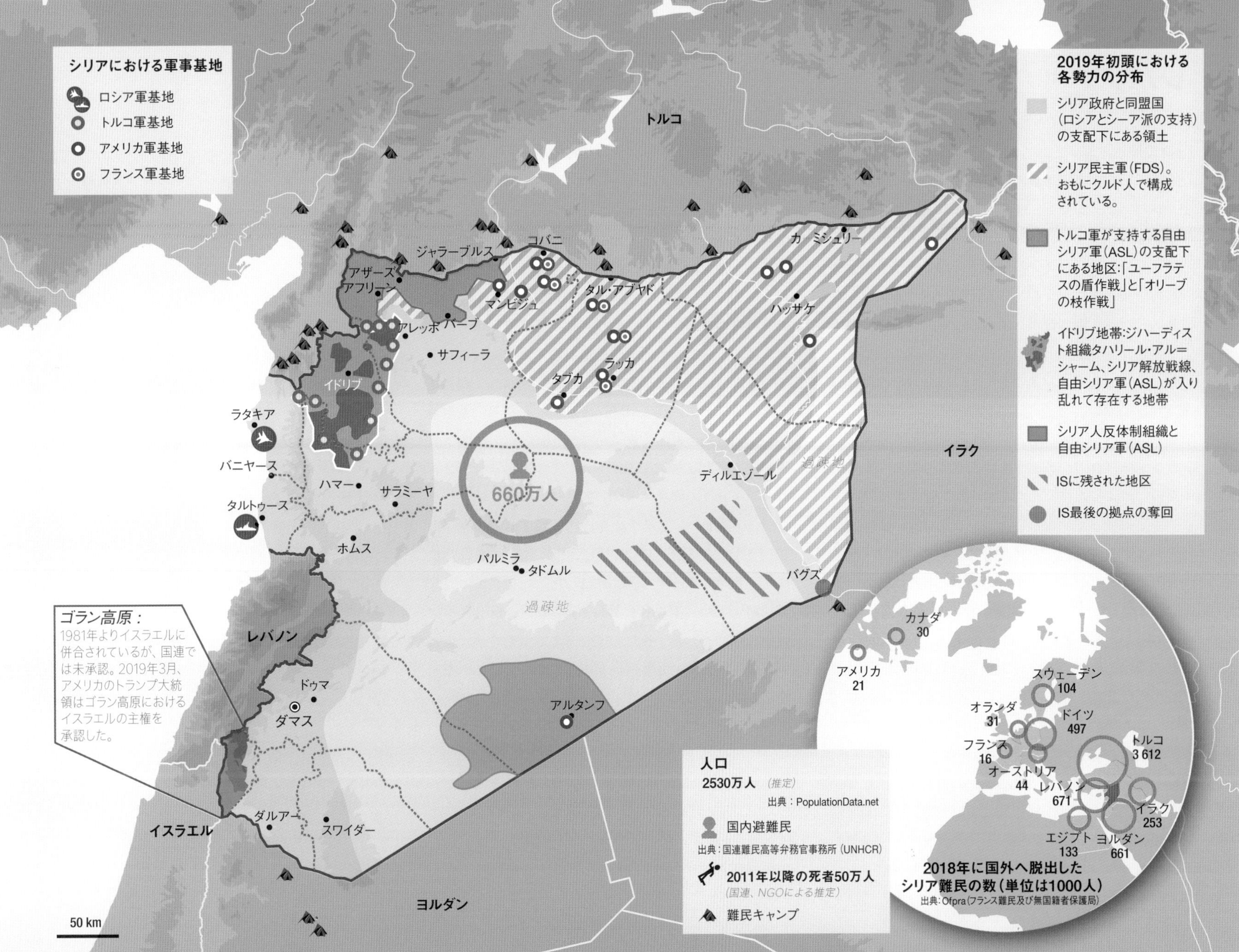

シリアにおける軍事基地
ロシア軍基地
トルコ軍基地
アメリカ軍基地
フランス軍基地
2019年初頭における各勢力の分布
シリア政府と同盟国（ロシアとシーア派の支持）の支配下にある領土
シリア民主軍（FDS）。おもにクルド人で構成されている。
トルコ軍が支持する自由シリア軍（ASL）の支配下にある地区：「ユーフラテスの盾作戦」と「オリーブの枝作戦」
イドリブ地帯：ジハーディスト組織タハリール・アル＝シャーム、シリア解放戦線、自由シリア軍（ASL）が入り乱れて存在する地帯
シリア人反体制組織と自由シリア軍（ASL）
ISに残された地区
IS最後の拠点の奪回
トルコ
イラク
レバノン
イスラエル
ヨルダン
カミシュリー
コバニ
ジャラーブルス
アザーズ
アフリーン
マンビジュ
タル・アブヤド
ハッサケ
アレッポ
バーブ
サフィーラ
イドリブ
ラッカ
タブカ
ラタキア
バニヤース
ハマー
サラミーヤ
660万人
ディルエゾール
過疎地
タルトゥース
ホムス
パルミラ
タドムル
バグズ
ゴラン高原：
1981年よりイスラエルに併合されているが、国連では未承認。2019年3月、アメリカのトランプ大統領はゴラン高原におけるイスラエルの主権を承認した。
ドゥマ
ダマス
アルタンフ
ダルアー
スワイダー
50 km
人口
2530万人（推定）
出典：PopulationData.net
国内避難民
出典：国連難民高等弁務官事務所（UNHCR）
2011年以降の死者50万人
（国連、NGOによる推定）
難民キャンプ
カナダ
30
アメリカ
21
スウェーデン
104
オランダ
31
ドイツ
497
フランス
16
オーストリア
44
トルコ
3 612
レバノン
671
イラク
253
エジプト
133
ヨルダン
661
2018年に国外へ脱出したシリア難民の数（単位は1000人）
出典：Ofpra（フランス難民及び無国籍者保護局）

レバノン Liban

紛争の原因

1860年、オスマン帝国で起きたドゥルーズ派（訳注：レバノン、シリア、イスラエルなどに広まったイスラム教の一派）によるマロン派キリスト教徒（訳注：マロン派はレバノンに信者の多いカトリック系教会）の虐殺を受け、ナポレオン三世が治めるフランスはオスマン帝国に遠征軍を派遣し、レバノン山脈にマロン派キリスト教徒のための自治州を設立し、移住させた。こうしてフランスの支配下でキリスト教徒は保護されていた。

フランス・イギリス両政府は1916年、オスマン帝国領だった近東におけるそれぞれの勢力圏をサイクス・ピコ協定に従って決定した。フランスはレバノンと現在のシリアの北部を勢力範囲とし、イギリスは現在のシリア南部とパレスチナを勢力範囲とした。

1943年のレバノンの独立は、イスラム教徒側はシリアとの連合を放棄し、マロン派キリスト教徒側はレバノンのアラブ性を尊重する、という宗教・宗派の共同体同士のあいだで交わされた協定に基づいたものであった。しかしシリアは、植民地大国からレバノンの所有権を奪われたと考え、レバノンの独立を承認しなかった。マロン派からは共和国大統領を選出し、閣僚評議会の議長はスンニ派から、国会の議長はシーア派から選出された。こうして調和ある共存が実現し、レバノンはアラブ世界で経済と学術の中心となっていった。

現在の危機

イスラエルとアラブ諸国との戦争の余波で、多くのパレスチナ難民がレバノンに不法入国して定住するようになった。1975年、さまざまな共同体間で衝突が起こり、内戦が勃発した。シリアは、当初はレバノンのキリスト教徒から秩序回復を請われて軍事介入した。イスラエルはレバノン南部の一地域を占領したが、これはパレスチナ人がこの地に後方基地を作って軍事行動に出ることを防ぐためだった。1982年、イスラエルが仕掛けた攻撃はベイルートにまで達し、サブラとシャティーラの難民キャンプでキリスト教系のファランジスト党がパレスチナ人を大量殺戮するという事件が起きた。1989年、サウジアラビアで調印されたターイフ合意によって内戦は終結した。イスラエル軍が南レバノンから撤退したのは2000年で、シリア軍に至っては2005年だった。2006年、ヒズボラ（レバノンのシーア派武装勢力）とイスラエル軍のあいだで衝突が起こり、イスラエルはレバノンに対して新たな戦争を開始した。

シリアは2008年にレバノンを国家として承認したが、レバノン国内は政治的に親アメリカ派と親シリア派の2陣営に分割されたままであった。レバノンはいまだ脆弱国家である。イスラエル・パレスチナの紛争やシリアの紛争が終結しない限り、レバノンの諸問題を根本から解決することは難しい。シリアの内戦によってレバノンに大量の難民が流入（レバノンの人口600万人に対して、150万人の難民）すると、ISとアルカイダがさっそくレバノンに拠点を置き、動乱が起きるのではないかという恐れが伝播した。ヒズボラはさらに勢力を増してサウジアラビアの反感を買い、シリアの他の政治勢力が退陣を願っているバシャール・アル＝アサドをキリスト教徒の一部が支持している。レバノンの情勢は不安定で、その勢力のバランスは今にも崩れそうな状態である。

今後考えられるシナリオ

1. 理想的な展開：イスラエルとパレスチナのあいだに和平が成立、シリアにも平和が訪れ、レバノンの状況も安定する。共同体同士の対立や国外からの介入はなくなり、経済と学問分野が活力を取り戻す。短期的に見てこの展開が実現する可能性は低い。

2. レバノンは相変わらず他国（シリア、イラン、イスラエル、アメリカ）のさまざまな勢力の支配下に置かれ、国内も分裂しているため、経済は停滞し、エリート層はどんどん国外に流出していく。

3. シリアの内戦がレバノンにまで広がる。

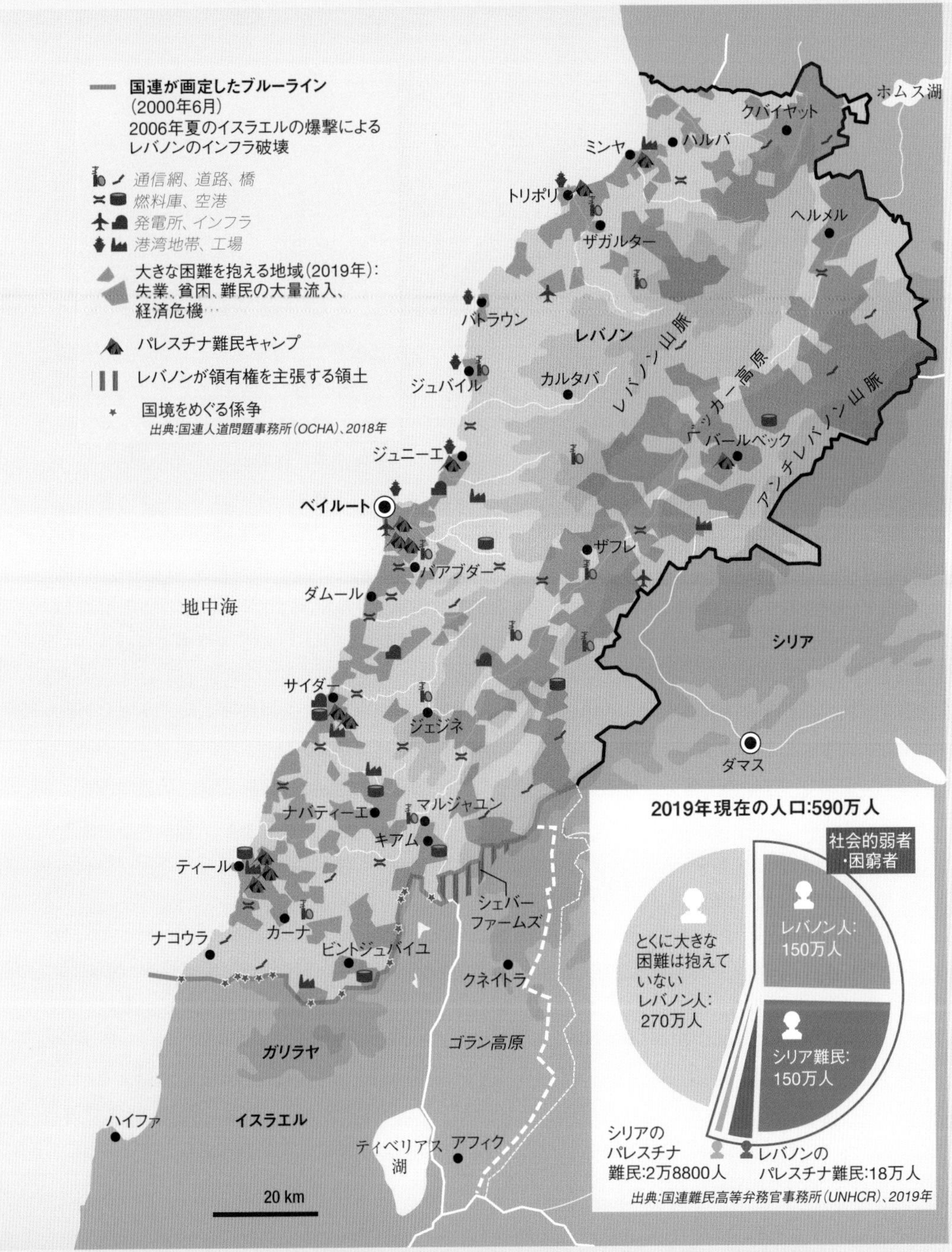

国連が画定したブルーライン
(2000年6月)
2006年夏のイスラエルの爆撃による
レバノンのインフラ破壊
通信網、道路、橋
燃料庫、空港
発電所、インフラ
港湾地帯、工場
大きな困難を抱える地域(2019年):
失業、貧困、難民の大量流入、
経済危機…
パレスチナ難民キャンプ
レバノンが領有権を主張する領土
国境をめぐる係争
出典:国連人道問題事務所(OCHA)、2018年
ホムス湖
クバイヤット
ミンヤ
ハルバ
トリポリ
ザガルター
ヘルメル
バトラウン
レバノン
ジュバイル
カルタバ
レバノン山脈
ベッカー高原
アンチレバノン山脈
バールベック
ジュニーエ
ベイルート
ザフレ
バアブダー
ダムール
地中海
シリア
サイダー
ジェジネ
ダマス
ナバティーエ
マルジャユン
キアム
ティール
シェバー
ファームズ
カーナ
ナコウラ
ビントジュバイユ
クネイトラ
ゴラン高原
ガリラヤ
イスラエル
ハイファ
ティベリアス
湖
アフィク
20 km
2019年現在の人口:590万人
社会的弱者
·困窮者
とくに大きな
困難は抱えて
いない
レバノン人:
270万人
レバノン人:
150万人
シリア難民:
150万人
シリアの
パレスチナ
難民:2万8800人
レバノンの
パレスチナ難民:18万人
出典:国連難民高等弁務官事務所(UNHCR)、2019年

2017年のレバノン選挙改革
(128議席:イスラム教徒50%/キリスト教徒50%)
3 … 選挙区(郡)
小選挙区(小郡)
1 北レバノン県 I
1. アッカール
2 北レバノン県 II
2. トリポリ
2.
2. ミニイエ=デンニエ
3 北レバノン県 III
3. ザガルタ
3. コウラ
3. ブシャリ
3. バトラウン
13. バールベック=ヘルメル県
4.ジュバイル
4 山岳レバノン県 I
4. ケセルワン
5 山岳レバノン県 II
13 ベッカー県 III
14 ベイルート I(キリスト教徒)
5. メットン
15 ベイルート II(イスラム教徒)
6 山岳レバノン県 III
6. バアブダー
7. アレイ
12. ザフレ
12 ベッカー県 I
7 山岳レバノン県 IV
7. シューフ
宗派の分布
8. サイダー
8. ジェジネ
11. ラシャヤ=西ベッカー
マロン派とその他のキリスト教派
8 南レバノン県 I
11 ベッカー県 II
シーア派
10. ナバティーエ
10. マルジャユン=ハスバヤ
スンニ派
9 南レバノン県 II
9. ティール=ザフラニ
ドゥルーズ派
10 南レバノン県 III
10. ビントジュバイユ

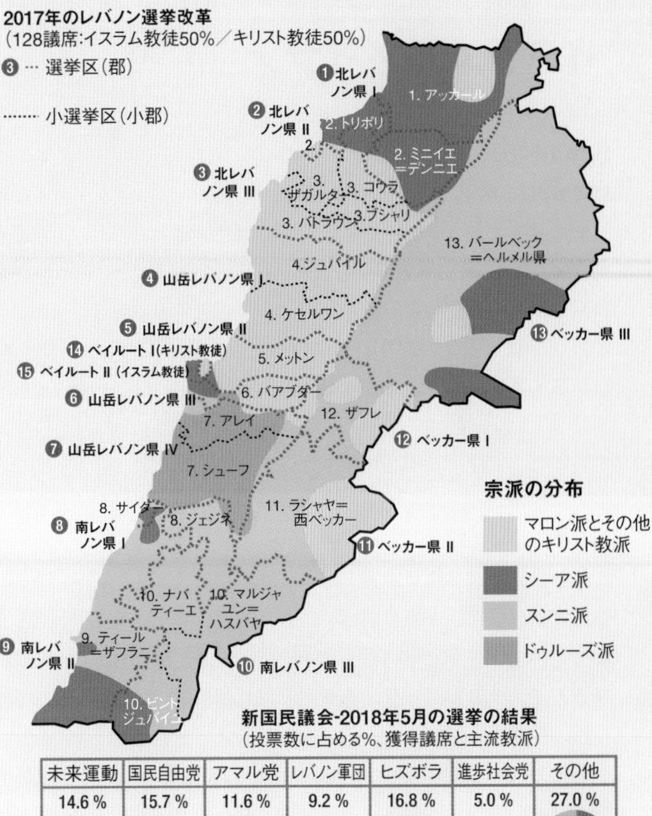

新国民議会-2018年5月の選挙の結果
(投票数に占める%、獲得議席と主流教派)

未来運動	国民自由党	アマル党	レバノン軍団	ヒズボラ	進歩社会党	その他
14.6 %	15.7 %	11.6 %	9.2 %	16.8 %	5.0 %	27.0 %
20	29	16	15	13	9	26

出典:lorientlejour.com

宗派の分布(%)
イスラム教徒
キリスト教徒
ドゥルーズ派
シーア派
27%
内、
アラウィー派は
3%以下
スンニ派
27%
マロン派
21%
その他のキリスト教派 6.5%
ギリシャ正教
8%
ギリシャ·カトリック 5%
5.6%
出典:CIAワールドファクトブック、2016-2017年

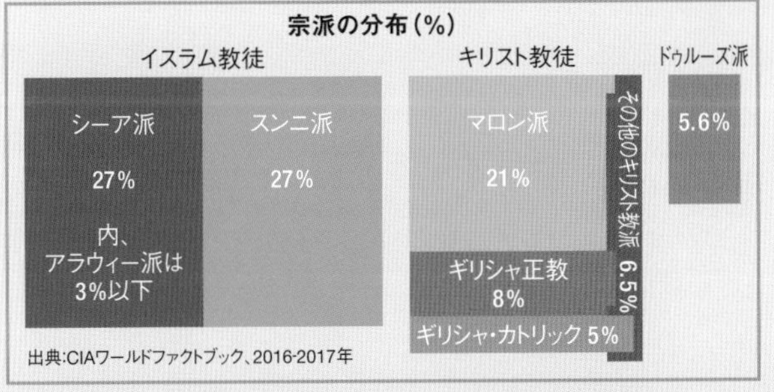

イスラエル／イラン Israël/Iran

紛争の原因

1941年に即位したイランの皇帝（シャー）は、1953年、CIAの誘いに乗ってモサッデク首相を失脚させた。モサッデクがイランの石油産業を1951年に国有化するという事業を敢行したからだ（訳注：それまではイギリス系のアングロ・イラニアン石油会社の支配下にあった）。当時のイランはイスラエルを最大の同盟国とし、アラブ諸国とは不仲になった。アラブ諸国が1967年に敗北を喫し、1973年には軍事的な窮地に陥ったため、シャーはイスラエルとの結びつきをさらに堅固なものにした。1979年に、アヤトラ・ホメイニの権力奪取によりシャーが失脚すると、イランとイスラエルのあいだで激しい論争が繰り広げられるようになった。それでもイラン・イラク戦争（1980～1988）が勃発するとイスラエルはイランを支援し、兵器を提供した。これは戦争を長引かせて、両陣営を疲弊させることが目的だった。1990年から1991年にかけて起こった湾岸戦争ののち、イランは中東世界でもっとも強大になる可能性を秘めた国になり、アメリカとイスラエルに正面から挑むようになった。1982年にレバノンでヒズボラが生まれると、それまでなかったシーア派同士のつながりを通じて、イラン政府はイスラエル周辺地域に大きな圧力をかけるようになった。

現在の危機

2002年にアメリカ大統領ジョージ・W・ブッシュが「悪の枢軸」と名指しした国々のなかにイランも入っていた。2003年にはイラク戦争が勃発した。このような状況のもと、アフマディネジャド大統領が選出されると、イラン政府はさらに先鋭化していった。アフマディネジャドはイスラエルから受けた厳しい非難をうまく利用すれば、イラン国内とイスラム世界での人気を強化できると考えた。そしてユダヤ国家イスラエルを地図上から抹殺できるかもしれないとまで言い放った。最終的には軍事目的を持つという疑いのあるイランの核開発、そしてイラク戦争後の軍備増強は、イスラエルを不安に陥れ、イスラエルの当局者のなかにはイランの核開発計画を破壊するために軍事攻撃を開始すべきだという声も上がった。イスラエルは、イラクとアフガニスタンから撤退したアメリカを、イラン攻撃に参加させることはできなかったし、イスラエルの単独行動にさいしての軍事支援の約束を取りつけることもできなかった。それでもイスラエルはイランを攻撃する用意はいつでもできていると脅し続けている。コンピュータウイルスでイランの核施設がサイバー攻撃されたのと同時期に、イラン人科学者が暗殺されたが、両事件はイスラエルによるものと考えられている。

2010年6月、国連はイランに対する制裁をさらに強化した。2013年6月には、候補者のなかでもっとも穏健派であるローハニが大統領に選出され、事態は好転していくかと思われた。2015年7月、オバマ大統領が推進役を務めて、イランとアメリカ、ロシア、中国、フランス、イギリス、ドイツとのあいだで核合意が結ばれた。これにより、イランの核兵器保有か、これを阻止するための戦争か、どちらかを選ばなければならないという最悪のシナリオふたつが回避された。それでもイスラエルは、イランが国際社会へ参加し、アメリカをはじめとする世界各国からの制裁が解除されて経済成長を始めれば、自分たちにとっての脅威になるだろうと懸念している。イスラエルのネタニヤフ首相はイランが秘密裏に核開発を行っているという告発キャンペーンを止めず、イランがシリアで勢力を維持しレバノンのヒズボラを支持していることを非難している。それに加えて、イランを敵対視し、バラク・オバマによる合意を批判するドナルド・トランプがアメリカ大統領に就任し、イランを共通の脅威とみなすイスラエルとサウジアラビアが劇的に和解すると、ネタニヤフの立場はさらに強固となった。アメリカによる制裁によって経済が弱体化しているイランでは、ローハニ大統領が急進派から西欧諸国との融和政策に失敗したとして非難されており、統制物資不足に嫌気がさしている国民からも不満の声が上がっている。

今後考えられるシナリオ

1. イスラエルはアメリカに対してイランへの共同攻撃を強く勧める。イラク戦争よりもひどい混沌が再び生まれる。

2. イスラエルは、アメリカによる制裁に乗じてイラン経済を圧迫し、イランを抑制しようとする。

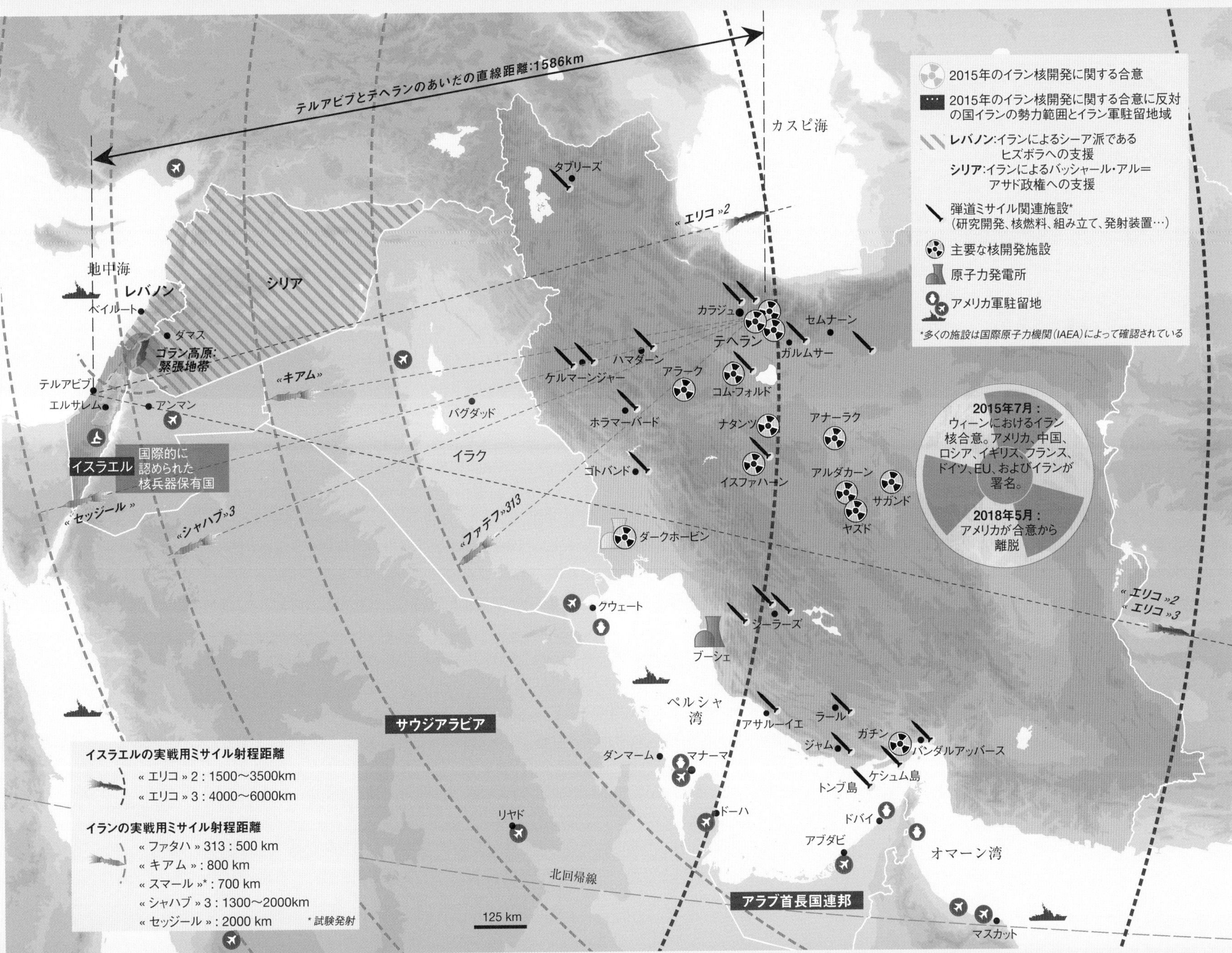

テルアビブとテヘランのあいだの直線距離:1586km
カスピ海
2015年のイラン核開発に関する合意
2015年のイラン核開発に関する合意に反対の国イランの勢力範囲とイラン軍駐留地域
レバノン:イランによるシーア派であるヒズボラへの支援
シリア:イランによるバッシャール・アル＝アサド政権への支援
弾道ミサイル関連施設*
（研究開発、核燃料、組み立て、発射装置…）
主要な核開発施設
原子力発電所
アメリカ軍駐留地
*多くの施設は国際原子力機関（IAEA）によって確認されている
タブリーズ
« エリコ »2
地中海
レバノン
シリア
ベイルート
ダマス
ゴラン高原:
緊張地帯
テルアビブ
エルサレム
アンマン
« キアム »
バグダッド
カラジュ
テヘラン
セムナーン
ガルムサー
ハマダーン
ケルマーンジャー
アラーク
コム-フォルド
ホラマーバード
ナタンツ
アナーラク
イスファハーン
ゴトバンド
アルダカーン
サガンド
ヤズド
イラク
イスラエル
国際的に
認められた
核兵器保有国
« セッジール »
« シャハブ »3
« ファテフ »313
ダークホービン
2015年7月：
ウィーンにおけるイラン核合意。アメリカ、中国、ロシア、イギリス、フランス、ドイツ、EU、およびイランが署名。
2018年5月：
アメリカが合意から離脱
« エリコ »2
« エリコ »3
クウェート
シーラーズ
ブーシェ
ペルシャ湾
アサルーイエ
ラール
ガチン
ジャム
バンダルアッバース
ケシュム島
トンブ島
ダンマーム
マナーマ
サウジアラビア
ドーハ
ドバイ
アブダビ
リヤド
オマーン湾
北回帰線
アラブ首長国連邦
マスカット
125 km
イスラエルの実戦用ミサイル射程距離
« エリコ » 2 : 1500～3500km
« エリコ » 3 : 4000～6000km
イランの実戦用ミサイル射程距離
« ファタハ » 313 : 500 km
« キアム » : 800 km
« スマール »* : 700 km
« シャハブ » 3 : 1300～2000km
« セッジール » : 2000 km
* 試験発射

イラン／アメリカ Iran/États-Unis

紛争の原因

第二次世界大戦後、イランはソ連の侵攻から国を守るためにアメリカに接近した。アメリカはシャーを援護して、国民に人気のあった進歩派のモサッデク首相を失脚させた。シャーはアメリカ政府と戦略的同盟を結び、イスラエルを承認して石油を供給した。これはアラブ諸国の大きな怒りを買った。1973年に起きたオイルショックの恩恵を受けたイラン経済は大きく発展し、湾岸地域に占める人口の多さやイスラエルとの良好な関係も手伝って、アメリカにとっての重要な同盟国になった。当時、アメリカから見たイランは「湾岸地域の監視役」だった。1979年のホメイニ革命（イラン革命）、そして1979年から1981年にかけて起こったイスラム教徒の学生によるテヘランのアメリカ大使館人質事件は、イランとアメリカの外交関係と貿易関係に亀裂を生んだ。両国は互いを悪魔呼ばわりした。8年にわたるイラン・イラク戦争において、イラクの支持に回っていたはずのアメリカ政府がイランと裏取引を行っていた。1986年に発覚したスキャンダル、イランゲート事件である。アメリカはレバノンで人質になったアメリカ兵を救出するため、敵対するイラン政府と接触して極秘裏に武器を輸出していたのだ。

現在の危機

アメリカではクリントン大統領時代にイランとの対話の再開が試みられたが、2002年1月にジョージ・W・ブッシュがイランをイラクおよび北朝鮮とともに「悪の枢軸」のうちの一国として名指ししたことで両国の関係は悪化した。2003年のイラク戦争によって、イランの長年の仇敵であったフセイン政権は消えた。しかしイランは次のアメリカの軍事行動が自国に向けられるという危惧を抱く。当時のイランはテロ支援国として、また軍事目的での核開発を進めているとして、国際的に非難されていた。西欧諸国は1990年代、イランを批判しつつも協議に乗り出していたが、イランの核開発危機に関してはアメリカと同じ立ち位置を取ることになった。中国とロシアはイランによる核兵器開発を苦々しく思っているが、イラン政府とは良好な関係を保とうとし、中東地域においてアメリカが影響力を独占しないよう願っていた。イランにとっては、アメリカ軍が配備されている限り、自国はアメリカに包囲されているも同然だった。イランの保守派陣営は、対米強硬姿勢を続行するためにアフマディネジャドを再選させねばならず、2009年の大統領選では不正まで行った。オバマは、イランの核施設を攻撃すべきだというイスラエルの要求は拒絶したが、イランに対する経済制裁は強化した。2013年に穏健派のローハニが大統領に選出され、状況は一変した。2015年7月、経済制裁を解除することを条件に、イランの核開発計画の非軍事化を国際社会で管理することを目的とした合意（イラン核合意）が結ばれた。アメリカ政府とイラン政府との歴史的和解がようやく始まった。
ところが、この合意に批判的で、ヨーロッパ、ロシア、中国の意見に異議を唱え、イランの政権交代を公然と要求するドナルド・トランプがアメリカ大統領に選ばれると、またも状況が変わった。中東地域におけるアメリカの主要な同盟国であるイスラエルとサウジアラビアは、トランプの立場を支持するために接近した。イランの急進派は、西欧諸国への融和政策に失敗したとしてローハニ大統領を非難している。2019年5月、アメリカ大統領ドナルド・トランプはイラン産原油の輸入を全面禁止した。経済活動が麻痺したイランは、2015年の合意で決められた濃縮ウラン貯蔵制限量を遵守するつもりはないと公言した。イランとアメリカのあいだの緊張は今、かつてないほどに高まっている。

今後考えられるシナリオ

1. イランは核開発計画を再開する。イスラエルとアメリカはイラン政権打倒に向けて攻撃を開始する。

2. アメリカはイランに対する経済制裁を他国にも要請し、イラン政権は崩壊状態に陥る。民衆の反政府運動が発生して政権が倒れる。これはアメリカ、イスラエル、そしてサウジアラビア政府が望む筋書きである。

3. 政権交代を望むアメリカの政策により、イランはイラクやリビアと同じ結末を迎える。混沌状態は周辺地域にまで広がる。

4. 2020年に選出される新大統領はオバマの対話路線を引き継ぐ。イランでは穏健派が勢力を強める。

イランの弾道ミサイルの射程距離
1- 実戦用ミサイル
2- 試験済みミサイル
3- 開発中ミサイル
シャハブ3、スマール 1200km
シャハブ5 4000km以上
シャハブ4、アーシューラー／セッジール 2000km
緊張地帯：
海峡と湾
排他的経済水域（EEZ）
アメリカ軍駐留地
イラン海軍基地
ガディル型特殊潜航艇
イランのミサイル射程距離（短距離および中距離）
カスピ海
地中海
タブリーズ
レバノン
ベイルート
ダマス
シリア
イスラエル
ゴラン高原
テルアビブ
エルサレム
アンマン
ヨルダン
バグダッド
イラク
カラジュ
バルチン
テヘラン
セムナーン
ガルムサー
マシュハド
ハマダーン
ケルマーンシャー
アラーク
コム・フォルド
ホラマーバード
ナタンツ
アナーラク
ゴトバンド
イスファハーン
アルダカーン
サガンド
ヤズド
ダークホービン
アバダーン
バンダルエマショア
アルバンド
クウェート
ハールク島
シーラーズ
ブーシェフル
イラン国内の電力網と連結している稼働中の原子力発電所（ロシアとIAEAの監視下にある）
2015年7月
ウィーンにおけるイラン核合意。アメリカ、中国、ロシア、イギリス、フランス、ドイツ、EU、およびイランが署名。
2018年5月以降
イランの核開発に関する合意から離脱したアメリカはイランに過酷な経済制裁を科し、両国関係は再び緊張する。
ウィーン合意／アメリカの離脱
合意に反発する国
核施設
原子力発電所
建設中の原子力発電所
主要な核開発施設（ウラン濃縮、研究開発…）
ウラン鉱床
ウラン濃縮に必要な濃縮鉱石、イエローケーキの製造地
弾道ミサイル拠点（研究開発、核燃料、組み立て、発射装置…）
ペルシャ湾
サウジアラビア
ラール
ガチン
バンダルアッバース
アサルーイエ
ジャム
ダンマーム
キーシュ島
ケシュム島
マナーマ
トンブ島
ホルムズ海峡
世界の液化天然ガスの三分の一および世界の石油取引量の20%がここを通過する
シリ島
アブムーサ
ドーハ
リヤド
アブダビ
ジャースク
イマームアリ
北回帰線
オマーン湾
アラブ首長国連邦
125 km
マスカット

イラン／サウジアラビア Iran/Arabie saoudite

紛争の原因

イランとサウジアラビアはともにイスラム世界に属しているが、それぞれ異なる文化と言語を持っている。両国が戦略的同盟を結んだことは一度もなく、敵対関係にある時期が多かった。イランはイスラム共和国であり、革命主義を掲げている。サウジアラビアは保守主義の君主国である。アメリカはイランにとっては「大悪魔」、サウジアラビアにとってはなくてはならない庇護者である。たしかにシーア派（イラン）対スンニ派（サウジアラビア）の構図も存在するが、両国の敵対関係を説明するにはそれだけでは不十分だ。シャーの統治下でのイランは親欧米派であり、イスラエルを承認して同国に石油を供給していた。アメリカにとってのイランは「湾岸地域の監視役」だったが、アラブ諸国にとっては迷惑な存在だった。1979年にホメイニによるイスラム革命（イラン革命）が始まると、それまでのイランの政治の流れとは逆行することになったが、それは近隣のアラブ諸国と良好な関係を築くためのきっかけにはならなかった。イスラム共和国であるイランは、アラブ世界の指導者たちが根拠のない権力を行使しているうえにアメリカに追従しすぎていると考えていた。イランは自国のイスラム革命を国外にも広めようとした。湾岸諸国のなかにはイランと同様シーア派が多数を占める国があるため、革命拡散の足掛かりにするつもりだったのだ。こうしてイランはアラブ諸国の政情不安の原因となっていく。アラブ諸国はイラン・イラク戦争ではイラクを支持したが、それはイランに戦争を仕掛けたイラクが、イスラム革命拡散防止の盾になってくれるとにらんだからだった。イランの人口が湾岸アラブ諸国の人口を合計したよりも多いという事実もまた、脅威となった。

現在の危機

1990年代、イラン・イスラム共和国の指導層は孤立が悪影響をもたらすことを認識し、サウジアラビアとの国交正常化を試みた。2003年のイラク戦争後、イランのイラクに対する影響力が増した。その後の湾岸諸国は、イラン政府の核開発計画が引き起こす絶え間ない恐怖と、この湾岸地域で対イラン戦争が始まれば政情不安が起こるかもしれないという懸念（なかには対イラン戦争を望む者もいたが）のあいだで揺れてきた。いっぽう、イラクでは多数派のシーア派が政権を握った。2011年以来、イラン政府はシリアのバッシャール・アル＝アサド政権を支援するため、シリアと地理的に近いレバノンのヒズボラの助けを借りてシリアの反体制勢力と戦ってきた。これを見たサウジアラビア政府は、シーア派勢力が台頭し自分たちに徹底的に敵対することを恐れた。また、アメリカのオバマ大統領の提唱するイランとの融和政策も、サウジアラビアにとっては懸念材料であった。アメリカのサウジアラビアの石油への依存度が減ることで、庇護者であるアメリカから引き離されてしまうことを恐れたのだ。イスラム世界におけるシーア派とスンニ派の対立は世界中で深刻化していた。イランはアラブの世論で人気を得ようと、イスラエルやアメリカを容赦なく批判した。サウジアラビアはイランの核開発計画を危惧しつつ、2015年7月のイランの核合意とイランへの経済制裁の解除によって、イランが力をつけていくのではないかとも懸念していた。そこでサウジアラビア政府は「自分の存在を脅かす共通の敵を持つ」という名目の下、イスラエルと電撃的に和解した。トランプ大統領はこの戦略的協力関係を後押しし、とくにサウジアラビアには兵器を提供している。サウジアラビアの若き王太子、ムハンマド・ビン・サルマンはイランに対する姿勢をさらに強硬にしている。

今後考えられるシナリオ

1. サウジアラビア政府は、イランが政権交代するよう、イスラエルとアメリカに対してイランへの軍事介入を要請する。この軍事介入によって、かつてのイラク（2003年のイラク戦争）やリビア（2011年のリビア内戦）をほうふつとさせる大混乱が発生する。

2. イスラエルとサウジアラビアはさらに接近し、イランに対して戦略的封じ込めと経済制裁政策を実施して、弱体化させる。

3. ローハニ大統領の西側諸国との融和政策は失敗し、タカ派の政治家が替わってイランの政権を握り、軍事目的の核開発を再開し、衝突が始まる。

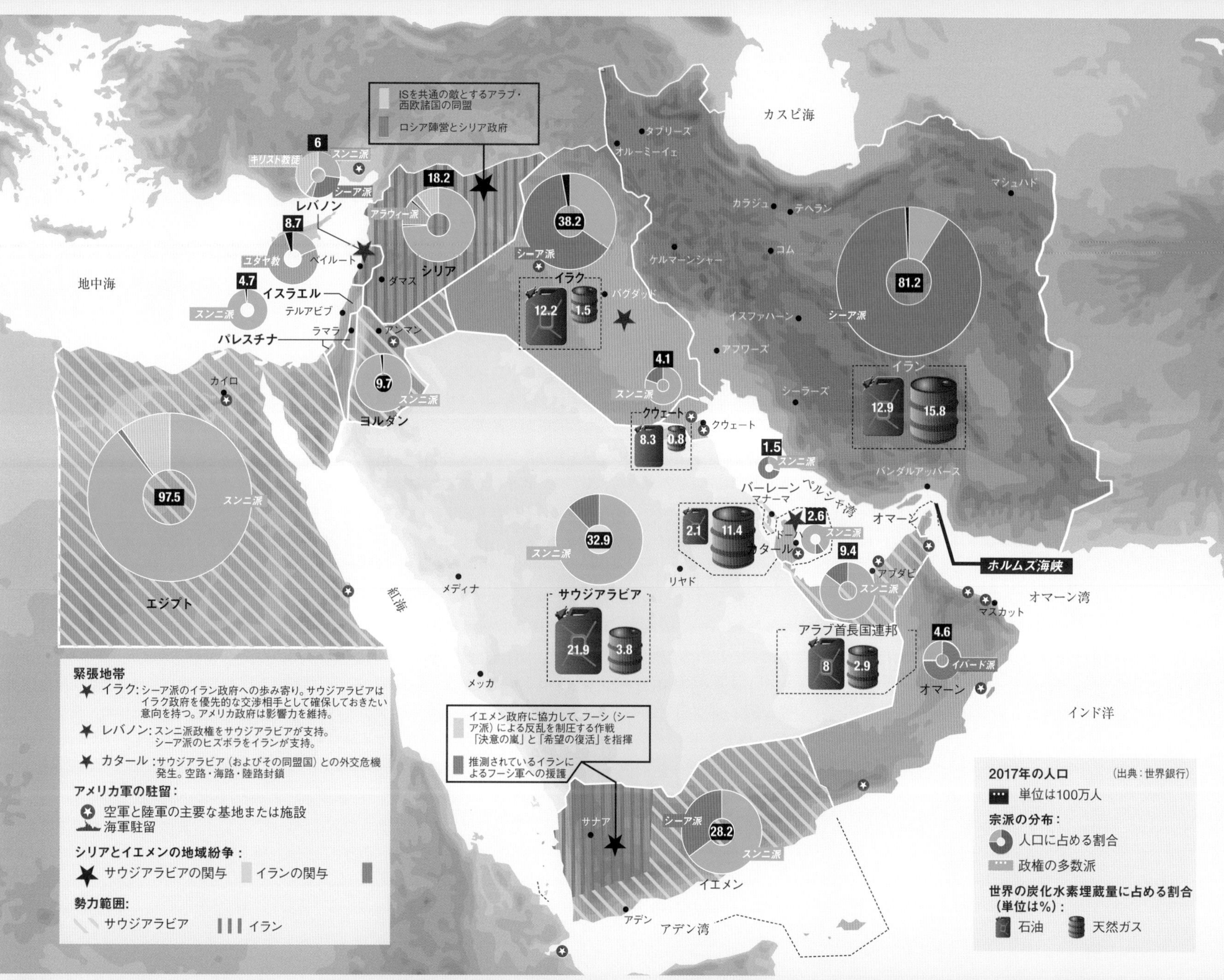
ISを共通の敵とするアラブ・西欧諸国の同盟
ロシア陣営とシリア政府
カスピ海
地中海
紅海
オマーン湾
インド洋
アデン湾
ホルムズ海峡
ペルシャ湾
レバノン
6
キリスト教徒
スンニ派
シーア派
シリア
18.2
アラウィー派
イスラエル
8.7
ユダヤ教
パレスチナ
4.7
スンニ派
イラク
38.2
シーア派
12.2
1.5
イラン
81.2
シーア派
12.9
15.8
ヨルダン
9.7
スンニ派
エジプト
97.5
スンニ派
クウェート
4.1
スンニ派
8.3
0.8
バーレーン
1.5
スンニ派
カタール
2.6
スンニ派
2.1
11.4
サウジアラビア
32.9
スンニ派
21.9
3.8
アラブ首長国連邦
9.4
スンニ派
8
2.9
オマーン
4.6
イバード派
イエメン
28.2
シーア派
スンニ派
タブリーズ
オルーミーイェ
マシュハド
カラジュ
テヘラン
コム
ケルマーンシャー
イスファハーン
アフワーズ
シーラーズ
バンダルアッバース
ベイルート
ダマス
テルアビブ
ラマラ
アンマン
バグダッド
カイロ
クウェート
マナーマ
ドーハ
リヤド
アブダビ
マスカット
メディナ
メッカ
サナア
アデン
緊張地帯
イラク：シーア派のイラン政府への歩み寄り。サウジアラビアはイラク政府を優先的な交渉相手として確保しておきたい意向を持つ。アメリカ政府は影響力を維持。
レバノン：スンニ派政権をサウジアラビアが支持。シーア派のヒズボラをイランが支持。
カタール：サウジアラビア（およびその同盟国）との外交危機発生。空路・海路・陸路封鎖
アメリカ軍の駐留：
空軍と陸軍の主要な基地または施設
海軍駐留
シリアとイエメンの地域紛争：
サウジアラビアの関与
イランの関与
勢力範囲：
サウジアラビア
イラン
イエメン政府に協力して、フーシ（シーア派）による反乱を制圧する作戦「決意の嵐」と「希望の復活」を指揮
推測されているイランによるフーシ軍への援護
2017年の人口
（出典：世界銀行）
単位は100万人
宗派の分布：
人口に占める割合
政権の多数派
世界の炭化水素埋蔵量に占める割合（単位は%）：
石油
天然ガス

リビア Libye

紛争の原因

イタリアの植民地であったリビアは、第二次世界大戦中にイタリアが降伏すると、イギリスとフランスの共同統治領となった。戦後、1951年にイドリース1世の治世下で独立し、トリポリタニア、1949年にすでに独立していたキレナイカ、フェザーンの3州からなるリビア連合王国が成立した。

1956年に油田が発見され、それまで非常に貧しかったリビアの経済発展が始まった。1969年、カダフィ大佐は国王を「リビアにとっての新たな富の恩恵を国民に与えず、大国に従順すぎる」と非難して退位させた。最高指導者となったカダフィは社会主義、汎アラブ主義、そして汎アフリカ主義を掲げ、徹底した反西欧主義を唱えた。武装勢力や反欧米主義テロ活動に資金援助も行った。気まぐれで挑発的な性格が災いして、カダフィの汎アラブ主義路線、次いで汎アフリカ主義路線のプロジェクトは頓挫した。1986年にはアメリカに空爆され、テロ組織との関わりが原因で1992年からは国連による輸出禁止制裁（2003年に解除）を受けた。領土内ではジハーディスト組織に脅かされ、2003年のアメリカによるイラク攻撃の際には苦悩した末に、カダフィは親西欧派へと方向転換した。国際テロ組織、アルカーイダとの闘いにおいてはアメリカやその同盟国と協力し、その不条理な独裁政権を存続させた。

現在の危機

チュニジアとエジプトで起こった一連の出来事はリビアにも波及し、2011年2月、ベンガジで反政府デモが行われた。人権活動家の逮捕が引き起こした暴動に、カダフィは大規模で残虐な弾圧で対応した。3月17日、アラブ連盟の呼びかけで、国連安全保障理事会は決議1973を採択、カダフィによる脅威から民間人を「保護する責任」があるとした。この決議にはロシア、中国、南アフリカ、ブラジル、ドイツが棄権している。カダフィの軍隊がベンガジを奪回し市民を虐殺することを防ぐため、アメリカの支援を受けたフランスとイギリスがリビア軍の拠点を空爆した。しかしカダフィは弾圧を止めなかった。当初国連から委任された民間人を「保護する責任」という使命はやがて、政権交代を正当化できるものとして解釈された。イギリス政府とフランス政府は、反体制派の権力掌握とカダフィ打倒を支援した。カダフィは2011年10月20日に捕えられると同時に殺害された。分離独立派は虎視眈々と機会を狙い、各部族は自治権を要求し、軍部のさまざまな派閥が抵抗するという混乱のなかで、新政府が樹立された。だが、この状況下では中央集権的な政権は確立しえない。リビア情勢が不安定になると、すでに脆弱化しているサヘル諸国（訳注：西アフリカのサハラ砂漠南縁に広がる国々）全体、とりわけマリ（訳注：共和国。リビア内戦に参加していた）の状況も悪化してしまう。リビアの混乱が常態化すると、ダーイシュが入り込んできた。政府は首都トリポリとトブルクの2カ所に存在して敵対しあい、フランス、イタリア、そして国連の仲裁による和解プロセスも実らなかった。アルカーイダと結託した私兵組織やダーイシュが根を下ろしてしまい、人身売買組織網ができて、サハラ砂漠以南のアフリカ諸国からの移民の虐待や奴隷化を続けている。

2019年の年頭から、サウジアラビア、アラブ首長国連邦、エジプトが支援するハフタル元帥率いるリビア国民軍が一連の攻撃を開始し、4月にはトリポリを制圧した。リビアの混沌は今も続いている。

今後考えられるシナリオ

1. トリポリとトブルクに分かれたふたつの政府のあいだで合意が成立、またはどちらかが片方を打倒し、権力の座に就く。莫大な石油資源の恩恵でリビアは発展する。

2. 石油収益を独占しようとするリビアの産油地方が中央政府からの独立を求める。衝突は内戦に発展し、ダーイシュがリビアでの地位を固める。

3. 分離独立は実現せず、中央政権は南部にまで支配力を広めることができない。武装勢力間の抗争を背景に、混乱はさらに続く。

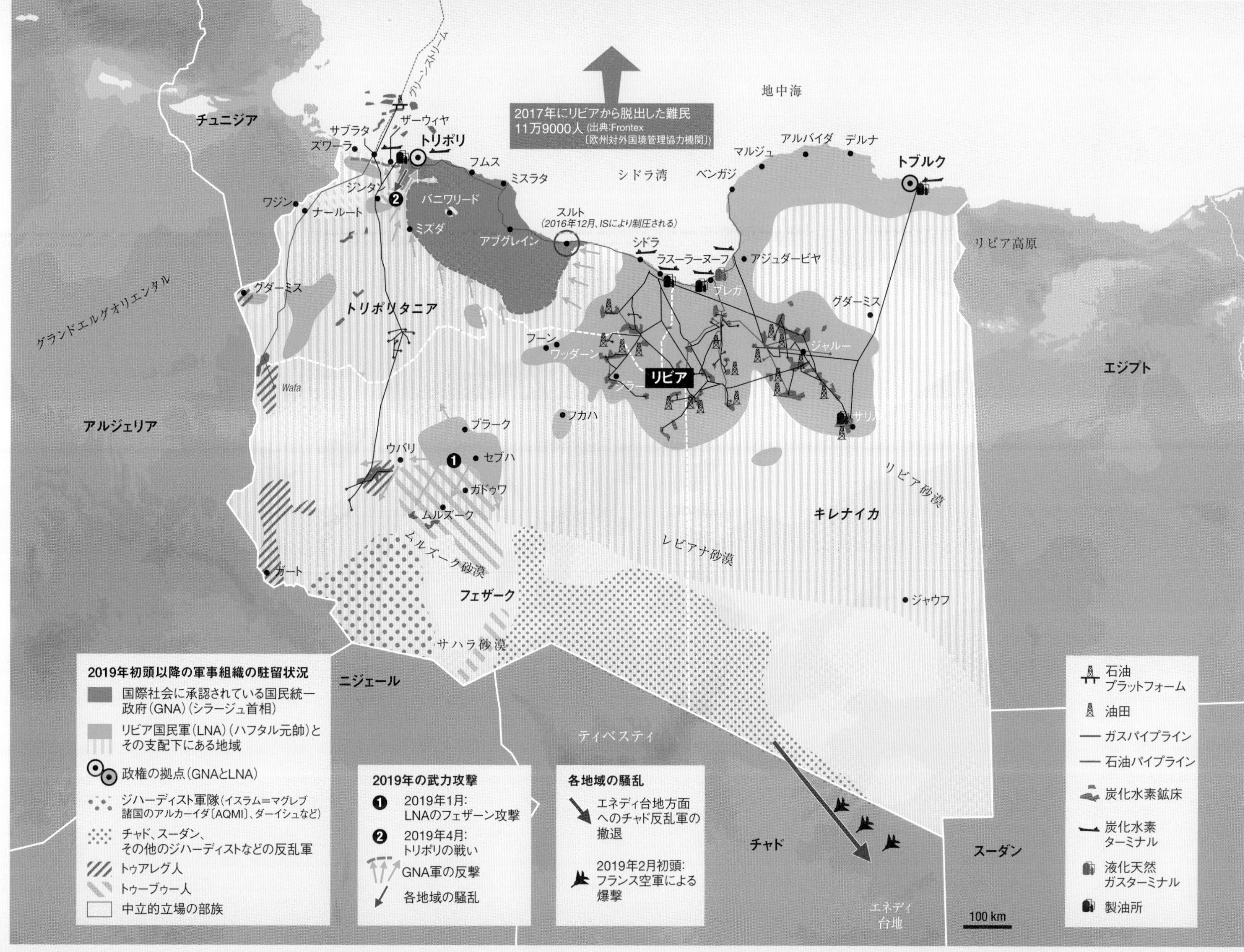

グリーンストリーム
2017年にリビアから脱出した難民
11万9000人（出典:Frontex〔欧州対外国境管理協力機関〕）
地中海
チュニジア
ザーウィヤ
サブラタ
ズワーラ
トリポリ
フムス
ミスラタ
シドラ湾
ベンガジ
マルジュ
アルバイダ
デルナ
トブルク
ジンタン
ワジン
ナールート
バニワリード
ミズダ
スルト
（2016年12月、ISにより制圧される）
アブグレイン
シドラ
ラスーラーヌーフ
アジュダービヤ
ブレガ
リビア高原
グダーミス
トリポリタニア
グランドエルグオリエンタル
グダーミス
フーン
ワッダーン
ジャルー
リビア
ジラー
エジプト
Wafa
アルジェリア
フカハ
サリル
ブラーク
ウバリ
セブハ
ガドゥワ
ムルズーク
リビア砂漠
キレナイカ
ムルズーク砂漠
レビアナ砂漠
ガート
フェザーク
ジャウフ
サハラ砂漠
ニジェール
ティベスティ
チャド
スーダン
エネディ台地
100 km
2019年初頭以降の軍事組織の駐留状況
国際社会に承認されている国民統一政府（GNA）（シラージュ首相）
リビア国民軍（LNA）（ハフタル元帥）とその支配下にある地域
政権の拠点（GNAとLNA）
ジハーディスト軍隊（イスラム＝マグレブ諸国のアルカーイダ〔AQMI〕、ダーイシュなど）
チャド、スーダン、その他のジハーディストなどの反乱軍
トゥアレグ人
トゥーブゥー人
中立的立場の部族
2019年の武力攻撃
❶ 2019年1月:LNAのフェザーン攻撃
❷ 2019年4月:トリポリの戦い
GNA軍の反撃
各地域の騒乱
各地域の騒乱
エネディ台地方面へのチャド反乱軍の撤退
2019年2月初頭:フランス空軍による爆撃
石油プラットフォーム
油田
ガスパイプライン
石油パイプライン
炭化水素鉱床
炭化水素ターミナル
液化天然ガスターミナル
製油所

イラク Irak

紛争の原因

1980年代初め、イラクはアラブ世界の大国のひとつ（唯一の大国ではないにしても）になるためのすべてを備えていた。石油収益に加えて、農業に適した肥沃な土地があり、豊かな水源と教育水準の高い国民を誇る国であった。政教分離の世俗国家で、ソ連との結びつきがあったイラクは、保守派あるいは親アメリカ派のアラブ諸国やイスラム主義には反対していた。

大統領サダム・フセインはアラブ世界のリーダーシップを取ろうと、1980年にイランに対して戦争を仕掛けたり、イスラエル、アメリカ、そして過去に複数のアラブ諸国の政権（サウジアラビア、エジプト）がこの2国と結んでいた同盟関係を厳しく非難したりした。しかしフセインが仕掛けたイラン・イラク戦争は、両国を合わせて200万人という死者を出したにもかかわらず領土の状況は何も変わらないまま8年後に終戦を迎え、イラクは弱体化した。1990年、イラクはクウェートに侵攻するが、ソ連のゴルバチョフ大統領はイラクの援護には回らなかった。そして国連決議によりアメリカ軍を含む多国籍軍がクウェートからイラク軍を撤退させた。このときイラクが不法に核兵器開発を進めていることが発覚した。経済制裁を受けて脆弱化したイラクは、物資不足により50万人の犠牲者を出した。イラク軍が介入できなくなっていたイラクのクルディスタン地域は、事実上自治を確立していた。フセイン政権は弱体化しながらも国内での抑圧をやめようとはせず、反アメリカ・反イスラエルの言説をエスカレートさせていった。

現在の危機

2003年、イラクが非合法に大量破壊兵器製造を計画しているという口実の下、G・W・ブッシュ大統領が率いるアメリカはイラクに対して攻撃を開始した。この軍事侵攻は国連の決議に基づいたものではない。国際社会ほぼ全体がこれに反対、開戦理由の正当性に疑問を抱いた。またこの戦争がイスラム世界と西欧世界との溝を深め、テロ組織に再び勢いを与えることを危惧した。イラクはすぐに惨敗した。もはやイラク政府に大量破壊兵器を開発する資力はなく、イランの兵器開発を牽制するためのサダム・フセインによる見せかけだったことがのちに確認された。アメリカは戦争には勝ったが、その後イラクで身動きが取れなくなる。内戦が続き、イラクがアルカーイダの温床となったからだ。アメリカ軍はさらに少数派スンニ派の抵抗軍とも武力衝突する。かつてはイラクを支配していたスンニ派は、イラク社会から完全に疎外されるのではないかという懸念を抱いていた。戦争で国家の枠組みが瓦解したために、スンニ派とシーア派の血なまぐさい対決が頻発することになった。バラク・オバマがアメリカ大統領選で勝利したとき、その選挙公約のひとつにイラクからの撤退があった。結局撤退が完了したのは2011年末だった。国政においては新たに権力の分配（大統領はクルド人、首相はシーア派、国民議会議長はスンニ派から選出される）が実施されたが、宗派間のテロ行為や暴力事件は減少傾向にあるとはいえ、今もなお続いている。シーア派政権下で差別と弾圧を受けてきたスンニ派は、ダーイシュと結託している。イラクは2018年、領土全体に主権を再確立した。シーア派（人口の63%）とスンニ派（人口の20%）は分裂したままである。クルド人の望む独立は実現していないが、事実上自治権を得ている。イラクはアメリカとイランというふたつの影響力の下に分断されている。

今後考えられるシナリオ

1. イラクは、クルド、シーア、スンニの3つの州に分かれる。スンニ派の領土には石油資源はない。

2. 005年に施行された連邦体制が定着する。それぞれの地域には一定の自治権が認められている。石油資源の均等割当制により、平等に収益が得られて各地域が納得する。

3. 軍事侵攻または政権交代に向けた軍事行動がイランで発生し、イラクに大打撃を与える。イラクは再び大混乱に陥り、エスニック集団間での衝突が再発する。

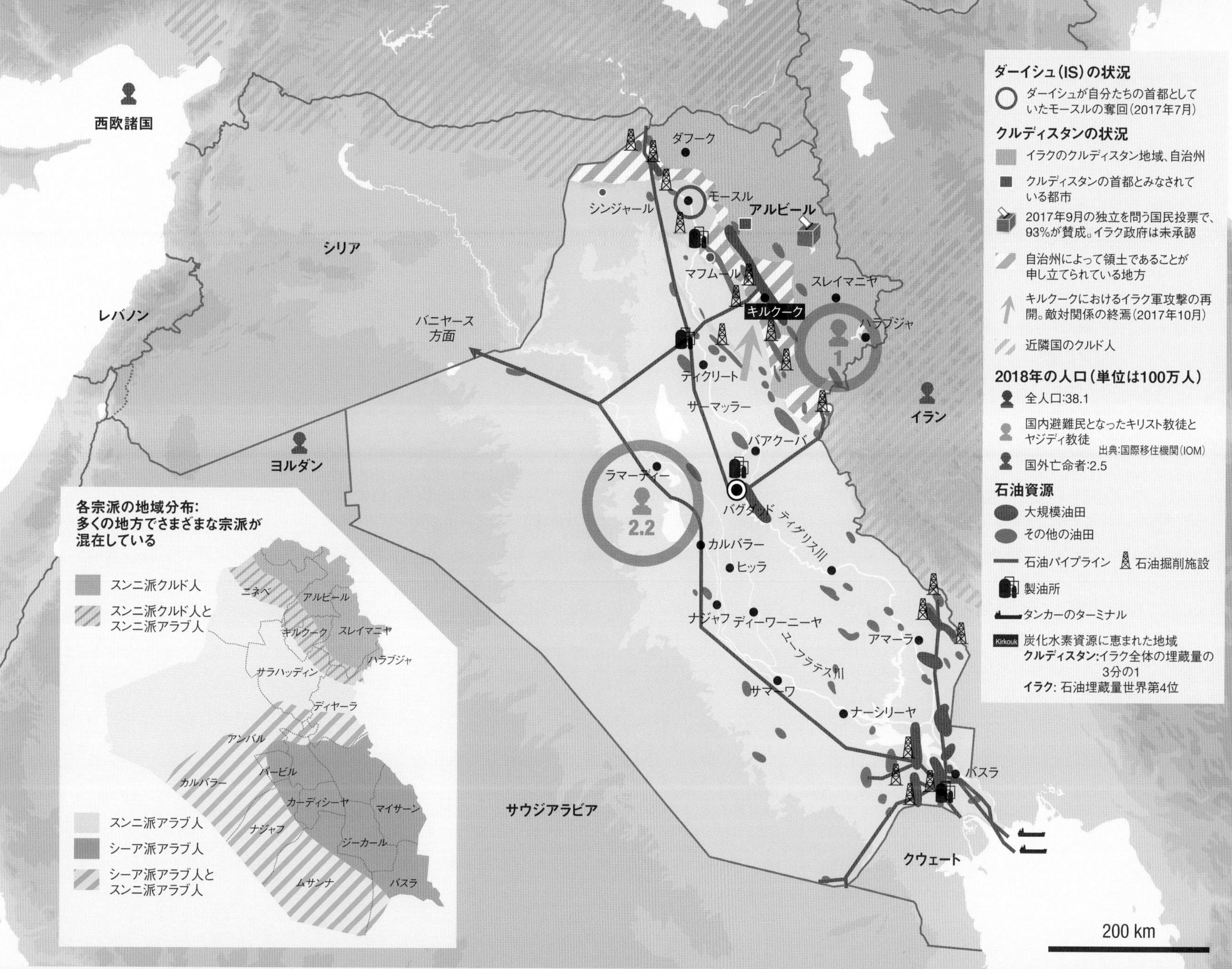
西欧諸国
シリア
レバノン
ヨルダン
イラン
サウジアラビア
クウェート
ダフーク
モースル
シンジャール
アルビール
マフムール
スレイマニヤ
キルクーク
ハラブジャ
バニヤース
方面
ティクリート
サーマッラー
バアクーバ
ラマーディー
バグダッド
ティグリス川
カルバラー
ヒッラ
ナジャフ
ディーワーニーヤ
ユーフラテス川
アマーラ
サマーワ
ナーシリーヤ
バスラ
1
2.2
200 km
ダーイシュ（IS）の状況
ダーイシュが自分たちの首都としていたモースルの奪回（2017年7月）
クルディスタンの状況
イラクのクルディスタン地域、自治州
クルディスタンの首都とみなされている都市
2017年9月の独立を問う国民投票で、93%が賛成。イラク政府は未承認
自治州によって領土であることが申し立てられている地方
キルクークにおけるイラク軍攻撃の再開。敵対関係の終焉（2017年10月）
近隣国のクルド人
2018年の人口（単位は100万人）
全人口:38.1
国内避難民となったキリスト教徒とヤジディ教徒
出典:国際移住機関（IOM）
国外亡命者:2.5
石油資源
大規模油田
その他の油田
石油パイプライン
石油掘削施設
製油所
タンカーのターミナル
Kirkouk
炭化水素資源に恵まれた地域
クルディスタン:イラク全体の埋蔵量の3分の1
イラク: 石油埋蔵量世界第4位
各宗派の地域分布:
多くの地方でさまざまな宗派が混在している
スンニ派クルド人
スンニ派クルド人とスンニ派アラブ人
スンニ派アラブ人
シーア派アラブ人
シーア派アラブ人とスンニ派アラブ人
ニネベ
アルビール
キルクーク
スレイマニヤ
ハラブジャ
サラハッディン
ディヤーラ
アンバル
バービル
カルバラー
カーディシーヤ
マイサーン
ナジャフ
ジーカール
ムサンナ
バスラ

イエメン Yémen

紛争の原因

イエメンはアラブ諸国のなかでは比較的人口の多い国（人口2700万）だが、非常に貧しい。長い国境線を共有する隣国サウジアラビアは、イエメンが生き延びるためには自分たちが、少なくとも間接的に支配しなければならないと考えてきた。1970年代、イエメンは親ソ連派の南イエメン（首都アデン）と親欧米派でサウジアラビアが支援する北イエメン（首都サナア）に分裂した。1990年に両国は合併、誕生した現在のイエメンは、クウェートを併合して間もないイラクを支援することを選び、アメリカとサウジアラビアからの経済制裁を受ける。サウジアラビアは数多くの出稼ぎイエメン人労働者を国から追放した。2004年、人口の30～40％を占め、自分たちは差別の被害者であるとするザイド派（シーア派の分派）がフセイン・アル＝フーシの指揮下で武装した（訳注：フーシ派と呼ばれる）。また、アルカーイダはイエメンの弱体化につけこんで国内に拠点を築いていった。これに対し、アメリカは定期的に軍事攻撃を加えていた。2011年の民主化運動、「アラブの春」はイエメンにも波及し、33年間権力の座にあったサーレハ大統領は、その政治の腐敗と現状維持的な政策を厳しく非難され、2012年2月に退任した。湾岸協力会議の支援も空しく、イエメンの政治体制の転換は不首尾に終わる。2014年9月、「フーシ派」がサナアを奪取し、アデンにも到着しようとしていた。フーシ派兵士たちは返り咲きを狙う前大統領サーレハに忠誠を誓う武装組織と連携した。

現在の危機

2015年3月、アラブ9カ国の援助と西欧諸国の支持を得たサウジアラビアは軍事作戦「決意の嵐」を展開し、フーシ派に対して空爆と地上攻撃を行った。この戦争は、イランの援護を受けているシーア派反政府分子（フーシ派）と戦っているイエメン政府への援護という名目のもとに始まった。イランは実際に関与していたが、フーシ派の反乱軍に便乗しただけであり、イラン自身が反乱軍を作ったわけではなかった。サウジアラビアは湾岸地域でイランが台頭することを恐れて攻勢に出た。イランの核開発計画についての合意が成立し（2015年7月14日に最終合意が実現した）、それによって湾岸地域におけるアメリカ政府の同盟関係が逆転すれば、アメリカがサウジアラビアではなくイランを支援しはじめるかもしれなかったからだ。サウジアラビアは、アメリカが古くからの大切な同盟相手であったエジプトのホスニ・ムバラクを見捨てたときのことを忘れてはいなかった。しかも、アメリカは自国でシェールガスが発見されて以来、サウジアラビアの石油にそれほどまで依存しなくなっていた。この戦争では、5万人近くが犠牲になり、17万人が亡命し、250万人が国内避難民となったといわれる。その後のイエメンで起こっている人道危機は、国連によれば現存する「世界最悪の人道危機」であり、1800万人の国民が食糧支援を必要とし、120万人がコレラに罹患している。この状況につけこんでアルカーイダの行動はさらに活発化し（シーア派に対するテロ行為、外国人の誘拐）、ISは国家構造の瓦解に乗じてとくに南部で存在感を強めている。西欧世界のメディアによるイエメン内戦に関する報道が活発になると、西欧諸国の政府にとってサウジアラビアの行動を黙認することはますます難しくなってきた。皮肉なことに、アメリカ政府にも知られていた著名な反体制記者をサウジアラビア政権が殺害（訳注：トルコのサウジ総領事館で、事実上アメリカに亡命していたジャマル・カショギが殺害された）したことがきっかけになり、サウジアラビア政府のイエメンにおける行為が注目されるようになった。サウジアラビアのイエメンへの度重なる爆撃にもかかわらず、軍事的勝利が得られないため、この紛争は「中東のベトナム戦争」と呼ばれるようになった。危機脱出へ向けた交渉は2018年12月に始まった。

今後考えられるシナリオ

1. 西欧諸国からの圧力と軍事介入の失敗により、サウジアラビアとその同盟国は紛争に終止符を打たざるを得なくなる。

2. サウジアラビアは西欧諸国からの批判を聞き流しておく。自分たちが欧米にとって不可欠な存在であることを知っているからだ。紛争は続くが、激しくはなくなる。

3. 小康状態は終わり、紛争の首謀者たちがまたも衝突を始める。新たに国を統治する人物が登場するか、アルカーイダの勢力がさらに拡大しない限り、外部勢力はイエメンの状況を静観したままでいるだろう。

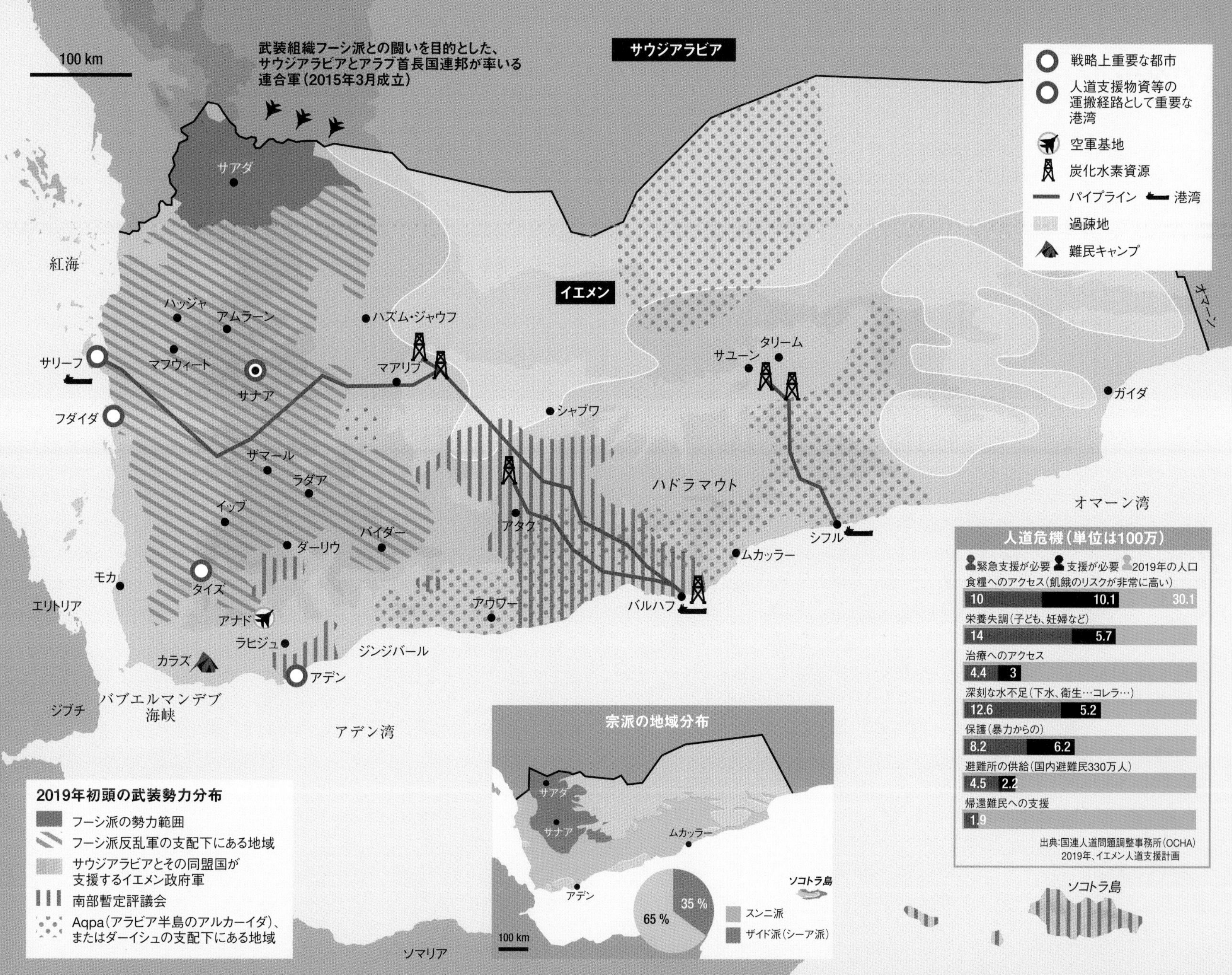

100 km
武装組織フーシ派との闘いを目的とした、
サウジアラビアとアラブ首長国連邦が率いる
連合軍（2015年3月成立）
サウジアラビア
戦略上重要な都市
人道支援物資等の
運搬経路として重要な
港湾
空軍基地
炭化水素資源
パイプライン
港湾
過疎地
難民キャンプ
サアダ
紅海
イエメン
オマーン
ハッジャ
アムラーン
ハズム・ジャウフ
サリーフ
マフウィート
サナア
マアリブ
タリーム
サユーン
ガイダ
フダイダ
シャブワ
ザマール
ラダア
ハドラマウト
オマーン湾
イッブ
アタク
バイダー
シフル
ダーリウ
ムカッラー
モカ
タイズ
アウワー
バルハフ
エリトリア
アナド
ラヒジュ
ジンジバール
カラズ
アデン
バブエルマンデブ
海峡
ジブチ
アデン湾
人道危機（単位は100万）
緊急支援が必要
支援が必要
2019年の人口
食糧へのアクセス（飢餓のリスクが非常に高い）
10
10.1
30.1
栄養失調（子ども、妊婦など）
14
5.7
治療へのアクセス
4.4
3
深刻な水不足（下水、衛生…コレラ…）
12.6
5.2
保護（暴力からの）
8.2
6.2
避難所の供給（国内避難民330万人）
4.5
2.2
帰還難民への支援
1.9
出典：国連人道問題調整事務所（OCHA）
2019年、イエメン人道支援計画
宗派の地域分布
サアダ
サナア
ムカッラー
アデン
ソコトラ島
35 %
65 %
スンニ派
ザイド派（シーア派）
100 km
2019年初頭の武装勢力分布
フーシ派の勢力範囲
フーシ派反乱軍の支配下にある地域
サウジアラビアとその同盟国が
支援するイエメン政府軍
南部暫定評議会
Aqpa（アラビア半島のアルカーイダ）、
またはダーイシュの支配下にある地域
ソマリア
ソコトラ島

カタール／サウジアラビア Qatar/Arabie saoudite

イギリスの保護領だったカタールが独立したのは、1971年のことだ。そのときカタールがアラブ首長国連邦（UAE）の一員になることを拒否したのは、UAEにとっては大きな痛手だった。UAEからの圧力はかわしたとはいえ、カタールはカタール半島に主権を広げようとするサウジアラビアからの圧力をつねに感じている。カタールとサウジアラビアはともにスンニ派に属するワッハーブ派の国家である。イラクがクウェートを併合したとき、カタールの懸念は現実味を帯びた。アメリカは国際社会を動かし、反欧米主義とみなされたイラクからクウェートを解放した。それでは西欧諸国の同盟国であるサウジアラビアがカタールを併合した場合、西欧諸国は同じようにカタールを解放してくれるだろうか？　1995年に実父から王位を奪った首長ハマド・ビン・ハリファは、カタールを世界にもっと知らしめようとした。まず足元を固めるためフランスと同盟を結んだ。さらに24時間放送の衛星テレビ局アルジャジーラを創設し（同局にはカタール政府の批判もする公平性がある）、それまでのアラブ諸国において政府がメディアを独占する状態を終わらせ、カタールを揺るぎないソフト・パワーを持つ国に変えた。そしてスポーツ外交を通してカタールの存在を世界にアピールした。

20世紀末に原油価格が下落すると、カタールの経済は困難な状況に陥った。しかし巨大な天然ガス田が発見され、さらにエネルギー資源（原油と液化天然ガス）の価格が急騰し、きわめて人口の少ない（260万人）この国に強大な財力をもたらしてくれた。サウジアラビア政府とは違って、カタール政府は隣国イランと良好な関係を保っている。イランとは大規模な天然ガス田開発で連携している。2003年、アメリカはカタールに湾岸地域において主力となる軍事基地を開設した。この基地がイラク戦争のときに拠点となった。カタールは、いつかは必ず来る天然資源輸出型経済の終わりを見据えて、海外に莫大な額の投資を行っている。「アラブの春」（民主化運動の波及にはアルジャジーラが重要な役割を果たした）が発生したときには、反体制運動、とりわけムスリム同胞団に近い諸組織を支持した。こうしたカタールの政策はサウジアラビアとUAEを不安に陥れ、激怒させた。また、イスラエルがガザ地区への空爆を行うと、カタールはハマスの支援に乗り出し、イスラエルの敵意を買った。カタールが2022年のサッカーワールドカップ開催国に決定したときには全世界が驚いたが、競合する国々はそのことも妬んでいる。

現在の危機

2013年、首長ハマドは息子のタミームにその座を譲って退位した。タミームは近隣諸国の機嫌を損ねないよう、父親ほど派手な政策はとっていない。しかしサウジアラビアの実権を握るムハンマド・ビン・サルマン皇太子は、力ずくで要求を通しカタールを服従させたいと願っている。「イランやイスラム同胞団との結びつきはテロ組織の支持に他ならない」とカタールを非難するサウジアラビアは（エジプト、UAE、バーレーンと一緒になって）、カタールとの国交を断絶した。サウジアラビアはカタールに対して経済封鎖を行い、カタールを服従させアルジャジーラを閉鎖し、2022年のサッカーワールドカップ開催を妨害しようとした。ところがトルコとモロッコはカタールを支援し、このカタールの外交危機に乗じたイランはさらにカタールと関係を深め、サウジアラビアの目論見とは逆の結果に終わった。また、カタール政府ともサウジアラビア政府とも良好な関係にある西欧諸国とロシアは、サウジアラビアによるカタールの経済封鎖の解除を要求している。この経済封鎖でカタールが多少の経済的ダメージを被ったとしても、現実には、豊かな富を蓄えたこの国にとってはわずかな痛手でしかない。

今後考えられるシナリオ

1. 現状維持。サウジアラビアとUAEは経済封鎖を続行するが、カタールはチュニジアとイランとの関係を深める。緊張は低空飛行ながらも続く。

2. サウジアラビアのサルマン皇太子はカタールを侵略して、武力による二国間問題の解決を決意する。深刻な結果をもたらす大きな危機が訪れる。もはやアメリカもサウジアラビアを支援することはできない。イランにとっては好都合な状況になる。

3. 戦略がことごとく失敗しているサウジアラビアは、カタール政府との和解を試みる。アルジャジーラには積極的報道を控えるよう圧力がかかる。

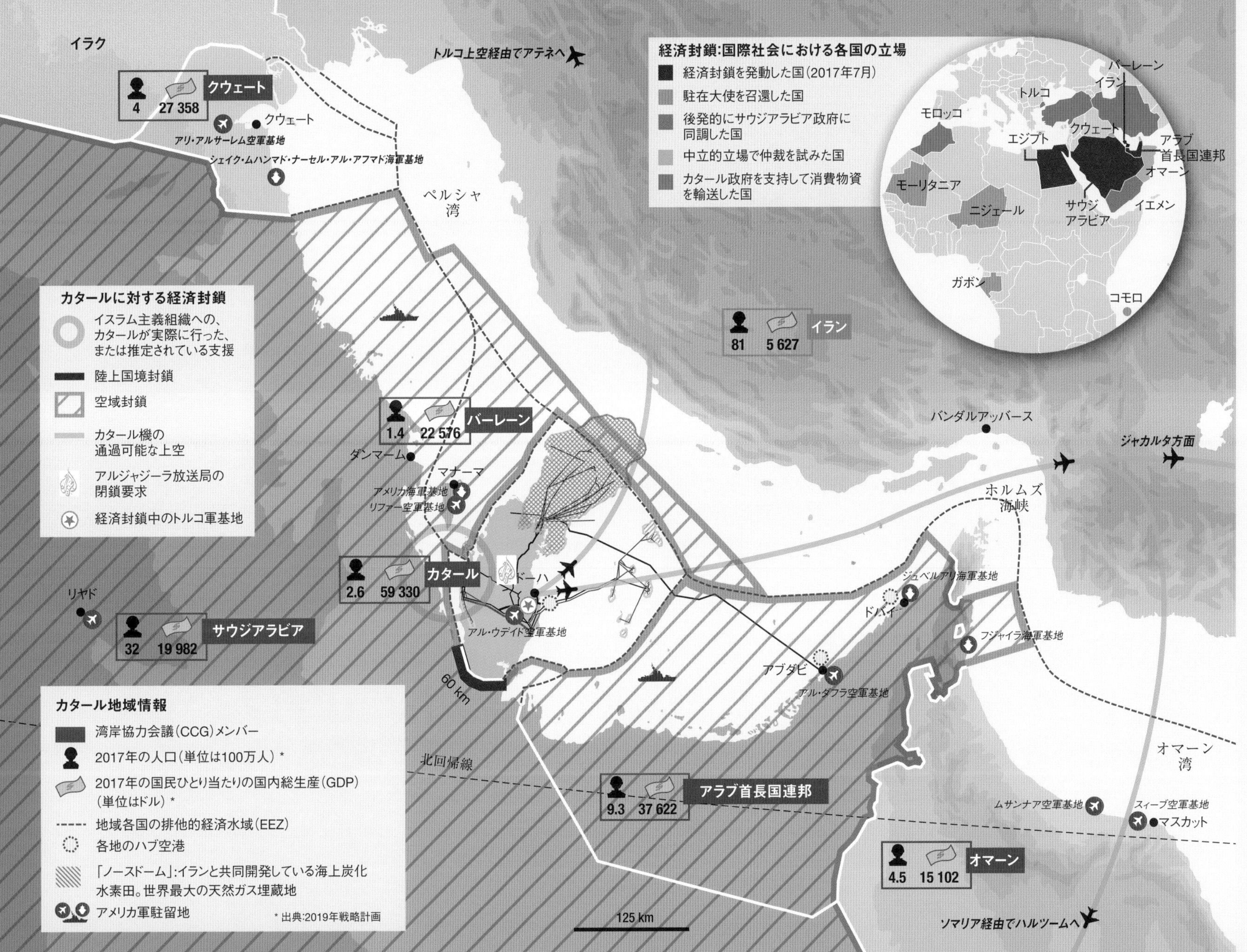

イラク
トルコ上空経由でアテネへ
クウェート
4
27 358
クウェート
アリ・アルサーレム空軍基地
シェイク・ムハンマド・ナーセル・アル・アフマド海軍基地
ペルシャ湾
経済封鎖:国際社会における各国の立場
経済封鎖を発動した国(2017年7月)
駐在大使を召還した国
後発的にサウジアラビア政府に同調した国
中立的立場で仲裁を試みた国
カタール政府を支持して消費物資を輸送した国
バーレーン
イラン
トルコ
モロッコ
クウェート
エジプト
アラブ首長国連邦
オマーン
モーリタニア
ニジェール
サウジアラビア
イエメン
ガボン
コモロ
カタールに対する経済封鎖
イスラム主義組織への、カタールが実際に行った、または推定されている支援
陸上国境封鎖
空域封鎖
カタール機の通過可能な上空
アルジャジーラ放送局の閉鎖要求
経済封鎖中のトルコ軍基地
イラン
81
5 627
バーレーン
1.4
22 576
ダンマーム
マナーマ
アメリカ海軍基地
リファー空軍基地
バンダルアッバース
ジャカルタ方面
ホルムズ海峡
カタール
2.6
59 330
ドーハ
ジュベルアリ海軍基地
ドバイ
リヤド
サウジアラビア
32
19 982
アル・ウデイド空軍基地
フジャイラ海軍基地
アブダビ
アル・ダフラ空軍基地
60 km
カタール地域情報
湾岸協力会議(CCG)メンバー
2017年の人口(単位は100万人)*
2017年の国民ひとり当たりの国内総生産(GDP)(単位はドル)*
地域各国の排他的経済水域(EEZ)
各地のハブ空港
「ノースドーム」:イランと共同開発している海上炭化水素田。世界最大の天然ガス埋蔵地
アメリカ軍駐留地
* 出典:2019年戦略計画
北回帰線
オマーン湾
アラブ首長国連邦
9.3
37 622
ムサンナア空軍基地
スィーブ空軍基地
マスカット
オマーン
4.5
15 102
125 km
ソマリア経由でハルツームへ

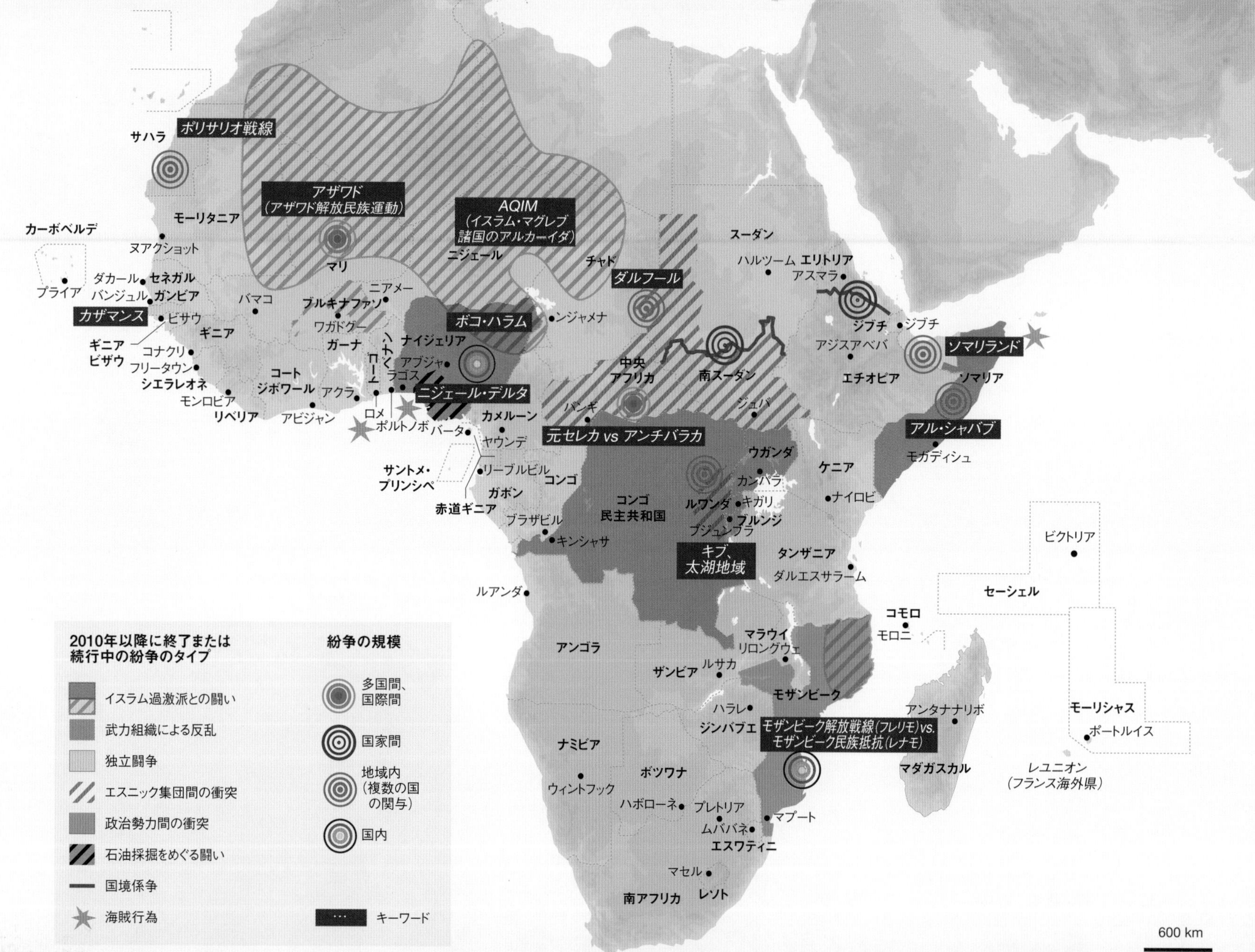
ポリサリオ戦線
サハラ
アザワド
(アザワド解放民族運動)
AQIM
(イスラム・マグレブ
諸国のアルカーイダ)
モーリタニア
カーボベルデ
ヌアクショット
マリ
ニジェール
チャド
ダルフール
スーダン
ハルツーム
エリトリア
アスマラ
ダカール
セネガル
バンジュル
ガンビア
プライア
カザマンス
ビサウ
バマコ
ブルキナファソ
ニアメー
ワガドゥグー
ボコ・ハラム
ンジャメナ
ジブチ
ジブチ
ギニア
ギニア
ビサウ
コナクリ
フリータウン
シエラレオネ
モンロビア
リベリア
コート
ジボワール
アビジャン
アクラ
ガーナ
トーゴ
ベナン
ロメ
ポルトノボ
ラゴス
アブジャ
ナイジェリア
ニジェール・デルタ
中央
アフリカ
バンギ
南スーダン
ジュバ
アジスアベバ
エチオピア
ソマリランド
ソマリア
アル・シャバブ
モガディシュ
カメルーン
ヤウンデ
バータ
元セレカ vs アンチバラカ
サントメ・
プリンシペ
赤道ギニア
リーブルビル
ガボン
コンゴ
ブラザビル
キンシャサ
コンゴ
民主共和国
ウガンダ
カンパラ
ケニア
ナイロビ
ルワンダ
キガリ
ブルンジ
ブジュンブラ
キブ、
太湖地域
タンザニア
ダルエスサラーム
ビクトリア
セーシェル
ルアンダ
コモロ
モロニ
アンゴラ
マラウイ
リロングウェ
ザンビア
ルサカ
モザンビーク
ハラレ
ジンバブエ
アンタナナリボ
モーリシャス
ポートルイス
モザンビーク解放戦線(フレリモ)vs.
モザンビーク民族抵抗(レナモ)
ナミビア
ウィントフック
ボツワナ
ハボローネ
プレトリア
マプート
ムババネ
エスワティニ
マダガスカル
レユニオン
(フランス海外県)
マセル
レソト
南アフリカ
2010年以降に終了または
続行中の紛争のタイプ
イスラム過激派との闘い
武力組織による反乱
独立闘争
エスニック集団間の衝突
政治勢力間の衝突
石油採掘をめぐる闘い
国境係争
海賊行為
紛争の規模
多国間、
国際間
国家間
地域内国
(複数の国
の関与)
国内
キーワード
600 km

アフリカの危機と紛争
L'Afrique
des crises et des conflits

西サハラ Sahara

紛争の原因

スペインは1884年に西サハラを保護領にした。1956年にフランスから独立したモロッコ王国は、モロッコが植民地化される前には西サハラと歴史的に縁が深かったとして、独立をきっかけに領有権を主張した。モーリタニアもまた、地理的・民族的・文化的に近接する西サハラは自国の領土であると主張した。いっぽうアルジェリアは、モロッコがサハラ砂漠地域のこの部分を支配するのをよしとせず、同じく領有権を要求した。

だが、1963年以来、国連の「非自治地域リスト」に載せられている西サハラの独立を訴えようと、1973年、サハラウィー人（訳注：西サハラの住民の大多数にあたる）たちによりポリサリオ戦線が結成された。1975年、フランコ総統の死期が近づくと、スペインは西サハラからの撤退を決断した。理論上、西サハラはスペイン、モロッコ、そしてモーリタニアの3カ国からなる行政機関によって統治されるはずであった。しかし1975年11月、モロッコが35万人のモロッコ人を動員して「緑の行進」を開始、西サハラへ越境し、無血で領土を占領した。ポリサリオ戦線はモロッコの行為に反発し、1976年2月、サハラ・アラブ民主共和国（RASD）の樹立を宣言した。サハラ・アラブ共和国は国連からは未承認だが、72カ国から承認を受けた（現在、西欧諸国をまったく含まない約40カ国から承認されている）。1982年にはアフリカ統一機構（OAU）がこれを承認したため、モロッコは同機構から脱退した。
ポリサリオ戦線は、アルジェリアの支援を受けてモロッコに対してゲリラ攻撃を開始し、モロッコとアルジェリアの国境は封鎖された。モロッコ国王ハサン二世が西サハラの将来を決定するための住民投票を検討したが、選挙権についての合意が得られていない。つまり、この場合の有権者とは誰を指すのか、そして「緑の行進」後に西サハラに住みついたモロッコ人は投票できるのか、といった問題があるのだ。そしてポリサリオ戦線は、モロッコの統治下という条件つきで西サハラ内での自治権を獲得してはどうかという提案を受けたが、これを却下している。

現在の危機

1991年、モロッコとポリサリオ戦線は停戦した。モロッコは王国の領域としての西サハラに幅広い自治権を認める提案をした。アメリカとフランスがモロッコの提案を支持している。

モロッコは西サハラ地域の経済成長を目指すという手段を使って同地域への影響力を強めようとし、西サハラ地域に巨額の投資を行っている。また2017年には首尾よくアフリカ連合に再加盟し、アフリカ大陸で活発な外交を発展させてきた。2018年12月、国連はモロッコ、アルジェリア、モーリタニア、そしてポリサリオ戦線を一堂に集めて交渉を再開した。

今後考えられるシナリオ

1. 現状維持：モロッコは西サハラにおける実効支配を維持、アルジェリアとポリサリオ戦線はそれに反発し続ける。この敵対関係が原因で、モロッコ政府とアルジェリア政府はいつまでも真の協力体制を築けず、アラブ・マグレブ連合（AMU）の活動も停滞している。

2. モロッコは西サハラの独立を甘受する。これが起きる可能性はほぼゼロである。西サハラの獲得はモロッコにとって決して譲れない大義であり、他のどの対立関係よりも優先されるべき問題だからである。

3. モロッコ国王ムハンマド6世は西サハラに完全な自治権を与え、その枠組みのなかで経済成長・社会発展政策を展開する。これが功を奏してサハラウィー人たちによる独立の要求は弱まっていく。いっぽうアルジェリアでは新世代政権が発足し、ポリサリオ戦線からは距離を置くようになり、モロッコとの関係修復とサハラ地域のテロ対策に注力するようになる。

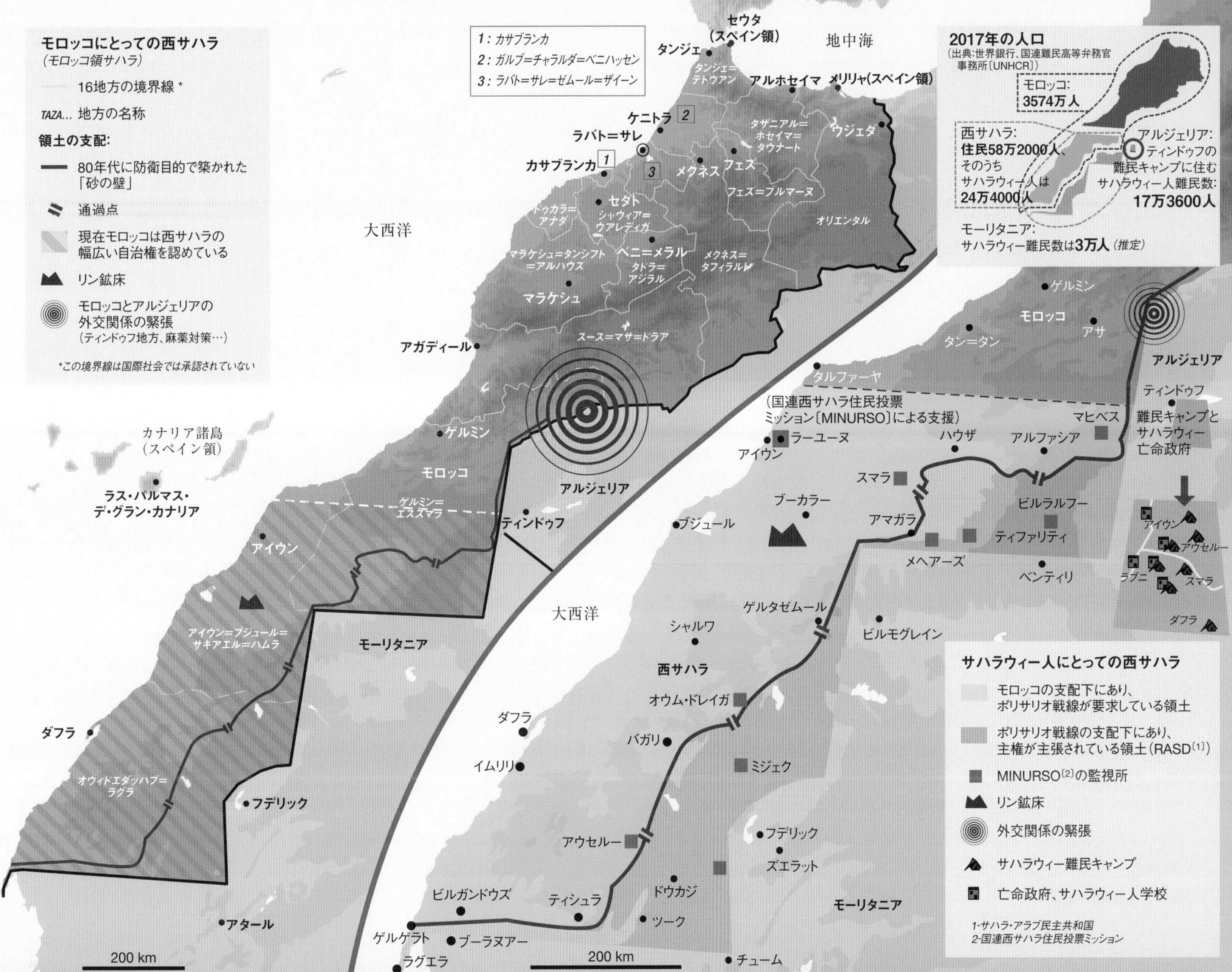

モロッコにとっての西サハラ
（モロッコ領サハラ）
16地方の境界線 *
TAZA… 地方の名称
領土の支配:
80年代に防衛目的で築かれた「砂の壁」
通過点
現在モロッコは西サハラの幅広い自治権を認めている
リン鉱床
モロッコとアルジェリアの外交関係の緊張（ティンドゥフ地方、麻薬対策…）
*この境界線は国際社会では承認されていない
1：カサブランカ
2：ガルブ＝チャラルダ＝ベニハッセン
3：ラバト＝サレ＝ゼムール＝ザイーン
セウタ（スペイン領）
タンジェ
地中海
タンジェ＝テトウアン
アルホセイマ
メリリャ（スペイン領）
ケニトラ
ラバト＝サレ
カサブランカ
タザ＝アルホセイマ＝タウナート
ウジェダ
メクネス
フェズ
フェズ＝ブルマーヌ
ドゥカラ＝アブダ
セタト
シャウィア＝ウアレディガ
オリエンタル
大西洋
ベニ＝メラル
マラケシュ＝タンシフト＝アルハウズ
タドラ＝アジラル
メクネス＝タフィラルト
マラケシュ
スース＝マサ＝ドラア
アガディール
カナリア諸島（スペイン領）
ゲルミン
モロッコ
アルジェリア
ラス・パルマス・デ・グラン・カナリア
ゲルミン＝エスズマラ
ティンドゥフ
アイウン
アイウン＝ブジュール＝サキアエル＝ハムラ
モーリタニア
大西洋
ダフラ
オウィドエダッハブ＝ラグラ
フデリック
アタール
200 km
2017年の人口
（出典:世界銀行、国連難民高等弁務官事務所〔UNHCR〕）
モロッコ:3574万人
西サハラ:住民58万2000人、そのうちサハラウィー人は24万4000人
アルジェリア:ティンドゥフの難民キャンプに住むサハラウィー人難民数:17万3600人
モーリタニア:サハラウィー難民数は3万人（推定）
ゲルミン
モロッコ
アサ
タン＝タン
アルジェリア
タルファーヤ
ティンドゥフ
（国連西サハラ住民投票ミッション〔MINURSO〕による支援）
マヒベス
ラーユーヌ
アイウン
ハウザ
アルファシア
難民キャンプとサハラウィー亡命政府
スマラ
ブーカラー
ビルラルフー
ブジュール
アマガラ
ティファリティ
メヘアーズ
ベンティリ
アイウン
アウセルー
ラブニ
スマラ
ダフラ
ゲルタゼムール
シャルワ
ビルモグレイン
大西洋
西サハラ
オウム・ドレイガ
ダフラ
バガリ
イムリリ
ミジェク
アウセルー
フデリック
ズエラット
ドウカジ
ビルガンドウズ
ティシュラ
モーリタニア
ツーク
ゲルゲラト
ブーラヌアー
ラグエラ
チューム
200 km
サハラウィー人にとっての西サハラ
モロッコの支配下にあり、ポリサリオ戦線が要求している領土
ポリサリオ戦線の支配下にあり、主権が主張されている領土（RASD[1]）
MINURSO[2]の監視所
リン鉱床
外交関係の緊張
サハラウィー難民キャンプ
亡命政府、サハラウィー人学校
1-サハラ・アラブ民主共和国
2-国連西サハラ住民投票ミッション

マリ／サヘル地域 Mali/Sahel

紛争の原因

1891年以来フランスの植民地だったフランス領スーダンは1960年に独立し、マリ共和国になった。干ばつが何年も続いたため、マリ国民は極度の貧困に陥った。北部では、マリ独立以来中央政府からないがしろにされていると不満を募らせていたトゥアレグ人が2度反乱を起こしている。

1991年に軍事クーデターに参加した軍人アマドゥ・トゥマニ・トゥーレ（通称ATT（アテテ））は、複数政党制を確立するために暫定政権の元首となった。そして1992年の選挙を準備したうえでみずから退任した。2002年の大統領選に改めて立候補したATTは、民主的に大統領として選出され、2007年には再選を果たした。マリは当時のアフリカでは珍しく、民主的で良質な統治が行われているというイメージを与えた。しかし、政治の腐敗や南北格差がじわじわと広がり、経済や農業分野での低迷が国力を弱めていった。

現在の危機

2011年10月、トゥアレグ人反体制派がマリ北部の自治権を要求するため、「アザワド解放民族運動（MNLA）」を結成した。MNLAは「イスラム・マグレブ諸国のアルカーイダ（AQIM）」の援助を受けているイスラム主義運動「アンサール・ディーン」とも同盟関係を結んだ。リビアで、失脚直前のカダフィ大佐の下で戦闘に参加していたトゥアレグ人傭兵たちがマリに帰還すると、反乱軍は勢力をさらに強めた。トゥアレグ反乱軍に対して無策だと批判されていたATTは、2012年3月22日に起こったクーデターにより退陣した。それでもマリ北部の都市は次々にイスラム主義反乱分子によって制圧されていった。4月6日、MNLAは「アザワド（トゥアレグ国家）」の独立を宣言する。「西アフリカ統一聖戦運動（MUJAO）も協力した。MNLAはシャリーア（イスラム法）に則った極端に厳格な統治を目指した。

10月12日、国連安保理事会がマリ政府の要請により開催され、北部地方におけるマリの主権を回復する使命を帯びた多国籍軍が配備された。「国連マリ多元統合安定化ミッション（MINUSMA）」である。2013年1月、複数のイスラム系武装組織がマリ南部への攻撃を始め、首都バマコを制圧すると脅した。アフリカ諸国軍の準備が整っていなかったため、マリ当局と周辺諸国の要請により、国連安保理決議を受けたフランス軍がチャドともにマリに軍事介入した（「セルバル作戦」と呼ばれる）。イスラム主義反乱軍の侵攻は食い止められ、マリ北部は中央政府の手に戻った。2013年8月11日、イブラヒム・ブバカール・ケイタが77.6%の得票率で大統領に選ばれた。2018年には得票率67%で再選されている。2014年2月、マリ、ニジェール、ブルキナファソ、モーリタニア、そしてチャドが協力して、地域の安全促進と経済成長の課題に連携して取り組む枠組み「G5サヘル」を設立した。G5サヘルは5000人の兵士を擁する合同軍の発足を計画しているが、資金と軍事訓練がまだ不十分である。2014年7月、フランス・アフリカ合同軍によるサヘル地域におけるテロ組織との闘い、「バルハン作戦」が展開された。2015年6月、和平合意、いわゆる「アルジェ合意」がマリ政府と分離独立派組織のあいだで署名された。しかし衝突は相変わらず散発している。

今後考えられるシナリオ

1. 最終的にアフリカ合同軍が地域安定化の役目を果たす。選挙によって正当に選出された政権が北部との融和とその発展を重視する政策をとる。マリは徐々に発展を続け、アルジェ合意は遵守される。

2. エスニック集団間の衝突を背景に、密売組織かテロ組織、あるいは両者が活動を続け、マリ北部の治安の悪化が長引く。同時にマリ政府に対して具体的なテロ攻撃が予告され、フランス・アフリカ諸国による軍隊の駐留が必要になる

3. 「サヘリスタン」反体制テロ組織がサハラとサヘル地域に拡散する。危機は激化し、国境を越える。

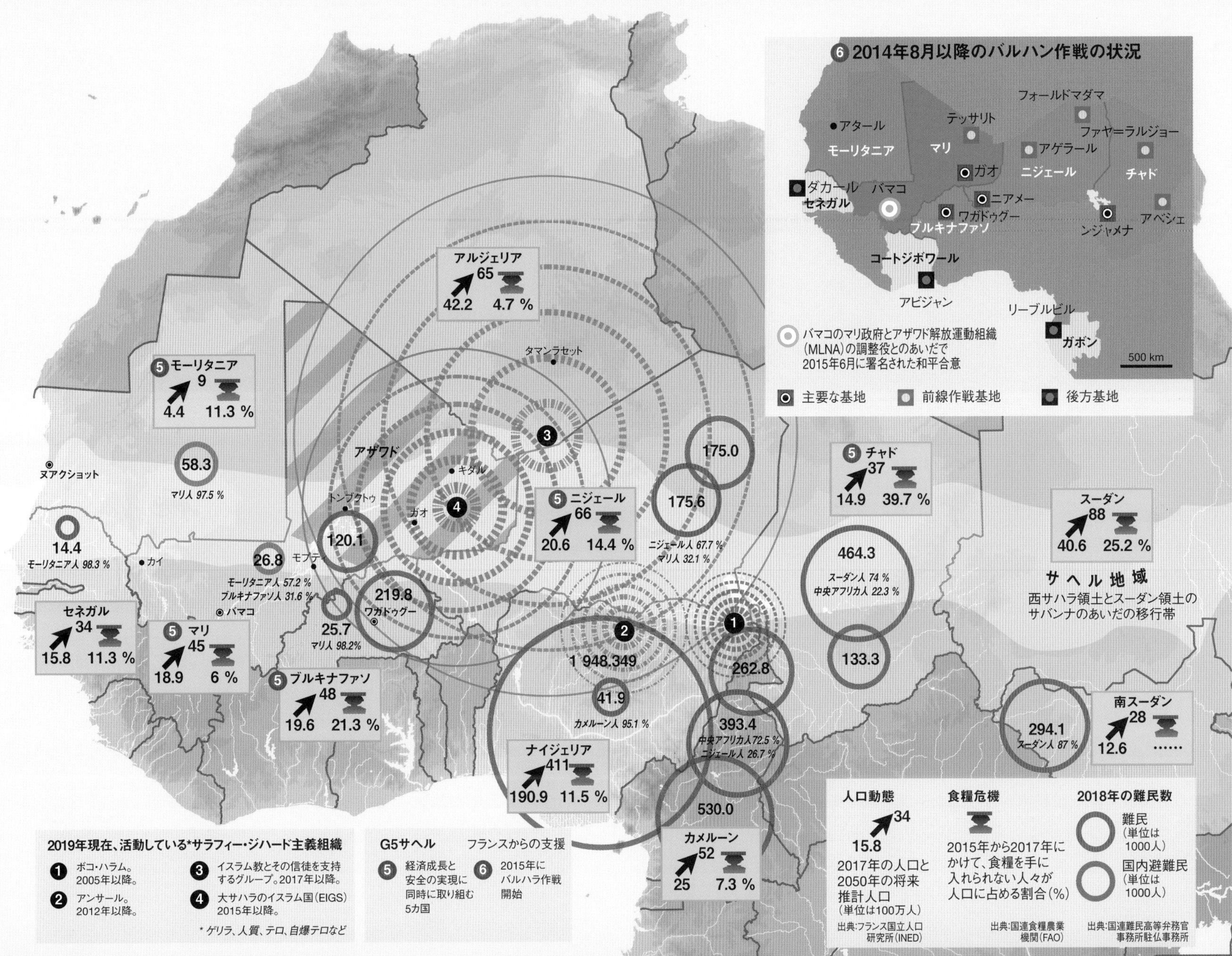

6 2014年8月以降のバルハン作戦の状況
フォールドマダマ
テッサリト
アタール
ファヤ=ラルジョー
モーリタニア
マリ
アゲラール
チャド
ガオ
ニジェール
ダカール
バマコ
ニアメー
セネガル
ワガドゥグー
アベシェ
ンジャメナ
ブルキナファソ
コートジボワール
アビジャン
リーブルビル
ガボン
バマコのマリ政府とアザワド解放運動組織（MLNA）の調整役とのあいだで2015年6月に署名された和平合意
500 km
主要な基地
前線作戦基地
後方基地
アルジェリア
65
42.2 4.7 %
タマンラセット
5 モーリタニア
9
4.4 11.3 %
3
58.3
マリ人 97.5 %
ヌアクショット
アザワド
キダル
トンブクトゥ
ガオ
4
5 ニジェール
66
20.6 14.4 %
175.0
175.6
ニジェール人 67.7 %
マリ人 32.1 %
5 チャド
37
14.9 39.7 %
スーダン
88
40.6 25.2 %
14.4
モーリタニア人 98.3 %
カイ
26.8
モプティ
120.1
モーリタニア人 57.2 %
ブルキナファソ人 31.6 %
464.3
スーダン人 74 %
中央アフリカ人 22.3 %
サヘル地域
西サハラ領土とスーダン領土のサバンナのあいだの移行帯
219.8
ワガドゥグー
バマコ
セネガル
34
15.8 11.3 %
5 マリ
45
18.9 6 %
25.7
マリ人 98.2%
2
1
1 948.349
262.8
133.3
5 ブルキナファソ
48
19.6 21.3 %
41.9
カメルーン人 95.1 %
393.4
中央アフリカ人 72.5 %
ニジェール人 26.7 %
294.1
スーダン人 87 %
南スーダン
28
12.6 ……
ナイジェリア
411
190.9 11.5 %
530.0
カメルーン
52
25 7.3 %
2019年現在、活動している*サラフィー・ジハード主義組織
1 ボコ・ハラム。2005年以降。
2 アンサール。2012年以降。
3 イスラム教とその信徒を支持するグループ。2017年以降。
4 大サハラのイスラム国（EIGS）2015年以降。
* ゲリラ、人質、テロ、自爆テロなど
G5サヘル
5 経済成長と安全の実現に同時に取り組む5カ国
フランスからの支援
6 2015年にバルハラ作戦開始
人口動態
34
15.8
2017年の人口と2050年の将来推計人口
（単位は100万人）
出典:フランス国立人口研究所（INED）
食糧危機
2015年から2017年にかけて、食糧を手に入れられない人々が人口に占める割合（%）
出典:国連食糧農業機関（FAO）
2018年の難民数
難民（単位は1000人）
国内避難民（単位は1000人）
出典:国連難民高等弁務官事務所駐仏事務所

ナイジェリア Nigeria

イギリスの植民地だったナイジェリアは1960年に独立した。ナイジェリアはアフリカでもっとも人口が多い（1億8600万人）国で、豊かな石油資源に恵まれている。

1967年、ビアフラに居住するイボ人のキリスト教徒たちは、ラゴスにある中央政府のイスラム教徒たちが自分たちを差別し、ナイジェリアの石油埋蔵量の大半を独占しているとして、分離独立を主張した。イボの反乱はナイジェリア軍に鎮圧され、経済封鎖を受けた。これによって大飢饉が発生し、その衝撃的な光景がテレビで放映されたことにより、近代的な意味では初の人道問題として世界全体を動かした。この紛争で100万人以上が死亡している。ナイジェリアはその後30年間、続発するクーデターと軍事独裁政権によって壊滅状態になった。ようやく民主国家が成立したのは1999年のことであった。

石油収益の分配問題、経済成長の南北格差、北部で多数を占めるイスラム教徒と南部で多数を占めるキリスト教徒、テロ組織の活動、そして横行する政治腐敗が、ナイジェリアの発展を阻んでいる。それでもなお、ナイジェリアの経済成長率は2000年から2010年にかけては平均9%、その後は5%を堅持している。現在では南アフリカを抜いて、アフリカ大陸における最大の経済大国となった。

現在の危機

グッドラック・ジョナサンは2010年に選出されたキリスト教徒の大統領で、ナイジェリア国内の安定化を図ろうとした。いっぽうで、完全伝統保存主義のイスラム教説教師であるモハメド・ユスフは2002年、ボコ・ハラムと呼ばれるイスラム原理主義団体を設立した。2009年に創始者のユスフがナイジェリア政府軍によって殺害されると、ボコ・ハラムはさらに過激な行動に走る。リビアのカダフィ政権が崩壊し、サヘル地域で内戦が勃発すると、ナイジェリアの外にも活動の場を広げていった。ボコ・ハラムのメンバーのなかには国外のジハーディストとつながる者もいた。同グループの犯行によるテロで国内外に何百人もの犠牲者が出た。こうした動きに対し、グッドラック・ジョナサン大統領は非常事態宣言をし、ナイジェリア北部に大掛かりな兵力配備を行った。2015年3月、ボコ・ハラムはダーイシュ（IS）に忠誠を誓うことを公言し、「西アフリカ・イスラム国」を名乗るようになる。この紛争の犠牲者数は3万人で、200万人が国内避難民となった。弾圧と過激化の悪循環が始まった。

2015年4月、北部出身のイスラム教徒、ムハンマド・ブハリが大統領に選ばれた。ブハリは選挙公約であった汚職撲滅計画を実行に移した。経済政策では国民の期待に沿えなかったものの、2019年に再選されている。

中部では、牧畜民でイスラム教徒のフラニ人と、農耕民でキリスト教徒のビロム人のあいだで衝突が発生しており、政府はこれらの宗派間抗争問題にも立ち向かわねばならない。

2016年にはまた新たな武装勢力が生まれた。「ニジェール・デルタの復讐団」である。この組織は、海外の多国籍企業が南部で操業する石油採掘施設を破壊し、石油収益のさらなる還元を要求した。

今後考えられるシナリオ

1. ブハリ大統領は、周辺地域諸国や国際社会（フランスを含む）の援助を受けて「西アフリカ・イスラム国」の無力化に成功、また各地方からの権利の要求を巧みにコントロールする。腐敗撲滅を目指し、石油収益を有効に活用して富の再分配を効果的に行い、大統領を中心とした緩やかな連邦化を目指す。さらに軍隊による暴行や略奪に対しては防止措置をとる。その結果、ナイジェリアのアフリカにおける影響力は大きくなる。

2. 腐敗撲滅対策は停滞する。原油価格が下落し経済成長は鈍る。腐敗、反体制運動、テロ攻撃、弾圧など、ナイジェリアが国内で抱える問題は未解決のままである。

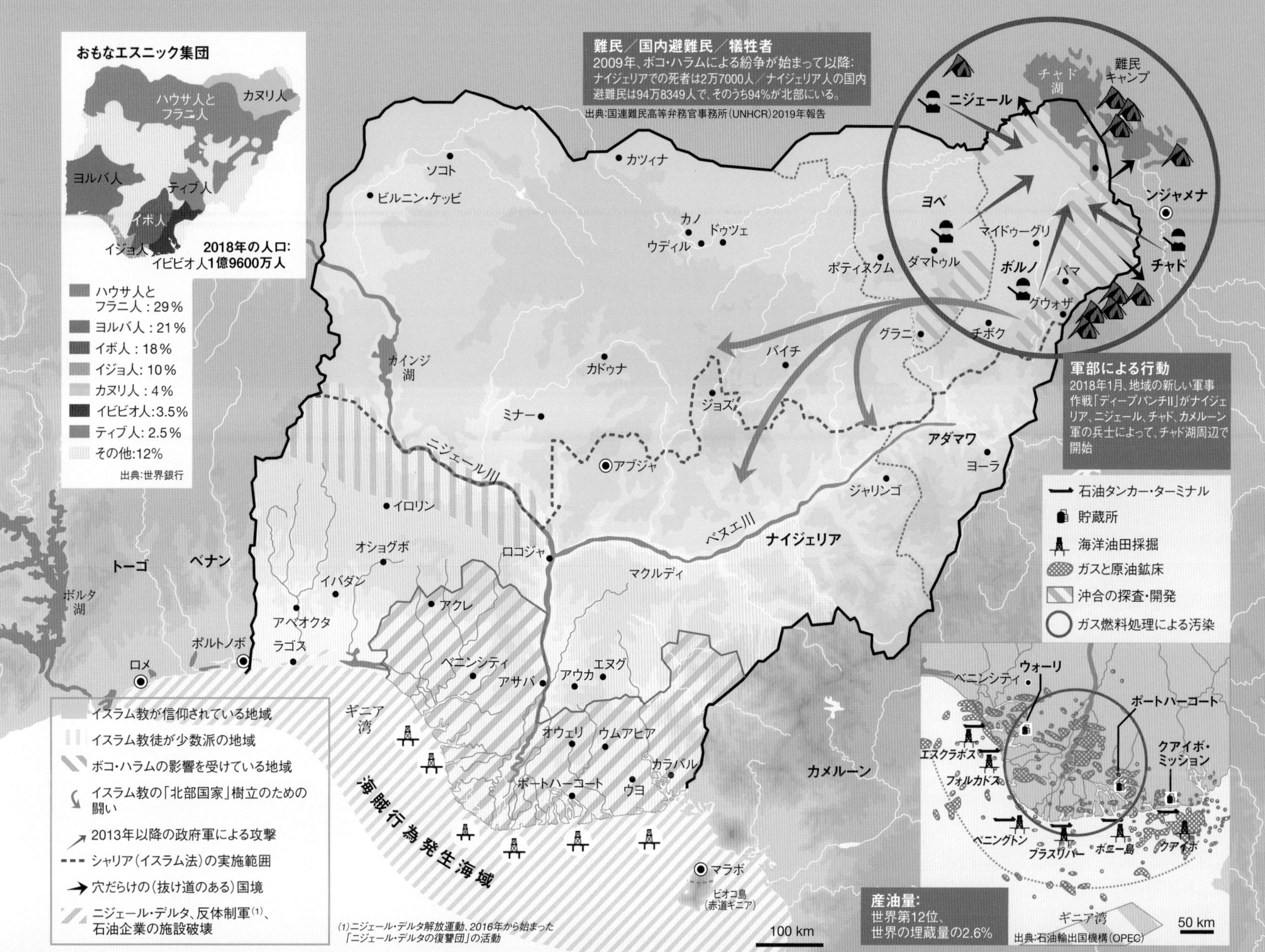

おもなエスニック集団
ハウサ人とフラニ人
カヌリ人
ヨルバ人
ティブ人
イボ人
イジョ人
イビビオ人
2018年の人口: 1億9600万人
ハウサ人とフラニ人：29％
ヨルバ人：21％
イボ人：18％
イジョ人：10％
カヌリ人：4％
イビビオ人:3.5％
ティブ人: 2.5％
その他:12％
出典:世界銀行
難民／国内避難民／犠牲者
2009年、ボコ・ハラムによる紛争が始まって以降:
ナイジェリアでの死者は2万7000人／ナイジェリア人の国内避難民は94万8349人で、そのうち94%が北部にいる。
出典:国連難民高等弁務官事務所（UNHCR）2019年報告
チャド湖
難民キャンプ
ニジェール
ヨベ
ンジャメナ
マイドゥーグリ
ダマトゥル
ボルノ
バマ
チャド
グウォザ
チボク
グラニ
ポティスクム
ソコト
ビルニン・ケッビ
カツィナ
カノ
ドゥツェ
ウディル
バイチ
カドゥナ
ジョス
カインジ湖
ミナー
アブジャ
ニジェール川
アダマワ
ヨーラ
ジャリンゴ
ベヌエ川
ナイジェリア
イロリン
オショグボ
ロコジャ
イバダン
マクルディ
アクレ
アベオクタ
ラゴス
ポルトノボ
ロメ
トーゴ
ベナン
ボルタ湖
ベニンシティ
アサバ
アウカ
エヌグ
オウェリ
ウムアヒア
カラバル
ウヨ
ポートハーコート
ギニア湾
カメルーン
マラボ
ビオコ島（赤道ギニア）
海賊行為発生海域
軍部による行動
2018年1月、地域の新しい軍事作戦「ディープパンチII」がナイジェリア、ニジェール、チャド、カメルーン軍の兵士によって、チャド湖周辺で開始
石油タンカー・ターミナル
貯蔵所
海洋油田採掘
ガスと原油鉱床
沖合の探査・開発
ガス燃料処理による汚染
ベニンシティ
ウォーリ
ポートハーコート
エスクラボス
フォルカドス
クアイボ・ミッション
ベニングトン
ブラスリバー
ボニー島
クアイボ
ギニア湾
50 km
出典:石油輸出国機構（OPEC）
産油量:
世界第12位、
世界の埋蔵量の2.6%
100 km
イスラム教が信仰されている地域
イスラム教徒が少数派の地域
ボコ・ハラムの影響を受けている地域
イスラム教の「北部国家」樹立のための闘い
2013年以降の政府軍による攻撃
シャリア（イスラム法）の実施範囲
穴だらけの（抜け道のある）国境
ニジェール・デルタ、反体制軍(1)、石油企業の施設破壊
(1)ニジェール・デルタ解放運動、2016年から始まった「ニジェール・デルタの復讐団」の活動

コンゴ民主共和国（RDC） République démocratique du Congo (RDC)

紛争の原因

かつてザイールと呼ばれていた現在のコンゴ民主共和国（RDC）は、「地質学の逸脱」と呼ばれるほど豊かな天然資源に恵まれている。それなのに国民ひとりあたりの国内総生産は今でもわずか500ドルである（193カ国中184位）。ジョゼフ＝デジレ・モブツ大統領の32年（1965〜1997）に及ぶ政権下では、鉱物資源による収益はすべて大統領自身や近親者の懐におさまっていた。1994年に隣国ルワンダでジェノサイドが発生すると、何百万人ものフツ人が、多くの殺戮の加害者をも含めてRDCに逃れてきた。ルワンダの新大統領ポール・カガメはこれらの避難民を追跡し、ローラン＝デジレ・カビラによる首都キンシャサでのモブツ政権打倒に協力した。1998年から2002年にかけて、ルワンダとウガンダをはじめとするアフリカの十数カ国がRDC東部のキブ地方やその他の地域の豊かな鉱物資源を奪取しようとした。こうした動乱とその余波のせいで、RDCでは400万人の死者が出たが、その多くが民間人だった。2002年に南アフリカの仲裁で、政府と反政府勢力とのあいだの和平合意がついに署名された。

現在の危機

国連平和維持軍が1万7000人の兵士を派遣して作戦を展開したにもかかわらず、2008年、ルワンダ政権と緊密な関係にあったコンゴ国籍のツチ人のローラン・ンクンダが仕掛けた攻撃をきっかけに、キブ地方で再び衝突が起きた。ルワンダの大統領ポール・カガメをはじめアフリカの他国の首長は、1998年から2002年にかけてRDCの紛争拡大に大きく関わっていた（国連「マッピング」レポートを参照のこと）。カガメはコンゴ東部（キブ地方）で武力衝突を繰り返せば天然資源の収益の多くを自分たちのものにできると考えた。しかし2009年1月、内戦再発の責任を問われ、またキブ地方の資源略奪を非難されたポール・カガメは、突然コンゴ大統領のジョゼフ・カビラとの和解を承諾した。ジョゼフ・カビラは2001年に暗殺された父ローラン＝デジレ・カビラの後継として大統領となり、ンクンダによる反乱を鎮圧し彼を逮捕していた。2011年11月、カビラは再選されたが、投票の正当性を問う声もあった。キブ地方では、「M23」と呼ばれる新たな反政府運動が起こったが、このときもルワンダが運動を援助していた。2013年2月、国連事務総長の調停で、コンゴ民主共和国と周辺諸国との和平・安全・協力のための枠組み合意がアフリカの11カ国により署名された。これにより、国連軍は配備の強化を計画し、周辺諸国は反政府勢力に加勢しないよう求められた。M23の首謀者のひとりであるボスコ・ンタガンダは国際刑事裁判所（ICC）に引き渡され、2015年に裁判が始まった。2018年、法律上の任期満了から2年が経ったジョゼフ・カビラ大統領は、次の大統領選の準備と、みずからの不出馬を公約した。カビラが後継者として選んだ候補は、ほぼ誰からも支持されなかった。こうして始まった選挙では、フェリックス・チセケディが勝利して新大統領になったが、この大統領選の公平性には疑いが持たれている。当時、チセケディは野党党首であったが、最終的にカビラの支持を取りつけ、対立候補マルタン・ファユルは敗北した。しかし実際はファユルが当選したのではないかと考えられている。コンゴ民主共和国では現在も、160万人が国内避難民となっている。とりわけ深刻なのは、70もの武装組織が衝突を繰り返す東部地方である。

今後考えられるシナリオ

1. 教会や野党の反対にもかかわらず、チセケディ大統領は権力の座に留まる。初めて政権が平和裏に移譲されたことに満足したコンゴ国民は、結局この状態を受け入れる。チセケディは人心をなだめるための表面的な政策をとるが、コンゴは不安定な低開発国であり続ける。

2. 国連にも、その力に限界のある国際刑事裁判所（ICC）にも、もはや抑止力がなく、鉱物資源の独占をめぐる紛争が再発する。

3. カビラに遠慮せずに治世を行うようになったチセケディが、国の持つ資源を真に有効活用するための政策を実施、より包括的な発展を目指す。

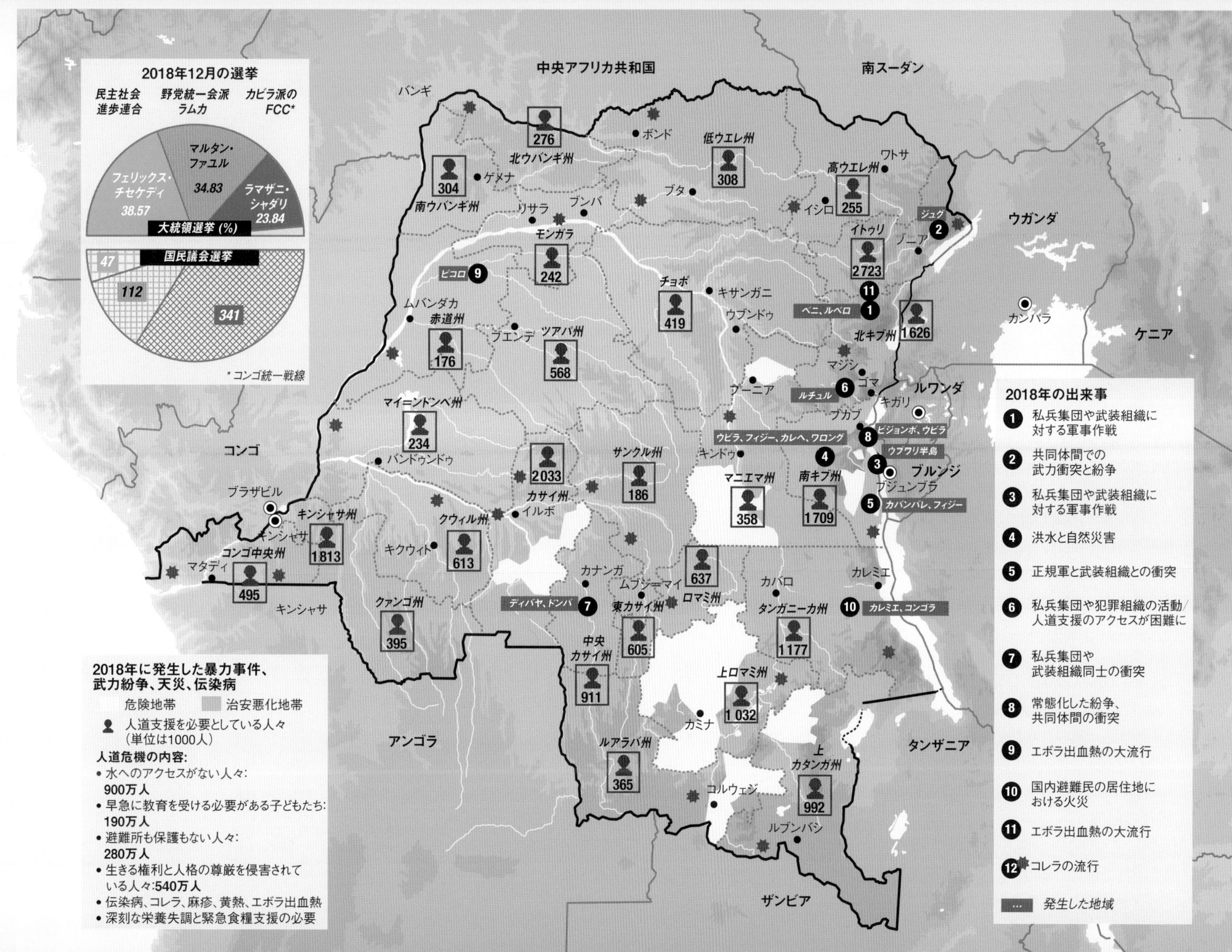

2018年12月の選挙
民主社会進歩連合
野党統一会派ラムカ
カビラ派のFCC*
マルタン・ファユル
34.83
フェリックス・チセケディ
38.57
ラマザニ・シャダリ
23.84
大統領選挙(%)
国民議会選挙
47
112
341
* コンゴ統一戦線
中央アフリカ共和国
南スーダン
バンギ
ボンド
276
低ウエレ州
ワトサ
北ウバンギ州
高ウエレ州
304
ゲメナ
308
ブタ
255
南ウバンギ州
リサラ
ブンバ
イシロ
ジュグ
2
ウガンダ
モンガラ
イトゥリ
ブニア
242
2723
ビコロ
9
チョポ
キサンガニ
11
ムバンダカ
ベニ、ルベロ
1
419
1626
赤道州
ウブンドゥ
カンパラ
ブエンデ
ツアパ州
北キブ州
ケニア
176
568
マシシ
ゴマ
プーニア
ルチュル
6
ルワンダ
キガリ
2018年の出来事
マイ=ンドンベ州
ブカブ
ビジョンボ、ウビラ
8
234
ウビラ、フィジー、カレヘ、ワロング
1 私兵集団や武装組織に対する軍事作戦
コンゴ
ウブワリ半島
2 共同体間での武力衝突と紛争
サンクル州
キンドゥ
4
3
バンドゥンドゥ
2033
ブルンジ
マニエマ州
南キブ州
ブジュンブラ
3 私兵集団や武装組織に対する軍事作戦
186
ブラザビル
カサイ州
358
1709
5
カバンバレ、フィジー
キンシャサ州
イルボ
クウィル州
4 洪水と自然災害
キンシャサ
1813
コンゴ中央州
キクウィト
613
637
5 正規軍と武装組織との衝突
マタディ
カナンガ
カレミエ
495
ムブジ=マイ
カバロ
ロマミ州
10
カレミエ、コンゴラ
キンシャサ
ディバヤ、ドンバ
7
6 私兵集団や犯罪組織の活動/人道支援のアクセスが困難に
クァンゴ州
東カサイ州
タンガニーカ州
395
605
1177
中央カサイ州
7 私兵集団や武装組織同士の衝突
2018年に発生した暴力事件、武力紛争、天災、伝染病
911
上ロマミ州
危険地帯
治安悪化地帯
8 常態化した紛争、共同体間の衝突
1 032
人道支援を必要としている人々（単位は1000人）
カミナ
アンゴラ
タンザニア
人道危機の内容:
ルアラバ州
上カタンガ州
9 エボラ出血熱の大流行
• 水へのアクセスがない人々:
900万人
365
10 国内避難民の居住地における火災
• 早急に教育を受ける必要がある子どもたち:
コルウェジ
992
190万人
• 避難所も保護もない人々:
ルブンバシ
11 エボラ出血熱の大流行
280万人
• 生きる権利と人格の尊厳を侵害されている人々:540万人
12 コレラの流行
• 伝染病、コレラ、麻疹、黄熱、エボラ出血熱
ザンビア
発生した地域
• 深刻な栄養失調と緊急食糧支援の必要

アフリカ大湖地域 Grands Lacs

紛争の原因

ルアンダ＝ウルンディは、現在のブルンジとルワンダを合わせた地域のことを指し、1918年まではドイツの植民地だった。第一次世界大戦終結後は、敗戦国となったドイツに代わってベルギーがルアンダ＝ウルンディの委任統治を行うことになった。信ぴょう性に乏しいフツ人とツチ人のエスニシティの相違を拠り所に、ベルギーの植民地政策は同じ言語を話し歴史を共有するフツ人とツチ人のあいだの区別を徹底的に強化した。この分断は社会階層的にも行われた。ツチ人は牧畜民で社会的地位がより高く、フツ人は農耕民だ。首尾よく家畜を持てたフツ人は、段階的にツチ人であると認められていく。きわめて少数派であるツチ人は、ベルギー植民地の行政機関によって中間支配層に選ばれ、優秀な者は学校に行くことを許されるなどの優遇措置を受けていた。いっぽうで、フツ人には教育を受ける機会はなかった。ツチ人はベルギー植民地の行政機関で官吏として採用され、「黒い肌のヨーロッパ人」として扱われた。ツチ人はフツ人に対して優越感を抱きはじめ、フツ人はツチ人に対して怨恨と復讐の念を募らせた。1950年代に入ると、より高い教育を受けていたツチ人が反植民地主義論を展開していく一方、大多数のフツ人は体制を支持していた。

現在の危機

ルワンダとブルンジは、それぞれ1960年から1962年にかけて独立した。ところが、このとき以来、エスニック集団間の対立による集団殺戮が恒常化する。ルワンダ独立時に発生した虐殺をきっかけに、大量のツチ難民がウガンダへ流入した。ブルンジでは1965年、1969年、1972年、1988年、1991年、1993年に大量殺戮が発生した。ウガンダに逃れたルワンダのツチ人は1963年に権力奪回を試みるも、失敗に終わっている。彼らは1990年に再度ルワンダに帰還しようと侵攻したが、フランス、ベルギー、ザイール軍の介入によって阻まれた。ブルンジでは、初の民主的選挙によって選出されたフツ系大統領が1993年に暗殺された。ルワンダ愛国戦線（RPF）（訳注：おもにツチ系ルワンダ難民第2世代で構成）およびポール・カガメ（訳注：RPFの最高指導者）による1990年の武力侵攻から3年後、フランスの立ち会いの下でフツ主導のルワンダ政府とツチ系のRPFのあいだでアルーシャ協定が締結され、フツ人（人口の85%）とツチ人（同15%）のルワンダ国内での共存問題は解決したかに思われた。ところが1994年4月6日、ルワンダとブルンジの大統領が同乗していた飛行機が撃墜された事件に端を発して、ルワンダに住む約80万人のツチ人と「穏健派のフツ人」がフツ人に、また約25万人のフツ人がツチ人に虐殺されるジェノサイドが始まった。ウガンダの支援の下でRPFを率い、ルワンダを奪還したツチ人のカガメは、以来大統領としてルワンダを統治し、2017年には得票率99%で再選されている。汚職は厳しく取り締まられ、著しい経済成長（2008年から2017年にかけて、毎年成長率7%のペース）を見せるルワンダであるが、政府はあらゆる手段を使って反対勢力を弾圧している。いっぽうブルンジでは2005年、フツ系の旧反政府武装集団である民主防衛軍（FDD）のリーダー、ピエール・ンクルンジザが大統領に選ばれた。エスニック集団間の対立と地域紛争がもたらす緊張は依然として高い。コンゴ民主共和国（RDC）の東に位置するキブ地方は、西側をコンゴ民主共和国、東側をルワンダとウガンダに挟まれた衝突の場となっている。ブルンジではピエール・ンクルンジザ大統領が2015年に三選された（これはブルンジ憲法に違反する）。暴動が勃発し、政府はこれを激しく弾圧した。国連は3000人規模の部隊を派遣したが、状況はいまだに不安定である。

今後考えられるシナリオ

1．ブルンジにおける和解は空中分解する。キブ地方をめぐるルワンダとコンゴ民主共和国の関係、そしてルワンダとブルンジの関係は再び悪化の途をたどる。大湖地域、とりわけコンゴ民主共和国の東部地域であるキブ地方周辺の情勢は依然として不安定なままで、武力衝突がいつ発生してもおかしくない状況だ。

2．国際社会からの圧力によって、ルワンダとウガンダはコンゴ民主共和国およびブルンジへの介入を止める。アメリカとヨーロッパの働きかけによって、コンゴ民主共和国／ルワンダ／ブルンジ／ウガンダの関係は改善し、その結果として大湖地域と呼ばれるこの地域は少しずつ発展してゆく。またキブ地方におけるコンゴ民主共和国の主権を尊重したうえで、地下資源開発に向けて各国間の協力体制が築かれていく。

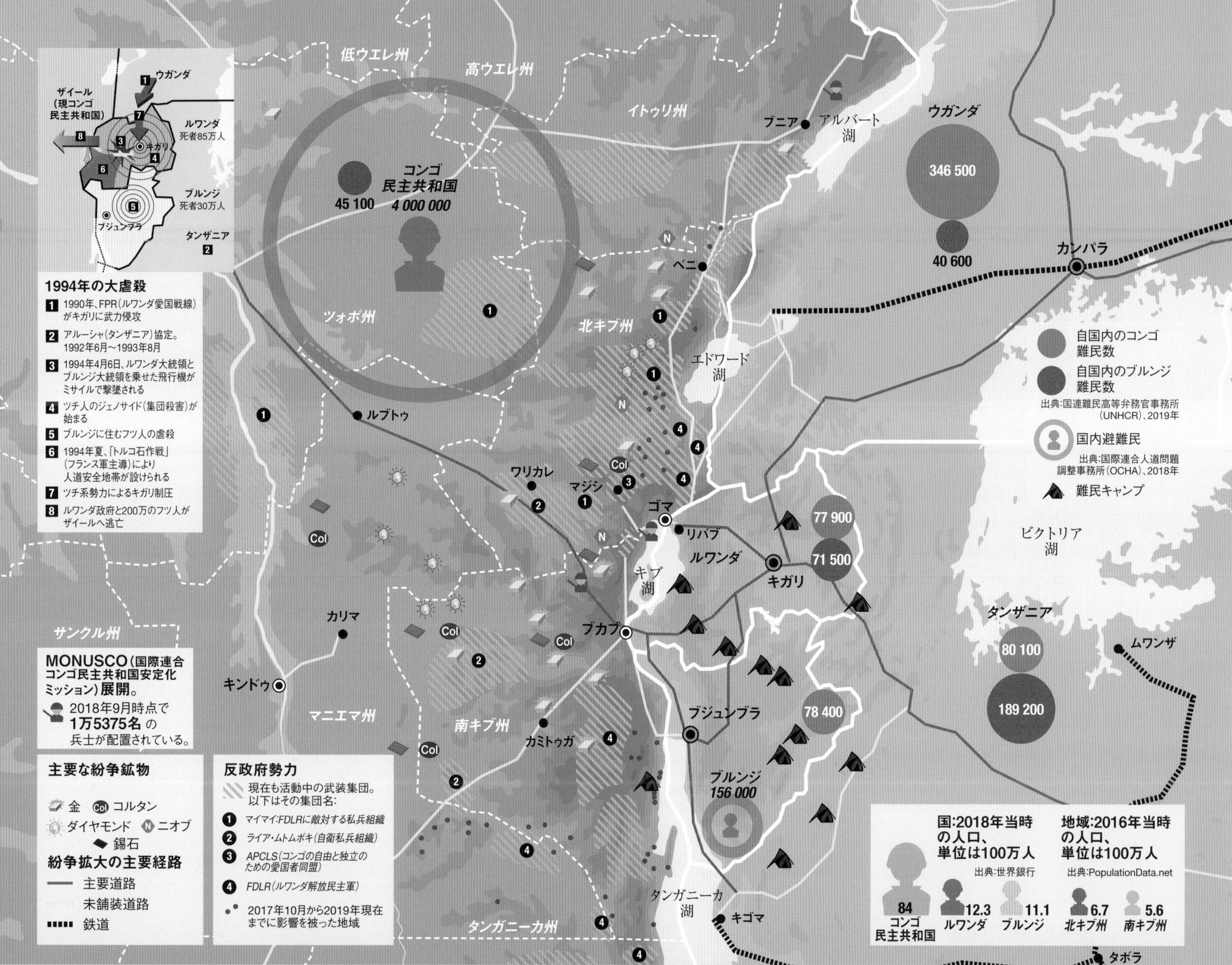

ウガンダ
ザイール
(現コンゴ
民主共和国)
ルワンダ
死者85万人
キガリ
ブルンジ
死者30万人
ブジュンブラ
タンザニア
1994年の大虐殺
1 1990年、FPR(ルワンダ愛国戦線)がキガリに武力侵攻
2 アルーシャ(タンザニア)協定。1992年6月～1993年8月
3 1994年4月6日、ルワンダ大統領とブルンジ大統領を乗せた飛行機がミサイルで撃墜される
4 ツチ人のジェノサイド(集団殺害)が始まる
5 ブルンジに住むフツ人の虐殺
6 1994年夏、「トルコ石作戦」(フランス軍主導)により人道安全地帯が設けられる
7 ツチ系勢力によるキガリ制圧
8 ルワンダ政府と200万のフツ人がザイールへ逃亡
低ウエレ州
高ウエレ州
イトゥリ州
ブニア
アルバート湖
ウガンダ
346 500
40 600
カンパラ
コンゴ
民主共和国
4 000 000
45 100
ツォポ州
北キブ州
ベニ
エドワード湖
自国内のコンゴ難民数
自国内のブルンジ難民数
出典:国連難民高等弁務官事務所(UNHCR)、2019年
国内避難民
出典:国際連合人道問題調整事務所(OCHA)、2018年
難民キャンプ
ルブトゥ
ワリカレ
マジシ
ゴマ
リバフ
キブ湖
ルワンダ
キガリ
77 900
71 500
ビクトリア湖
カリマ
サンクル州
ブカブ
タンザニア
ムワンザ
80 100
189 200
MONUSCO(国際連合コンゴ民主共和国安定化ミッション)展開。
2018年9月時点で1万5375名の兵士が配置されている。
キンドゥ
マニエマ州
南キブ州
カミトゥガ
ブジュンブラ
78 400
ブルンジ
156 000
主要な紛争鉱物
金
コルタン
ダイヤモンド
ニオブ
錫石
紛争拡大の主要経路
主要道路
未舗装道路
鉄道
反政府勢力
現在も活動中の武装集団。以下はその集団名:
1 マイマイ:FDLRに敵対する私兵組織
2 ライア・ムトムボキ(自衛私兵組織)
3 APCLS(コンゴの自由と独立のための愛国者同盟)
4 FDLR(ルワンダ解放民主軍)
2017年10月から2019年現在までに影響を被った地域
タンガニーカ湖
タンガニーカ州
キゴマ
タボラ
国:2018年当時の人口、単位は100万人
出典:世界銀行
地域:2016年当時の人口、単位は100万人
出典:PopulationData.net
84 コンゴ民主共和国
12.3 ルワンダ
11.1 ブルンジ
6.7 北キブ州
5.6 南キブ州

南スーダン Soudan du Sud

紛争の原因

アフリカ大陸最大の国スーダンは、国を支配するアラブ系イスラム教徒の住む北部と、キリスト教徒や伝統宗教を信仰するアフリカ系住民の多い南部とに分裂していた。南部の住民は独立を求めて1956年から1972年にかけてと1983年から2005年にかけて、内戦を起こした。2回目の内戦では200万人が死亡し、400万人が避難民となった。2005年、首都ハルツームのスーダン政府と南部のスーダン人民解放軍（SPLA）のあいだで、2011年1月に南部独立を問う住民投票を行う合意がなされ、準備が始まった。2011年7月9日の投票で独立に賛成する票は98.83%を占め、南スーダン共和国の独立が成立し、国連への加盟も承認された。アメリカ、イスラエル、ルワンダ、エチオピアは南スーダンの独立を積極的に支持しているが、これは、これらの国がスーダン政府と対立しているという理由に負うところが大きい。第193カ国目の国連加盟国にして第54カ国目のアフリカ連合加盟国に承認された南スーダンには豊かな石油資産があり、将来の見通しは明るかった。しかしそれもつかの間、国家構造は現実に機能しておらず、政治家のあいだでは汚職がはびこり、個人的利得を得るための競争は激化し、天からの授かりものである石油の利権の奪い合いが起こっていた。こうした要因が絡み合って、南スーダン人同士での衝突が新たに生まれた。

現在の危機

2013年、ディンカ人のサルバ・キール大統領は、ヌエル人の副大統領リエック・マシャールがクーデターを計画したとして糾弾し、更迭した。南スーダンはまたしても内戦に突入し、収拾不可能な状況になり、何度も停戦合意を繰り返したが、効果はなかった。2015年3月、国連安保理は決議案2206を採択し、そのなかで南スーダンの平和を脅かす行為に関与した者には個別に制裁を与えるとした。しかし、関与した個人を逮捕しなければ制裁の実行も不可能である。スーダン政府は南スーダン政府がスーダンの反乱を支持していると非難し、南スーダンのキール大統領はスーダン政府が自分の政敵を支持しているとやり返す。スーダンと南スーダンとの紛争ではすでに40万人の死者と450万人の避難民を出している。避難民の半分は近隣諸国に亡命した。対立する両者の軍隊による強姦や一般市民への残虐行為（絞首刑、生きながらの火炙り、大量処刑）が至るところで行われている。油田は南スーダンに集中し、石油パイプラインは北側に位置するスーダンにあるが、スーダン政府が南スーダンの独立を認める条件として設定された、南スーダンがスーダンに支払う1バレル当たり25ドルの手数料は、現在14ドルで固定されている。近年の石油価格の暴落により、南スーダンはさらに困窮し、国を立て直す資金も欠乏している。インフラはまったく整っておらず、アスファルト舗装された道路は国全体で100kmあるかないかだ。識字率も低く、読み書きができるのは15歳以上の国民の4人に1人にすぎない。「石油資源のおかげで国が繁栄する」という人々の夢は粉々に砕け散った。2015年8月に署名された停戦合意と、マシャール副大統領の再任命によって内戦は事実上終わったが、各武装組織のリーダーたちにもはや統率力はない。軍隊と呼べるものはなく、何の処罰も受けないのをいいことに私兵たちが勝手に行動しているのみだ。死者5万人、国内避難民250万人、難民7万人を出したにもかかわらず、南スーダンの内戦はいわゆる「忘れられた戦争」であり、西欧世界のメディアにおいてほとんど報道されることがない。

今後考えられるシナリオ

1. 内戦は続くが、その事実が映像や画像によって知られたり、影響が国外に及んだりしない限り、世界からは忘れられていく。脱出を試みるには国民はあまりに貧しく、彼らが目的地とするヨーロッパはあまりに遠い。

2. 敵対するキール陣営とマシャール陣営は、今後の利益を考えて和解するが、国家の名にふさわしい体制を作り上げていくことはできず、石油収益が自分たちの側に入ればよしとしている。

3. 新世代の政治家が権力を手中にし、国際社会からの支援を得て体制を整え、真の発展を実現する。

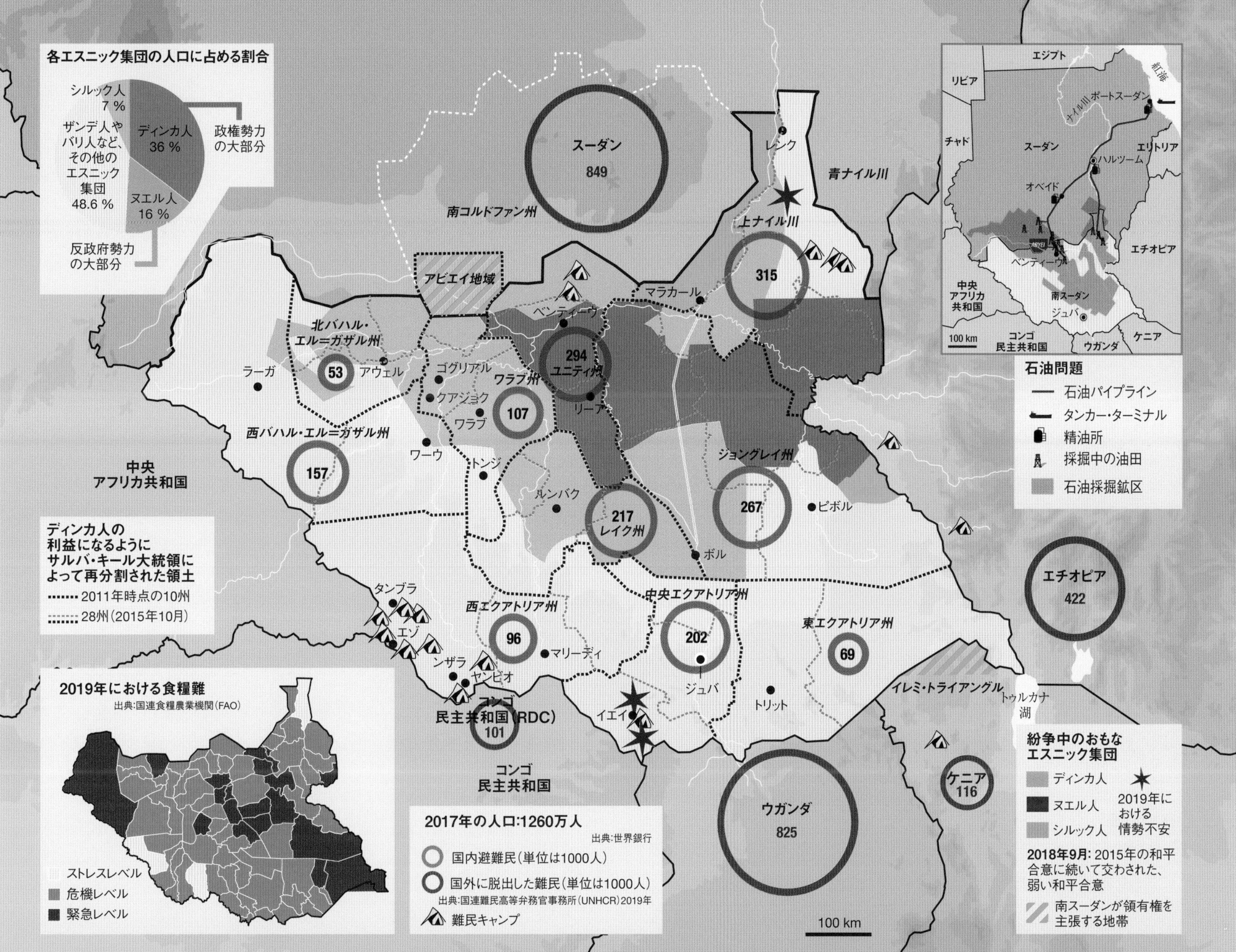

各エスニック集団の人口に占める割合
シルック人 7％
ディンカ人 36％
政権勢力の大部分
ザンデ人やバリ人など、その他のエスニック集団 48.6％
ヌエル人 16％
反政府勢力の大部分
スーダン 849
南コルドファン州
レンク
青ナイル川
上ナイル川
315
マラカール
アビエイ地域
北バハル・エル＝ガザル州
53
アウェル
ラーガ
ベンティーウ
294 ユニティ州
ゴグリアル
クアジョク
ワラブ州
107
ワラブ
リーア
西バハル・エル＝ガザル州
157
ワーウ
トンジ
ルンバク
217 レイク州
ジョングレイ州
267
ピボル
ボル
中央アフリカ共和国
ディンカ人の利益になるようにサルバ・キール大統領によって再分割された領土
2011年時点の10州
28州（2015年10月）
タンブラ
エゾ
西エクアトリア州
96
マリーディ
ンザラ
ヤンビオ
コンゴ民主共和国（RDC）
101
中央エクアトリア州
202
ジュバ
イエイ
トリット
東エクアトリア州
69
エチオピア 422
イレミ・トライアングル
トゥルカナ湖
ケニア 116
ウガンダ 825
コンゴ民主共和国
2019年における食糧難
出典：国連食糧農業機関（FAO）
ストレスレベル
危機レベル
緊急レベル
2017年の人口：1260万人
出典：世界銀行
国内避難民（単位は1000人）
国外に脱出した難民（単位は1000人）
出典：国連難民高等弁務官事務所（UNHCR）2019年
難民キャンプ
100 km
エジプト
リビア
紅海
ナイル川
ポートスーダン
チャド
スーダン
エリトリア
ハルツーム
オベイド
ABYEI
ベンティーウ
エチオピア
中央アフリカ共和国
南スーダン
ジュバ
100 km
コンゴ民主共和国
ウガンダ
ケニア
石油問題
石油パイプライン
タンカー・ターミナル
精油所
採掘中の油田
石油採掘鉱区
紛争中のおもなエスニック集団
ディンカ人
ヌエル人
シルック人
2019年における情勢不安
2018年9月：2015年の和平合意に続いて交わされた、弱い和平合意
南スーダンが領有権を主張する地帯

中央アフリカ共和国 République centrafricaine

紛争の原因

中央アフリカ共和国（RCA）は非常に豊かな国になる可能性を秘めているにもかかわらず、極度に発展が遅れている。人口はきわめて少ないが（470万人）、天然資源（金、ウラン、ダイヤモンド、石油、木材）に恵まれているRCAは、国民ひとりあたりの国内総生産（GDP）が年間382ドルと、国連加盟国193カ国中189位、世界でもっとも貧しい国のひとつだ。1965年、RCA独立後最初の大統領となったダヴィド・ダッコは、参謀総長ジャン＝ベデル・ボカサに政権を奪われた。ボカサは農地改革を実施し、エリート層を告発し、人気を獲得したが、誇大妄想に溺れるようになる。1976年には皇帝を自称するまでになり、フランスの黙認をいいことに圧政を敷いた。1979年9月20日、フランス政府はバラクーダ作戦を遂行。軍事介入によってダッコを再び大統領の地位へ就かせた。その後、軍事クーデターや贈賄によって権力を得た政府による不安定な政権が続いた。フランスはこの状況を甘んじて受け入れ、この国をアフリカにおける後方基地として利用した。しかし国家構造自体は何ひとつ機能していなかった。RCAの人口の約80％がキリスト教徒で、15％がイスラム教徒、その他は伝統宗教を信仰している。

現在の危機

イスラム教徒が主流の反政府組織、元セレカ（訳注：セレカは2012年に結成され、2013年にいったん解散したが、武装解除を拒む分子が元セレカとして活動）はこの国の少数派であるイスラム教徒の権利を認めさせるという目的を持ち、中央政府の弱体化を利用して東部と北部の領土と資源を支配しようとした。無職の若者を勧誘し、チャドやスーダンの反政府組織から援助を受けていた。過去にこの国の少数派であるイスラム教徒が受けた権力の侵害への復讐に燃え、略奪への欲求を持っていたうえに、統率者がいなかったため、大量殺戮と他のエスニック集団への暴行に走った。そして2013年3月、首都バンギを制圧した。暴徒たちが真っ先に略奪を行ったのは、中央アフリカの財産が集中していた教会だった。とはいえ、略奪者の出自はさまざまであり、略奪行為の動機が必ずしも宗教であったわけではない。いっぽうこの国の多数派であるキリスト教徒を中心とした武装組織「アンチ＝バラカ」は、ボジゼ大統領に忠実な軍隊組織や、これまでイスラム教徒から受けた略奪行為への復讐を願うキリスト教徒などで構成されていた。エスニック集団間での殺戮と大規模略奪をともなう衝突が急激に増加したため、国際社会はルワンダのようなジェノサイドが発生するのではないかと恐れ、対応を試みた。2013年12月、国連安保理決議によって多国籍軍が派遣された（サンガリス作戦。2000人の兵士を配備）。フランス部隊はその中枢を担った。国連軍の活動により、激しい衝突はなくなったものの、エスニック集団間の緊張はその後も根強く残った。2016年6月、フランス部隊の作戦はアフリカ連合軍に引き継がれる。2018年にはロシアも接近し、軍事訓練と大統領の安全確保の実施を規定した軍事合意を中央アフリカ政府と署名した。2019年にはハルツームで、アフリカ連合と国連の立ち合いの下、政府と武装組織が和平合意に署名したが、これより前に成立した7度の合意はいずれも遵守されていない。

今後考えられるシナリオ

1. 2016年2月14日に大統領に選出されたフォースタン＝アルシャンジュ・トゥアデラは、フランスの後押しを受けて、国内融和政策をとる。手本は、「真実和解」委員会という公的機関を設けた南アフリカだ。国際社会からの援助を有効に活用できるようになれば、国は荒廃から復興していく。中央アフリカは発展の道を歩みはじめる。

2. 大統領は頑迷な支持者たちの言いなりになったままで、宗派間の争いが再燃する。私兵組織は鉱物資源から収益を得て活動を続ける。

3. 天然資源に目をつけたロシアの存在によって、国は以前よりも平穏さを取り戻し、ロシアは中央アフリカでの影響力を強める。

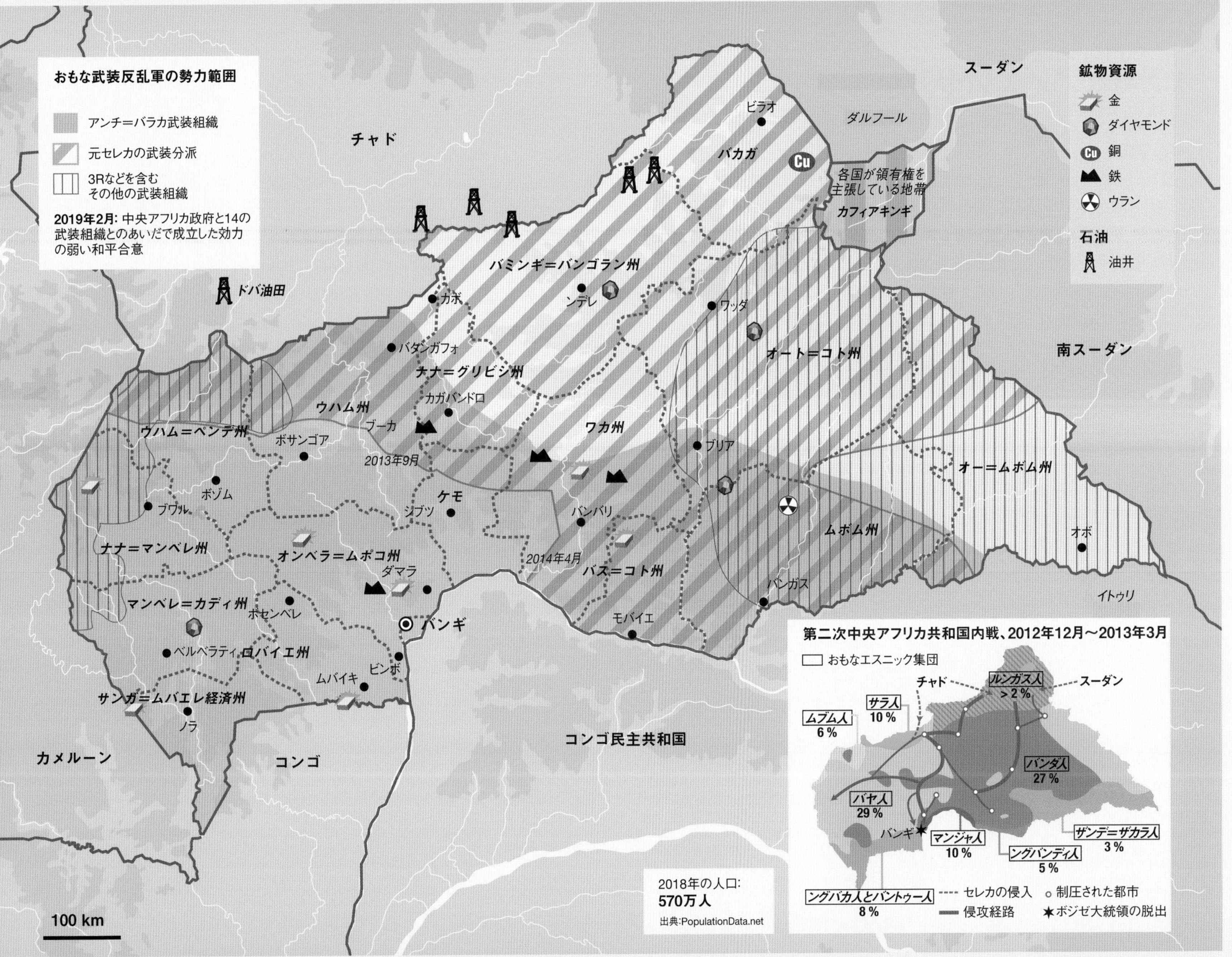

おもな武装反乱軍の勢力範囲
アンチ＝バラカ武装組織
元セレカの武装分派
3Rなどを含む
その他の武装組織
2019年2月: 中央アフリカ政府と14の武装組織とのあいだで成立した効力の弱い和平合意
鉱物資源
金
ダイヤモンド
銅
鉄
ウラン
石油
油井
チャド
スーダン
ダルフール
各国が領有権を主張している地帯
カフィアキンギ
南スーダン
カメルーン
コンゴ
コンゴ民主共和国
ドバ油田
ビラオ
バカガ
バミンギ＝バンゴラン州
ンデレ
カボ
ワッダ
バタンガフォ
ナナ＝グリビジ州
オート＝コト州
カガバンドロ
ウハム州
ウハム＝ペンデ州
ブーカ
ボサンゴア
2013年9月
ワカ州
ブリア
オー＝ムボム州
ボゾム
ブワル
ケモ
シブツ
バンバリ
ムボム州
オボ
ナナ＝マンベレ州
オンベラ＝ムポコ州
ダマラ
2014年4月
バス＝コト州
バンガス
イトゥリ
マンベレ＝カディ州
ボセンベレ
バンギ
モバイエ
ベルベラティ
ロバイエ州
ビンボ
ムバイキ
サンガ＝ムバエレ経済州
ノラ
100 km
2018年の人口:
570万人
出典:PopulationData.net
第二次中央アフリカ共和国内戦、2012年12月～2013年3月
おもなエスニック集団
チャド
ルンガス人 >2%
スーダン
サラ人 10%
ムブム人 6%
バンダ人 27%
バヤ人 29%
バンギ
マンジャ人 10%
ングバンディ人 5%
ザンデ＝ザカラ人 3%
ングバカ人とバントゥー人 8%
セレカの侵入
制圧された都市
侵攻経路
ボジゼ大統領の脱出

エチオピア／エリトリア Éthiopie/Érythrée

紛争の原因

第一次世界大戦以前、エチオピアはアフリカで唯一の独立国だった（アメリカからの解放奴隷が建国した小国リベリアを除く）。エチオピア帝国はモロッコ王室と同様に長い歴史を持つが、1912年にフランス領になったモロッコとは異なり、独立を維持し、1923年には国際連盟に加盟した。ところが、イタリアのムッソリーニは領有権を主張し、1935年から1941年までエチオピアを占領した。再独立後、エチオピアの皇帝ハイレ・セラシエは、海への出口を求めて、イギリス占領下にあった隣国エリトリアを統合しようとした。1952年、国連の承認を得たエチオピアはエリトリアと連邦を組み、エリトリアは州として自治権を持った。しかしハイレ・セラシエは1962年にエリトリアの自治権を廃止して同州を併合した。エリトリアの独立運動が活発になると、エチオピア政府はエリトリアに戒厳令を敷いた。1974年、クーデターによって皇帝ハイレ・セラシエを退位させた軍部はマルクス主義を標榜し、エチオピアはアメリカの影響下からソ連の影響下へと移行した。メンギスツは独裁制を敷き、エチオピアにおいてもエリトリア地域においても極度な弾圧政策をとった。1984年から1985年にかけて、エチオピアは干ばつと武力衝突の影響で深刻な飢饉にみまわれ、40万人の死者を出した。1991年、アメリカの支援を受けた反政府ゲリラが共産主義政権を打倒した。エリトリアの独立は1993年に承認され、エチオピアとエリトリアは平和共存していたが、1998年に国境をめぐる対立がきっかけで戦争が勃発した。この戦争では8万人が犠牲になり、60万人が避難民となった。国連の仲介で和平合意が成立したのは2000年のことである。国境紛争によってエチオピアとエリトリアはともに荒廃した。

現在の危機

和平合意を締結したにもかかわらず、国境問題はいまだに解決されておらず、両国の国交は断たれたままである。電話回線でさえつながっていない。エリトリアでは、エチオピアからの脅威に備えるという名目の下で、イサイアス・アフェウェルキが全体主義ともいる体制を敷いている。議会は一党制で、国民に一切の自由は禁止され、国家への隷属状態に近い無期限の徴兵義務が実施されている。このため、大量のエリトリア人が国外に脱出している。エチオピアは専制的な政治体制を取っている国で、少数派のティグライ人が実権を握ってきたが、経済はかなり早いペースで成長している。その戦略上のパートナーはアメリカだが、経済面では中国がその存在感を増している。少数派のティグライ人主体の政権ゆえにその政治姿勢は強硬で、さまざまなエスニック集団のあいだの関係は悪化している（政権を握るティグライ人、ならびにソマリ人はそれぞれエチオピア人口の6％、オロモ人は35％、アムハラ人は26％）。2018年、アビィ・アハメド（訳注：2019年ノーベル平和賞受賞）が選挙で勝利し、42歳でエチオピア首相に就任したことは多くの人々を驚かせた。というのも、彼は多数派のオロモ人であるからだ。アビィ・アハメドは民主主義政治を実施し、政治犯を釈放し、エリトリアに援助の手を差し伸べ、国境紛争の象徴である町バドメの復興に尽くした。エリトリアはアビィ・アハメドとの対話を受け入れた。国境は再び開かれ、国交は回復した。

今後考えられるシナリオ

1．アビィ・アハメドはエチオピア国内のエスニック集団間の緊張の緩和に成功し、これによって経済成長も始まる。国家のイメージは明らかに向上し、アフリカ大陸におけるリーダーとしての立場を得る。

a．エチオピアとの平和共存が実現した今、エリトリアが全体主義を取る必要はなくなり、エリトリアでも民主化が始まる。

b．エリトリアは全体主義の政治体制を改めることはなく、政府は極度の圧政を続けるが、戦争が再発するほどではない。

2．エスニック集団間での緊張が再びエチオピアを襲う。政府は態度を硬化させ、エリトリアとの和平合意を見直しはじめる。

2019年の人口と
エスニック集団の構成
エチオピア *
1億900万人
その他の
エスニック集団
オロモ人
ティグライ人
ソマリ人
アムハラ人
エリトリア
600万人
その他
ティグリニャ人
ティグライ人
* ナイジェリアに次いでアフリカで
2番目に人口が多い
紅海
30万人
（人口の5%）
エリトリア
マッサワ
アスマラ
メンデフェラ
アディ・ケイ
ティグライ
43.7
エリトリア人
メケレ
アッサブ
アファール州
エリトリア人
39.2
ジブチ
ジブチ
アサイタ
アムハラ州
ベニシャングル・
グムズ州
バハルダール
デセ
スーダン
大エチオピア復興ダム建設
（ナイル川上流）
デブレマルコス
エチオピア
ソマリア人
36.9
ハルゲイサ
フィッシュ
エリトリア人
22.9
スーダン人
南スーダン人
62.5
アッサ
ディレダワ
ハラール
ジジガ
ネケムテ
アジスアベバ
オロモ
ナズレト
ガンベラ
ガンベラ州
アセラ
ジンマ
アワッサ
ゴバ
401.6
南スーダン人
南部諸民族州
ソマリ州
南スーダン
2.8
ソマリア
アルバミンチ
ソマリア人
219.2
ジュバ
3.9
ケニア
ウガンダ
モカディシュ
インド洋
1993年の
エリトリアの独立
紅海
スーダン
バルカ
センヘット
セムハール
ダフラク諸島
アスマラ
ガシュエセティト
バドメ
セレイエ
アケレ・
グザイ
エリトリア
エチオピア
エリトリア-エチオピア
国境委員会（EEBC）が
承認した国境
フダイダ
内陸国エチオピアが
交易路として
重視する港湾
アトバラ川
ティグライ州
テンカリア
バブエルマンデブ海峡
イエメン
アッサブ
アムハラ州
アファール州
ジブチ
ジブチ
タナ湖
100 km
エリトリア・エチオピア国境紛争
エチオピアが要求する領地
エリトリアが要求する領地
おもな戦闘地帯（1998〜2000）
紛争を象徴する町、バドメ
2018年に国連とサウジアラビアの
後援により成立した和平合意、および
国交回復。
地域内の軍事基地:
アラブ首長国連邦軍
フランス軍
アメリカ軍
中国軍
エチオピアの外交関係
IGAD加盟国（2008年からエチオピアが議長国）
IGAD再加盟国
南スーダン内戦:アジスアベバにおけるIGAD* の調停
エジプトとスーダンとの関係緊張
避難民に関するデータ
エチオピア:難民受け入れ国（単位は1000人）（2017年）
難民キャンプ
世界のエリトリア人難民（出典:『ル・モンド』紙）
* 政府間開発機構

ソマリア Somalie

紛争の原因

アフリカの角という戦略上絶好の場所に位置するソマリアには、植民地時代からヨーロッパの列強が貪欲に群がっていた。イギリスは北部（現在のソマリランド）を領有した。イタリアが手に入れたのは首都モガディシュを中心とする南部地方で、この地方はその後目覚ましい発展を遂げた。イタリアのムッソリーニが失脚するとイギリス政府は南北の地域を統合した。その後1950年に南部がイタリアに再統合されたのち、1960年に独立した。1969年、シアド・バーレがクーデターによって政権を握り、マルクス主義を推し進めた。しかしソ連は1974年、戦略上の重要度がより高いエチオピアを優先して、ソマリアを見放した。シアド・バーレ政権は1991年に崩壊した。ソマリランドはこれに乗じて独立を宣言する。同年末、敵対する武装勢力同士の衝突が発生し、ソマリアは混乱に陥った。飢餓により22万人が死亡した。アメリカ大統領ジョージ・H・W・ブッシュ（父）は国連の後援の下で「希望回復」作戦を展開した。この作戦はアメリカが、クウェート侵攻のときのような石油絡みではなく、純粋に人道支援のための軍事介入もできるのを示すことに意味があった。しかし、アメリカが2万5000人をソマリアに派兵すると、国連の指揮下で進められていた調停は中断され、武力衝突はすぐに再燃した。1993年、ソマリア私兵組織との衝突が起きた際、18人のアメリカ人兵士が殺害された。ビル・クリントン大統領はアメリカ人部隊の完全撤退を決意するが、これがソマリアの混乱をさらに深刻化させた。ソマリランドの北東側の隣国であるプントランドは1998年に自治宣言をした。和平のための会議が何度も行われては物別れに終わった。そして、「ソマリア化」という言葉は、多数の武装勢力の軍事衝突のせいで分裂し、混乱して悲惨な状況に陥っている国を指すようになった。

現在の危機

2007年から2008年にかけて、外国船に漁場を荒らされ乱獲されたために職を失ったソマリアの地元漁民たちがテロ組織と結託し、沖合を通過する商船に海賊行為を働くようになっていた。欧州連合による海賊対策の軍事作戦（2009年のアタランタ作戦）に加え、アメリカ、中国、ロシアの海軍が問題海域の監視を積極的に実行し、2012年までに海賊行為は撲滅された。しかし内陸での武力衝突となると、領域内で利害のない列強諸国は、支援の手を差し伸べることはなく、状況は改善していない。武装勢力のひとつ、イスラム法廷会議はシャリーアの厳格な適用を主張していた。イスラム法廷会議がその圧政にもかかわらず支持を集めたのは、ソマリア国内に一定の秩序をもたらしたからであり、2006年には国内領土の大部分を支配下におさめた。これに反発したエチオピアがアメリカの支援を受けて、テロとの戦いを口実に軍事介入したが撤退した。しかしエチオピアの介入をきっかけに、ソマリア国内ではさらに過激で弾圧的な組織、アル・シャバブが台頭し、2009年から2011年にかけてモガディシュを含む領土の大部分を掌握した。ソマリアからの難民25万人を受け入れているケニアは、2011年に仲裁に乗り出し、優れた手腕を発揮した。しかしこれが原因で、ケニア国内でアル・シャバブによるテロ攻撃を受けた。2017年、国連の支援の下で大統領選挙が行われ、モハメド・アブドゥライ・モハメドが選出された。しかし今もなお、ソマリアは破綻国家の典型とさえいえる状態にある。いっぽう、ソマリランドは、その独立機運を恐れる諸外国からは独立を認められていないにもかかわらず、一定の経済成長を遂げており、政治的にも安定しつつある。

今後考えられるシナリオ

1. 国際社会からの適切な援助の下で、ソマリアは国家の再建を実現する。経済成長によって、国内での武力衝突もなくなる。

2. 私兵組織のリーダーたちは国内の混乱を好都合とみなし、和平のための努力を妨害し続ける。

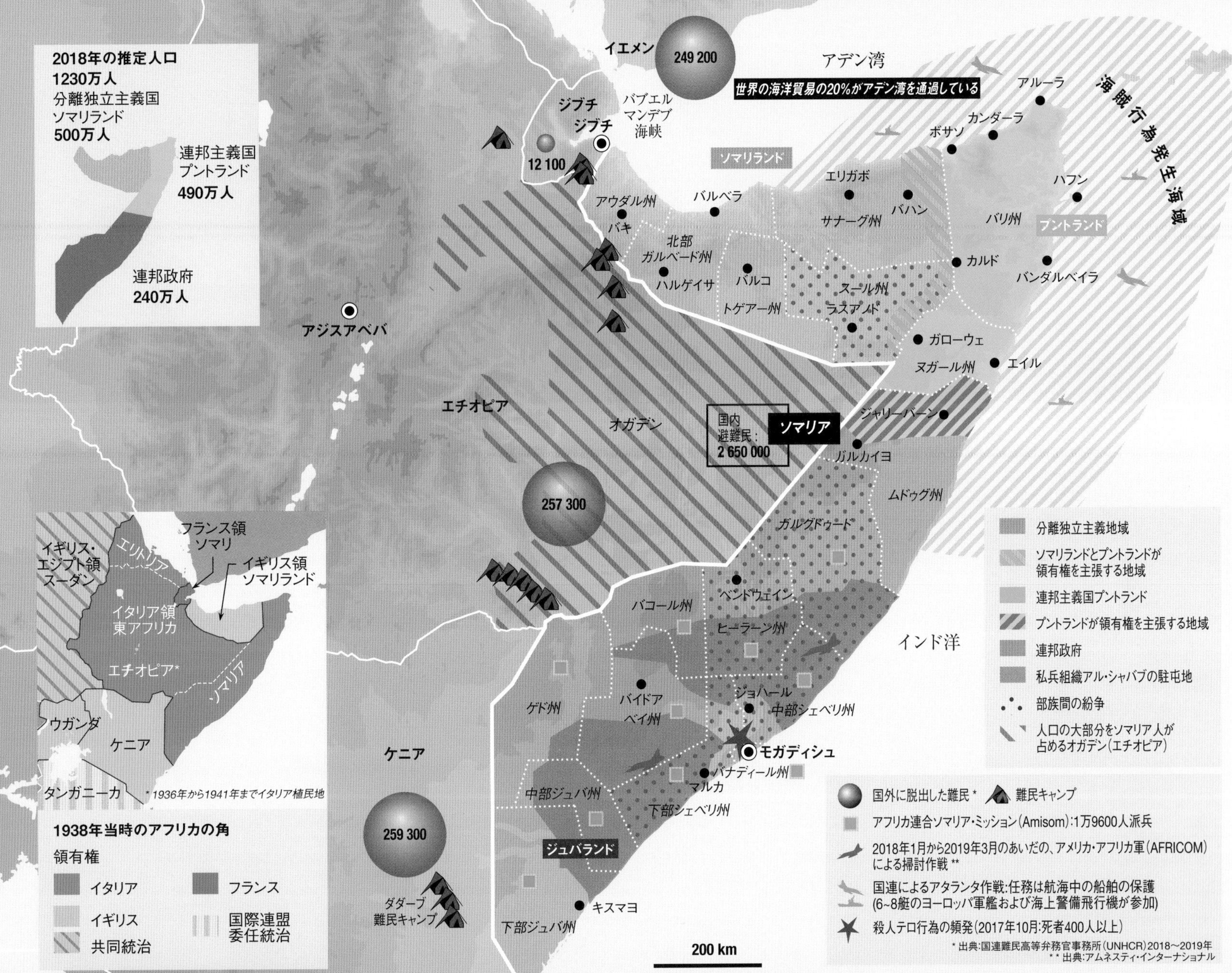
2018年の推定人口
1230万人
分離独立主義国
ソマリランド
500万人
連邦主義国
プントランド
490万人
連邦政府
240万人
イエメン
249 200
アデン湾
世界の海洋貿易の20%がアデン湾を通過している
海賊行為発生海域
ジブチ
ジブチ
バブエル
マンデブ
海峡
12 100
ソマリランド
アルーラ
カンダーラ
ボサソ
エリガボ
バハン
ハフン
アウダル州
バルベラ
サナーグ州
バリ州
プントランド
バキ
北部
ガルベード州
ハルゲイサ
バルコ
トゲアー州
スール州
ラスアノド
カルド
バンダルベイラ
ガローウェ
エイル
ヌガール州
アジスアベバ
エチオピア
オガデン
国内
避難民：
2 650 000
ソマリア
ジャリーバーン
ガルカイヨ
ムドゥグ州
ガルグドゥード
257 300
ベレドウェイン
バコール州
ヒーラーン州
インド洋
バイドア
ベイ州
ゲド州
ジョハール
中部シェベリ州
モガディシュ
バナディール州
マルカ
ケニア
中部ジュバ州
下部シェベリ州
259 300
ジュバランド
ダダーブ
難民キャンプ
キスマヨ
下部ジュバ州
200 km
フランス領
ソマリ
イギリス・
エジプト領
スーダン
エリトリア
イギリス領
ソマリランド
イタリア領
東アフリカ
エチオピア*
ソマリア
ウガンダ
ケニア
タンガニーカ
* 1936年から1941年までイタリア植民地
1938年当時のアフリカの角
領有権
イタリア
フランス
イギリス
国際連盟
委任統治
共同統治
分離独立主義地域
ソマリランドとプントランドが
領有権を主張する地域
連邦主義国プントランド
プントランドが領有権を主張する地域
連邦政府
私兵組織アル・シャバブの駐屯地
部族間の紛争
人口の大部分をソマリア人が
占めるオガデン（エチオピア）
国外に脱出した難民 *
難民キャンプ
アフリカ連合ソマリア・ミッション（Amisom）：1万9600人派兵
2018年1月から2019年3月のあいだの、アメリカ・アフリカ軍（AFRICOM）
による掃討作戦 **
国連によるアタランタ作戦：任務は航海中の船舶の保護
（6〜8艇のヨーロッパ軍艦および海上警備飛行機が参加）
殺人テロ行為の頻発（2017年10月：死者400人以上）
* 出典：国連難民高等弁務官事務所（UNHCR）2018〜2019年
** 出典：アムネスティ・インターナショナル

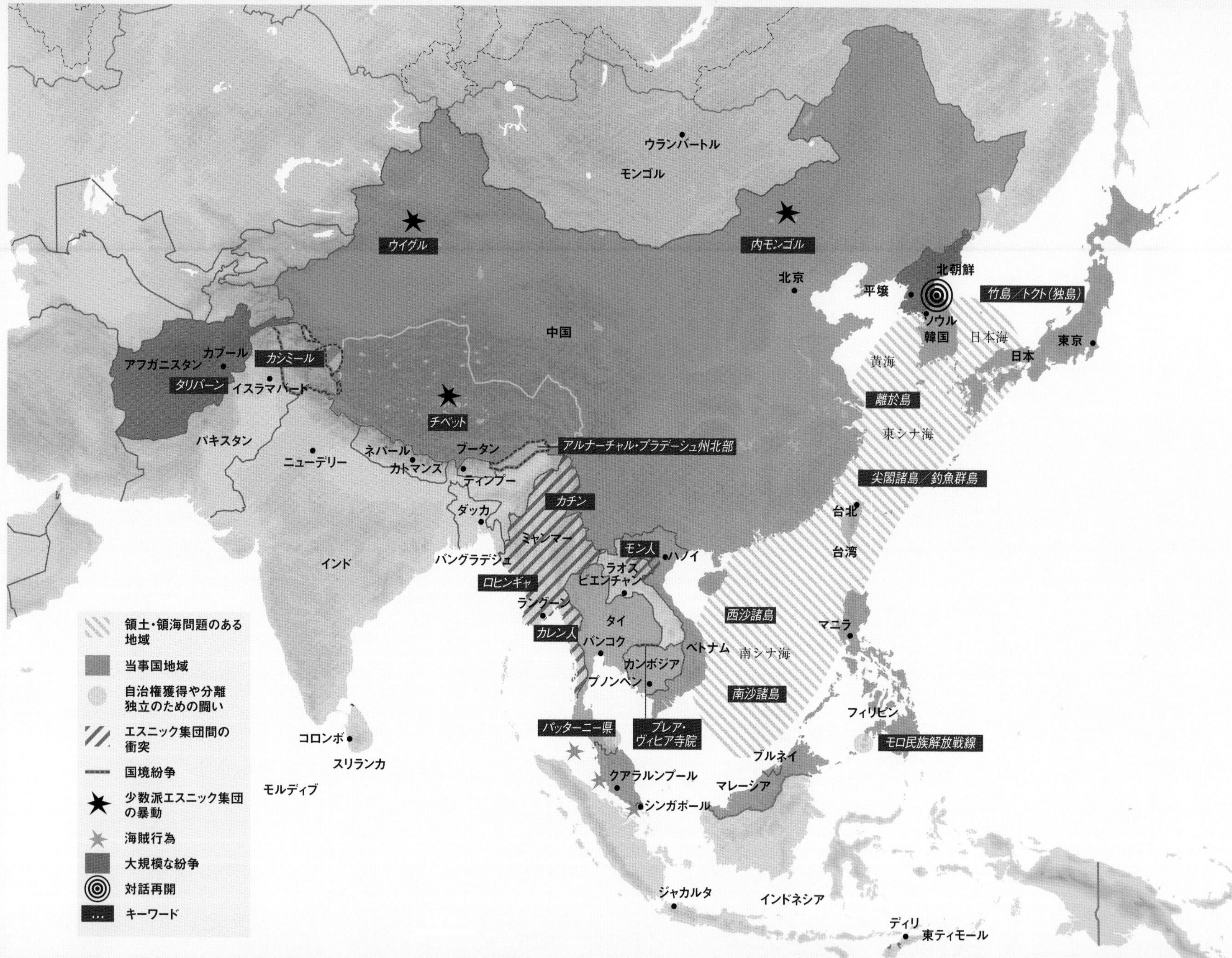

ウランバートル
モンゴル
ウイグル
内モンゴル
北京
北朝鮮
平壌
ソウル
韓国
竹島／トクト(独島)
日本海
東京
日本
中国
黄海
離於島
東シナ海
カブール
アフガニスタン
カシミール
タリバーン
イスラマバード
チベット
パキスタン
ニューデリー
ネパール
カトマンズ
ブータン
ティンプー
アルナーチャル・プラデーシュ州北部
尖閣諸島／釣魚群島
台北
台湾
カチン
ダッカ
ミャンマー
モン人
ハノイ
インド
バングラデシュ
ラオス
ビエンチャン
ロヒンギャ
ラングーン
タイ
西沙諸島
マニラ
カレン人
バンコク
ベトナム
南シナ海
カンボジア
プノンペン
南沙諸島
フィリピン
パッターニー県
プレア・ヴィヒア寺院
モロ民族解放戦線
コロンボ
スリランカ
ブルネイ
クアラルンプール
マレーシア
モルディブ
シンガポール
ジャカルタ
インドネシア
ディリ
東ティモール
領土・領海問題のある地域
当事国地域
自治権獲得や分離独立のための闘い
エスニック集団間の衝突
国境紛争
少数派エスニック集団の暴動
海賊行為
大規模な紛争
対話再開
キーワード

L'Asie des crises et des conflits

アジアの危機と紛争

中国の（平和的な？）台頭 L'émergence (pacifique ?) de la Chine

中国は過去40年以上にわたって、驚異的に力強い経済成長を遂げてきた。広大な国土を持ち、大規模なグローバリゼーションの恩恵を受けた中国の経済成長が世界情勢に与える影響は、前代未聞の大きさとなっている。中国は、国内総生産（GDP）では2011年に日本を抜いて世界第2位になり、2013年にはアメリカを抜いて世界一の貿易大国（輸入および輸出）となった。問題は、中国がアメリカ（中国の対米貿易黒字は4000億ドルである）を抜いて世界一の経済大国になるかどうかではなく、それが「いつ」になるのかということだ。中国の指導者たちは国力の大きな伸びに言及するとき、それを「平和的台頭」と呼ぶ。しかし中国の近隣諸国は、もし勢力の均衡が崩れたら中国政府に自分の国や地域を支配されるかもしれない、と恐れている。アメリカは、昨今の中国はアメリカの世界におけるリーダーシップを揺るがしかねない相手だとみなしている。中国の存在は世界に緊張をもたらしているのだ。そしてその緊張はドナルド・トランプがアメリカ大統領に選ばれたことによってさらに高まった。習近平国家主席が中国を世界のリーダーにしたいと明言するいっぽうで、トランプ大統領は中国を阻むことは可能だと思っている。

19世紀初頭、中国はすでに世界一の大国で、その国内総生産（GDP）と人口は世界の約30%を占めていた。しかし、グローバリゼーションが始まる前に、世界は「植民地化」によって分断された。そして、無気力な清王朝政府とそれにつけこんだ欧米列強のせいで、中国の権威は失墜したのだ。

19世紀は中国にとって、屈辱（アヘン戦争、数々の不平等な条約など）と衰退の世紀だった。19世紀の経験は中国人の集団心理に深く刻み込まれた。そして中国人は、強大な力を持つ中央政府、つまり国内では専横な政治を行ってもよいから海外から尊重されるような政府でなければならないと思うようになった。1949年、毛沢東は、共産主義とナショナリズムの思想を原動力として権力を掌握した。その後中国とソ連が決裂したのは、国家間の競合が原因だ。イデオロギー論争はたんなる口実に過ぎず、アメリカがいいように利用しただけだ。

1980年代より、鄧小平の指揮下で中国は孤立主義と決別、市場経済を導入し、2001年には世界貿易機関（WTO）に加盟した。1980年から現在までに、中国経済の世界経済に占める割合は2%から15%にまで成長し、国民ひとり当たりの国内総生産（GDP）は200ドルから8200ドルにまで伸びた。その結果、7億人の中国国民が貧困から脱出したのである。19世紀末からイギリス支配下にあった香港とポルトガル支配下にあったマカオも、中国に返還された。中国は台湾（1949年に国民政府が台湾に亡命し、中華民国として事実上独立している）に関しては、中国の主権領土の一部であると主張している。その経済成長を支えるために天然資源を必要とする中国は、供給元をつねに開拓しており、アフリカ、中東、そしてラテンアメリカで、投資や通商合意などを通して、活発な開発を行っている。中国は現在、軍隊の近代化を進めており、軍事費は増大している。しかし中国は新たな問題にも直面している。高度経済成長の要因ともなった一人っ子政策（現在は廃止）の影響による社会の高齢化、社会発展や国民の健康にも影を投げかけている環境問題、都市部と農村部および新富裕層と貧困層のあいだに存在する経済格差などがそれにあたる。また、中央政府がその根絶を最優先事項として掲げる政治腐敗の問題もある。さらに、人件費が上昇した結果、「世界の工場」としての地位は揺らぎ、これまでのような共産主義体制と積極的な市場経済の組み合わせがうまく回らなくなってきている。

中国はその時々の都合で、先進国のようにふるまったり、その反対に新興国としてふるまったりしている。こうして資源を確実に調達し、安定した陸上・海上物流網の構築（「新シルクロード（一帯一路）」構想）を目指す中国の野心は、周辺諸国に危機感を与えている。

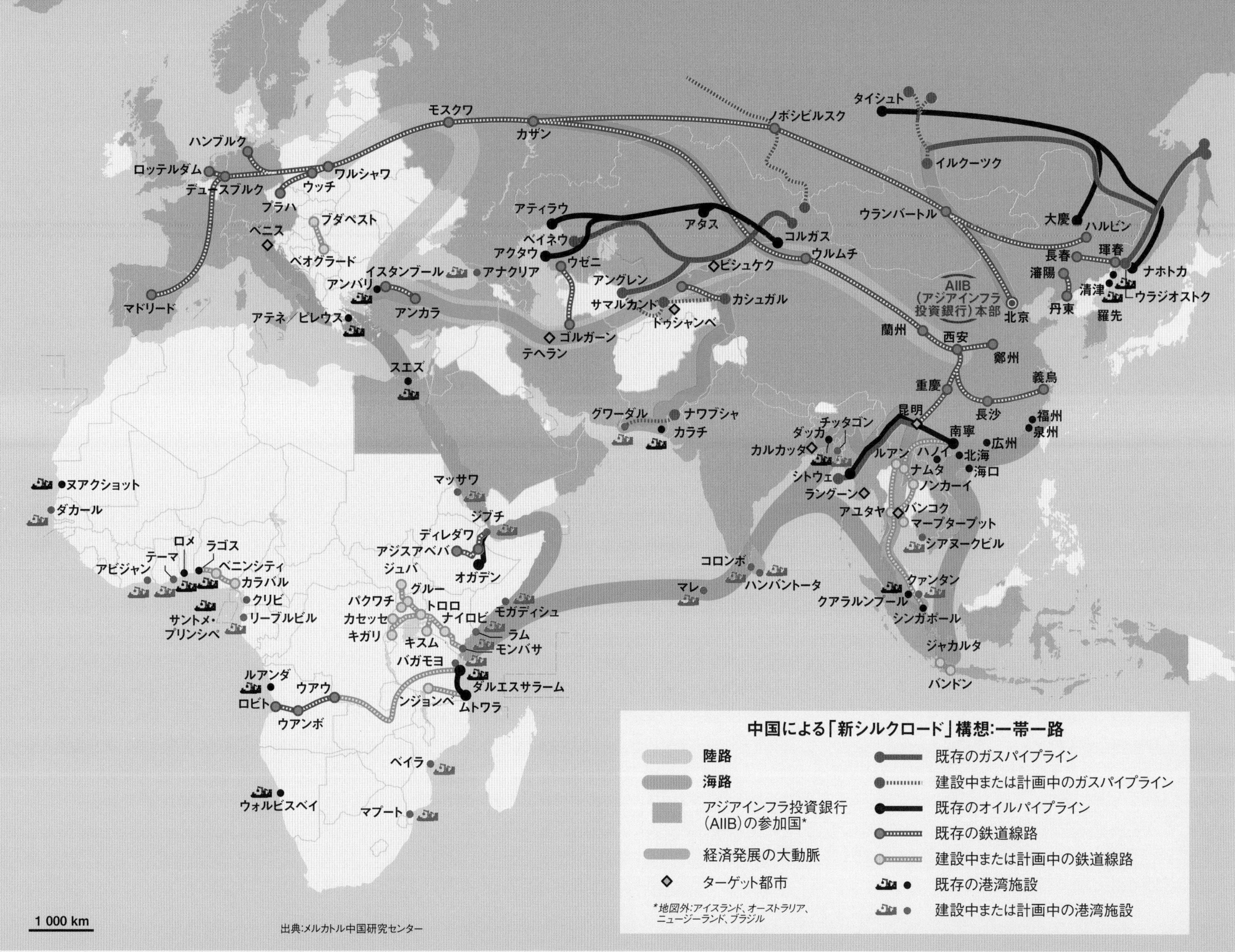
中国による「新シルクロード」構想：一帯一路
陸路
海路
アジアインフラ投資銀行（AIIB）の参加国*
経済発展の大動脈
ターゲット都市
既存のガスパイプライン
建設中または計画中のガスパイプライン
既存のオイルパイプライン
既存の鉄道線路
建設中または計画中の鉄道線路
既存の港湾施設
建設中または計画中の港湾施設
*地図外：アイスランド、オーストラリア、ニュージーランド、ブラジル
1 000 km
出典：メルカトル中国研究センター
モスクワ
カザン
ノボシビルスク
タイシェト
イルクーツク
ハンブルク
ロッテルダム
デュースブルク
ワルシャワ
ウッチ
プラハ
ブダペスト
ベニス
ベオグラード
マドリード
アティラウ
アタス
ベイネウ
アクタウ
ウゼニ
コルガス
ウルムチ
ビシュケク
アングレン
サマルカンド
カシュガル
ドゥシャンベ
ゴルガーン
テヘラン
ウランバートル
大慶
ハルビン
琿春
長春
ナホトカ
ウラジオストク
瀋陽
清津
羅先
丹東
AIIB（アジアインフラ投資銀行）本部
北京
蘭州
西安
鄭州
重慶
義烏
昆明
長沙
福州
泉州
南寧
広州
北海
海口
ハノイ
ナムタ
ルアン
ノンカーイ
バンコク
アユタヤ
マープタープット
シアヌークビル
チッタゴン
ダッカ
カルカッタ
シトウェ
ラングーン
グワーダル
ナワブシャ
カラチ
イスタンブール
アナクリア
アンバリ
アンカラ
アテネ／ピレウス
スエズ
コロンボ
ハンバントータ
マレ
クアンタン
クアラルンプール
シンガポール
ジャカルタ
バンドン
マッサワ
ジブチ
ディレダワ
アジスアベバ
オガデン
ジュバ
グルー
パクワチ
トロロ
カセッセ
ナイロビ
モガディシュ
キガリ
キスム
ラム
モンバサ
バガモヨ
ダルエスサラーム
ンジョンベ
ムトワラ
ヌアクショット
ダカール
ロメ
ラゴス
テーマ
ベニンシティ
アビジャン
カラバル
クリビ
サントメ・プリンシペ
リーブルビル
ルアンダ
ウアウ
ロビト
ウアンボ
ベイラ
ウォルビスベイ
マプート

東シナ海と南シナ海における緊張関係 Tensions en mer de Chine

紛争の原因

東シナ海と南シナ海では、緊張が高まっている。領有権をめぐる諸問題を主導したがる中国政府が、相手の主張をことごとくはねつけるようになってきたからだ。

中国は南シナ海における問題を「国益の問題」とみなしている。南シナ海は中国をアメリカから守ってくれる盾だと考えているからだ。中国が要求する領海権は南シナ海の80%である。中国への輸入量の80%、世界の海上貿易量の30%から40%が通過するという重要な海路である南シナ海を掌握するのは、歴史的権利から見て中国でなければならない、という主張だ。南シナ海は天然ガスと石油が埋蔵されているが、実際の埋蔵量についての推定量には、データによって大きな幅がある。この海域の水産資源もまた重要な問題であるし、何よりも中国の潜水艦にとっては戦略上欠かせない航路でもある。

現在の危機

沿岸諸国間の対立は昔から存在したが、近年、とりわけ緊張が高まっている。西沙諸島と南沙諸島に関しては、ブルネイ、マレーシア、ベトナム、フィリピンが、海洋法に関する国際連合条約を遵守せず独断で領海範囲を決めた中国を非難している。1988年には、中国とベトナムの海軍船舶が衝突、ベトナムの水兵70人が死亡するという事件が起こっている。中国は現在、西沙諸島全体と南沙諸島の一部を占領している。南沙諸島地域では人工島の建設が進んでいて、ここには中国政府の支配を強化するための軍事施設の設置も予定されている。2016年、フィリピンが提訴し、常設仲裁裁判所が中国のほとんどの要求事項を無効とする判決を下したが、中国はこれに従わなかった。

タイ、カンボジア、そしてラオスは中国政府には反対していない。その他の東南アジア諸国連合(ASEAN)加盟国は、中国の野心に取り込まれるのを避けるためアメリカ政府と近い関係を築いている。中国の存在の大きさと重みのせいで、南シナ海沿岸地域においては、中国以外の国が戦略的支柱を構築することが困難になっている。そのため周辺諸国はますますこの領海におけるアメリカの存在に頼るようになっている。アメリカもまた、公海での航行の自由を監督する役割は自分たちにあると認識している。

東シナ海では、日本と中国（および台湾）が無人島をめぐって係争中である。日本語では尖閣諸島、中国語では釣魚群島と呼ばれている。1972年にアメリカから日本に返還された同諸島は、民間人が所有すると中国政府に対して挑発的行為を行う危険もあるとして、2012年に日本政府が買い取った。しかし中国は日本の行為をナショナリスト的な敵対行為だとみなしている。2013年、中国は東シナ海防空識別圏を設定し、民間機と軍機が通行する場合には前もって中国に報告することを要請した。東シナ海については、アメリカが日本を支持しているので、世界各国もそれに倣うだろう。この係争はまた、豊かな資源を秘めているこの領海における、排他的経済水域（EEZ）の設定も絡んでいる。

今後考えられるシナリオ

1. 周辺諸国の抵抗にもかかわらず、中国は既成事実を根拠とした政策を続ける。とはいえ、周辺諸国も中国が耳を貸すとは思ってはいないし、アメリカの支持も当てにならないと知っている。いっぽうでこの問題には紛争を起こすほどの価値はないとも考える。

2. 「周辺諸国にあまり脅威を与えないほうが、この地域からアメリカを追い出しやすくなる」ことを中国は理解しはじめ、それぞれの当事国との二国間交渉を開始する。

3. 中国政府も日本政府も、それぞれの世論に押されて強硬論に傾いていく。海上での事件がこじれ、軍事衝突を引き起こす。そうなれば、日本を援護するためにアメリカが軍事介入することになる。収拾のつかない悪循環は、大規模衝突へと発展し、危険な結果を招く可能性も生じる。

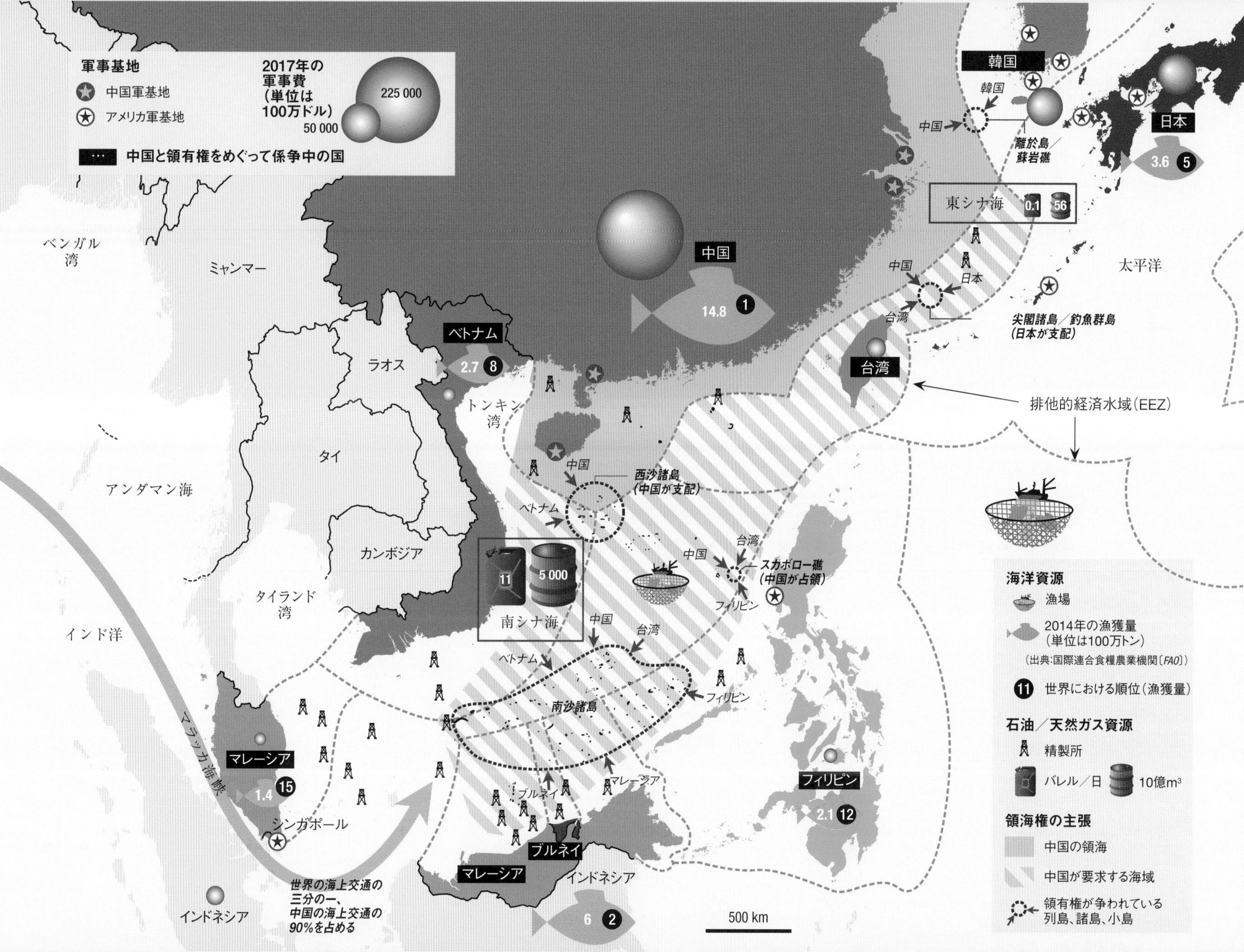

軍事基地
中国軍基地
アメリカ軍基地
2017年の
軍事費
(単位は
100万ドル)
225 000
50 000
中国と領有権をめぐって係争中の国
韓国
日本
3.6 5
中国
離於島／
蘇岩礁
東シナ海 0.1 56
中国
日本
台湾
尖閣諸島／釣魚群島
(日本が支配)
太平洋
台湾
排他的経済水域(EEZ)
中国
14.8 1
ベンガル
湾
ミャンマー
ベトナム
2.7 8
ラオス
トンキン
湾
タイ
アンダマン海
中国
西沙諸島
(中国が支配)
ベトナム
カンボジア
11
5 000
南シナ海
台湾
中国
スカボロー礁
(中国が占領)
フィリピン
タイランド
湾
インド洋
中国
台湾
ベトナム
フィリピン
南沙諸島
マラッカ海峡
マレーシア
1.4 15
ブルネイ
マレーシア
シンガポール
フィリピン
2.1 12
ブルネイ
マレーシア
インドネシア
6 2
インドネシア
世界の海上交通の
三分の一、
中国の海上交通の
90%を占める
500 km
海洋資源
漁場
2014年の漁獲量
(単位は100万トン)
(出典:国際連合食糧農業機関〔FAO〕)
世界における順位(漁獲量)
石油／天然ガス資源
精製所
バレル／日
10億m³
領海権の主張
中国の領海
中国が要求する海域
領有権が争われている
列島、諸島、小島

中国／台湾 Chine/Taïwan

紛争の原因

清（中国）の領土であった台湾島は、1895年から1945年にかけて日本に併合されていた。1949年に毛沢東が国共内戦に勝利して中国本土で共産主義政権を樹立すると、国民党を率いる蒋介石は台湾に避難した。中国と台湾はそれぞれ、統一中国の代表は自分たちであると主張していた。台湾は、小さな領土と少ない人口にもかかわらず、アメリカの支援を受けて国連安保理常任理事国となった。しかしアメリカの政策転換によって、1971年から中国が国連安保理常任理事国になると、台湾は追い出される形となる。当初、中国も台湾も自分たちが相手を制圧できると考えていた。しかし、人口の少ない台湾は武力による中国統一に踏み出すことはできず、中国もまたアメリカに保護されている台湾の併合を躊躇していた。

目覚ましい経済成長を遂げた台湾は、1980年代に民主化を進める。もはや大陸を制覇して統一中国を治めるという考えは捨て、今の形で存在できればいいとしている。だが、中国政府は、台湾を承認しない国としか外交関係を結ばない。中国は、台湾を反乱地域とみなし、「ひとつの中国」の理念に従って取り戻さねばならないと考えているのだ。

現在の危機

1980年代に始まった中国の経済発展によって、力関係は中国政府に有利になった。真の民主制を築いた台湾は、豊かではあったが国際的に孤立していた。中国政府は、もし台湾が独立宣言をしたら戦争が起こるだろうという。もちろん平和裏に台湾を再支配することを望んではいるが、武力行使の可能性を完全に排除できないとしている。ふたつの中国は、政治的には対立しているものの、経済面では緊密な関係を保っている。台湾は日本やアメリカを差し置いて、対中投資額第1位なのだ。中国は台湾に対して、香港で実施している「一国二制度」を適用したいのだが、台湾の人々はこれを拒絶している。中国の中央政府の香港に対する支配が日増しに強くなっていくのを見ているからだ。2010年、経済協力枠組協定、つまり自由貿易協定が、中国政府と台湾政府のあいだで締結された。2015年には、中国国家主席と台湾総統がシンガポールで初めて正式に会談を行った。2016年には、蔡英文が総統に選出された。蔡は独立こそ主張はしないが、中国政府とは距離を取る方針を進めており、その主張によって関係が危うくなる可能性もゼロではない。

今後考えられるシナリオ

1. 中国は自発的に、または台湾の独立宣言への返答として、台湾島の奪回に乗り出す。計り知れないほど重大な結果をもたらしかねない対決が、アメリカとのあいだで始まる。アメリカはジレンマに陥っている。中国の侵攻に対して行動を取らなければ、アメリカは国際社会からの信用を完全に失うことになるが、中国と衝突する危険は控えたいと考えている。この事態は1962年のキューバ危機以来もっとも深刻な軍事危機になるだろう。

2. 中国の経済成長と漸進的な開放政策のおかげで、台湾が中国本土に段階的に併合される条件が整う。台湾には併合後も、行政および経済上の一定の自治権が認められる。

3. 現状維持。国際社会からの承認はないものの、事実上の独立国である台湾は、中国の中央政権の意向を刺激しないように、政治的には消極的な姿勢をとり続ける。

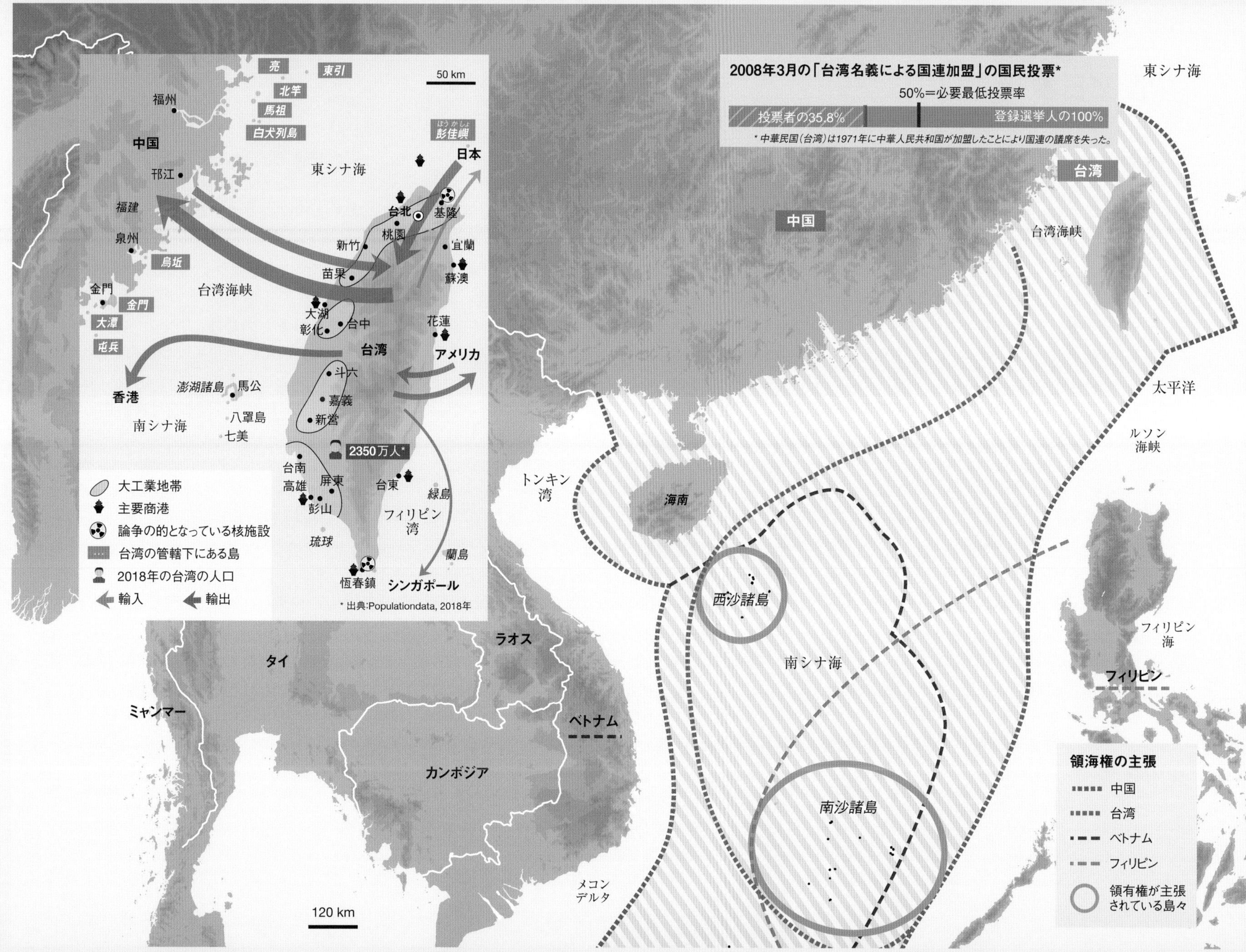

2008年3月の「台湾名義による国連加盟」の国民投票*
50%=必要最低投票率
投票者の35.8%
登録選挙人の100%
* 中華民国(台湾)は1971年に中華人民共和国が加盟したことにより国連の議席を失った。
東シナ海
台湾
中国
台湾海峡
太平洋
ルソン海峡
トンキン湾
海南
西沙諸島
南シナ海
フィリピン海
フィリピン
ベトナム
ラオス
タイ
ミャンマー
カンボジア
メコンデルタ
南沙諸島
120 km
領海権の主張
中国
台湾
ベトナム
フィリピン
領有権が主張されている島々
亮
東引
北竿
馬祖
白犬列島
50 km
福州
中国
彭佳嶼
日本
東シナ海
邗江
福建
台北
基隆
桃園
新竹
宜蘭
泉州
烏坵
苗栗
蘇澳
金門
台湾海峡
大湖
彰化
台中
花蓮
大潭
屯兵
台湾
アメリカ
斗六
香港
澎湖諸島
馬公
嘉義
新営
南シナ海
八罩島
七美
2350万人*
台南
高雄
屏東
台東
緑島
彭山
フィリピン湾
琉球
蘭島
恆春鎮
シンガポール
大工業地帯
主要商港
論争の的となっている核施設
台湾の管轄下にある島
2018年の台湾の人口
輸入
輸出
* 出典:Populationdata, 2018年

中国／日本 Chine/Japon

紛争の原因

中国は長年、日本よりも文明の進んだ国であった。何世紀ものあいだ、「日出づる国」は中国の皇帝の臣下としての身分をわきまえていた。しかし19世紀末、明治天皇がヨーロッパ諸国をモデルにした国体の改革と近代化に取り組み、急成長しはじめると、日本は中国に追いつき、そして追い越してしまった。当時の中国は度重なる内紛に悩まされ、ヨーロッパ列強から植民地として狙われていた。1930年代、軍国主義の日本は中国の大部分を占領し、中国国民に屈辱を与え残虐行為を繰り広げた。1945年に日本が敗れ、1949年に毛沢東が中華人民共和国の建国を宣言しても、日本と中国の力関係は根本的には変わらなかった。1950年に朝鮮戦争が始まると、日本はアメリカにとっての「アジアにおける不沈空母」となり、急速な経済成長を遂げた。それでも日本はアメリカからの庇護なしでは、ソ連や中国の脅威から身を守ることができなかった。いっぽう共産主義の中国は停滞し、他国の見本となるような共産主義国家の創設には至っていなかった。また毛沢東主義のもとで、深刻な政治危機の時期を迎えていた。

現在の危機

1980年代初頭に始まった、鄧小平が推し進めた驚異的な経済発展が、日中関係を一変させた。人口の伸びに加え、経済力の爆発的な高まりのおかげで、中国は戦略的に主要なプレーヤーに変貌した。いっぽう、ソ連が消滅したあとも不安を抱き続ける日本は、アメリカの保護を必要とし、アメリカもこの役割から降りるつもりはなかった。ソ連はなくなっても、日本政府は中国と北朝鮮という脅威を感じ続けていた。世界第3位の経済大国日本ではあるが、1990年代初頭から経済危機がじわじわと進行している。2011年、中国の国内総生産（GDP）は日本を追い抜いた。中国は第二次世界大戦中に日本帝国軍によってなされた残虐行為についてことあるごとに言及している。アジア諸国もまた、たとえ西側陣営についている国であっても、戦時の行為について日本政府が十分に謝罪していないと考えている。往年の傷は癒えないままにこじれている。日本は、中国とアメリカの二国関係の発展が、日本に大きな損失を与えるのではないかと恐れている。日本は中国に投資してその経済成長に寄与しており、両国関係を改善し互いの利益を生み出すことを期待しているのである。尖閣諸島／釣魚群島の領有権に関する日中の対立は緊張を強めたが、これは両国の世論のなかにあるナショナリスト的な圧力が原因だ。緊張が一段と高まったのは、2012年12月16日の総選挙で安倍晋三が首相の座に返り咲いたときだ。安倍の政治方針は基本的にナショナリズムであり、日本の平和主義憲法の改正をめぐる議論の口火を切っているからだ。それは現実となった。2015年、国家防衛の名の下で憲法の解釈変更ができる新法案が可決されたのだ（訳注：安全保障関連法案）。集団的自衛権についての新たな法解釈によって、日本は同盟国を支援するために武力行使できることになった。また日本は2018年にF35戦闘機を購入し、空母2機の運用を始めた。日本のこの変化を、中国は苦々しく思っている。

今後考えられるシナリオ

1. 中国の国力増大と、日中間の緊張の高まりにより、周辺諸国は日本とアメリカに接近する。日本は軍事力を増強する。

2. アジアにおけるリーダーシップをめぐって、中国と日本の競争が激化する。中国は一部のアジア諸国が持つ反日感情を煽って彼らを味方につけ、日本を孤立させ、アジア地域で主導権を握る。日本は態度を硬化させる。

3. 日中両国は協力して地域の安定化に努め、それぞれが確実に繁栄の道を歩めるようにする。日本は過去に犯した過ちを認め、中国やASEAN諸国との和解が成立する。中国からは反日運動がなくなる。

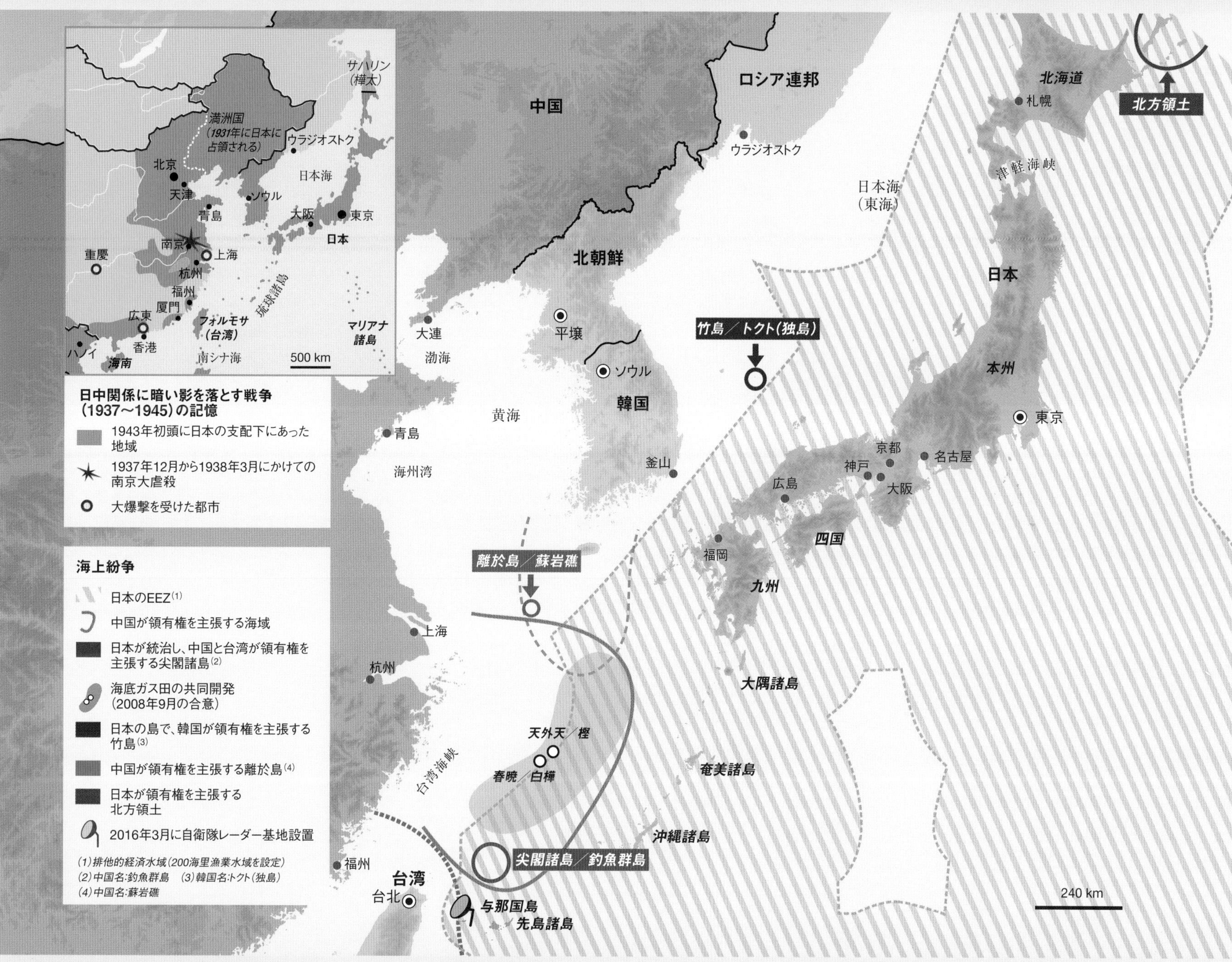

サハリン
(樺太)
満洲国
(1931年に日本に
占領される)
ウラジオストク
北京
天津
日本海
ソウル
青島
大阪
東京
日本
南京
上海
重慶
杭州
福州
厦門
琉球諸島
広東
香港
フォルモサ
(台湾)
マリアナ
諸島
ハノイ
海南
南シナ海
500 km
日中関係に暗い影を落とす戦争
(1937〜1945)の記憶
1943年初頭に日本の支配下にあった
地域
1937年12月から1938年3月にかけての
南京大虐殺
大爆撃を受けた都市
海上紛争
日本のEEZ(1)
中国が領有権を主張する海域
日本が統治し、中国と台湾が領有権を
主張する尖閣諸島(2)
海底ガス田の共同開発
(2008年9月の合意)
日本の島で、韓国が領有権を主張する
竹島(3)
中国が領有権を主張する離於島(4)
日本が領有権を主張する
北方領土
2016年3月に自衛隊レーダー基地設置
(1)排他的経済水域(200海里漁業水域を設定)
(2)中国名:釣魚群島　(3)韓国名:トクト(独島)
(4)中国名:蘇岩礁
中国
ロシア連邦
ウラジオストク
北海道
札幌
北方領土
津軽海峡
日本海
(東海)
北朝鮮
日本
大連
平壌
竹島/トクト(独島)
渤海
ソウル
本州
韓国
黄海
東京
青島
京都
名古屋
神戸
釜山
海州湾
大阪
広島
四国
福岡
離於島/蘇岩礁
九州
上海
杭州
大隅諸島
天外天/樫
奄美諸島
台湾海峡
春暁/白樺
沖縄諸島
尖閣諸島/釣魚群島
福州
台湾
台北
与那国島
先島諸島
240 km

チベット Tibet

紛争の原因

7世紀に唐王室の皇女がチベット王の妃になって以来、チベットは中国当局にとり中華帝国の一部となった。しかし8世紀から仏教が広まったチベットは、文化的にはむしろインドの影響を色濃く受けている。チベットは次第に神権政治国家となっていった。18世紀に入ると、ラマ僧（訳注：チベット仏教の僧侶）たちは中国皇帝の臣下であることをみずから認めるようになった。当時のチベットは独立した国家体制を築いていたわけではないが、中国の正式な属国でもなかった。1911年に清王朝が滅亡すると、中国人はチベットから追放された。1949年に共産党が政権を握ると、中国軍はチベットに侵攻し、チベットを正式に併合した。中国はチベット人が聖職者の「奴隷」に成り下がっていると批判しつつ、今度は自分たちがチベットで独裁を行った。1959年のチベット蜂起が暴力的に制圧されると、宗教・政治の最高指導者であるダライ＝ラマ14世はチベットから脱出してインドに亡命し、そこで亡命政府を設立した。中国で文化大革命（1965～1975）が起こると、あらゆる宗教活動は禁止され、無数の寺院が破壊された。

現在の危機

1970年代の末、中国の最高指導者鄧小平はチベットにおける経済近代化政策を打ち出し、チベット地域における人口構成を変えるために中国から大量の漢人を移住させた。チベット人にとってこれは植民地化も同然であった。ダライ＝ラマ14世は1989年にノーベル平和賞を受賞した。インドに亡命したダライ＝ラマはチベットに帰還することはできないが、西欧世界の世論、インド、中国の戦略的敵対者（敵国）、そして彼の哲学的選択（仏教、非暴力）に共感する人々からの絶大な支持を得ている。中国当局はダライ＝ラマの国際的な人気をどうにかして低下させようと躍起になっている。

2016年3月、世界中に住む数百万人のチベット人が新しい政治最高指導者（シキョン）を選んだ。57%の得票率で地位に就いたのは、2011年からすでに首席大臣を務めていたロブサン・センゲである。センゲは中国政府との対話を重要視し、ダライ＝ラマの求めている独立は諦める代わりに、チベット文化実践の権利を認めさせたいとしている。しかし新世代のチベット人がより性急な行動を起こす可能性もある。

今後考えられるシナリオ

1. 武装蜂起ののち、チベットは西欧諸国の支援を得て独立を勝ち取る。この筋書きはほとんど不可能だ。中国政府は、チベットの分離独立が他の非漢人地域（新疆ウイグル自治区のイスラム教徒ウイグル人など）にも伝播することを恐れているし、チベットという国境地帯にある戦略的に重要な地域の掌握を重視しているから、受け入れることはできないシナリオだ。

2. 現ダライ＝ラマ14世の死去にともない、中国人は自分たちの言いなりになる後継者を指名し、チベットの抵抗運動の息の根を止めようとする。この「中国製ダライ＝ラマ」は、チベット人にとってはまったく正当性を持たない傀儡（かいらい）である。

3. 中国では近代化が進み、人権を尊重しはじめ、中華人民共和国内のチベットその他の地域の政治・宗教に関する自治権を認める。経済が発展するにつれて、状況は落ち着いていく。

4. 現状維持：中国はチベットに対する圧力を緩めない。中国への国際的な非難も続く。さまざまな立場での世論が頻繁に衝突する。だが、中国政府との経済関係を維持するために、諸外国政府はこの状況を甘んじて受け入れている。

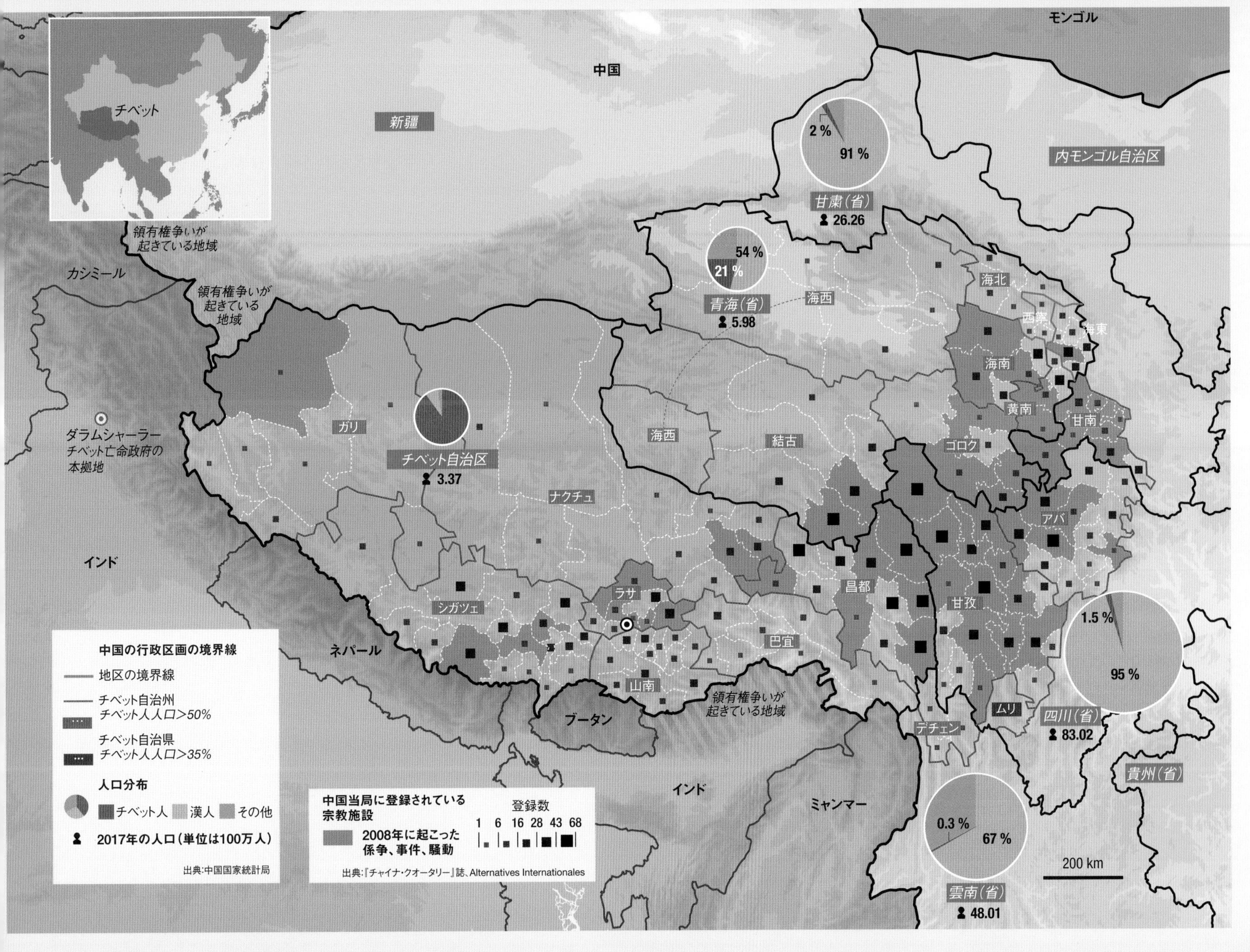

モンゴル
中国
新疆
チベット
内モンゴル自治区
甘粛(省)
2 %
91 %
26.26
青海(省)
54 %
21 %
5.98
海西
海北
西寧
海東
海南
黄南
甘南
ゴロク
結古
アバ
昌都
甘孜
ムリ
デチェン
巴宜
山南
ラサ
シガツェ
ナクチュ
ガリ
チベット自治区
3.37
領有権争いが起きている地域
カシミール
ダラムシャーラー
チベット亡命政府の本拠地
インド
ネパール
ブータン
ミャンマー
四川(省)
1.5 %
95 %
83.02
貴州(省)
雲南(省)
0.3 %
67 %
48.01
200 km
中国の行政区画の境界線
地区の境界線
チベット自治州
チベット人人口>50%
チベット自治県
チベット人人口>35%
人口分布
チベット人
漢人
その他
2017年の人口(単位は100万人)
出典:中国国家統計局
中国当局に登録されている宗教施設
登録数
1 6 16 28 43 68
2008年に起こった係争、事件、騒動
出典:『チャイナ・クオータリー』誌、Alternatives Internationales

新疆 Xinjiang

紛争の原因

中国の西部に位置する新疆（しんきょう）は、人口は少ない（2200万人）が、面積は国土の6分の1を占める広大な地域である。中央アジア文化圏に属している新疆は、その歴史において3度中国に併合されてきた。紀元前2世紀（漢王朝）、7世紀（唐王朝）、そして18世紀に清王朝の支配下に置かれてから現在に至る。新疆とは、中国語で「新しい辺境」を意味する。

毛沢東が1949年に中華人民共和国を建国すると、政府は中国全体の石炭埋蔵量の40％を有するこの地域を完全な支配下に置いた。新疆の住民はそのほとんどがイスラム教徒である。

文化・エスニシティ・宗教が中国とは異なるうえに、広大な領土である新疆に完璧な支配体制を築くことは、中国政府にとっては困難だった。共産党政権は「少数派の社会的地位を尊重したい」と表明しながらも、実際には新疆での支配力を強めたいと願っていた。新疆が経済発展を遂げても中国政府が柔軟な態度を取ることはなく、それどころか新疆が自治権を獲得するのは決して許さないと頑なになる一方だった。中国の指導者たちはその歴史上の経験から、中央政府の支配力低下は国家の弱体化を招くという強迫観念を持っているのだ。

現在の危機

中国政府は新疆の人口比を変えるために、他地域からの移住政策をとっている。イスラム教徒のウイグル人は人口の46％、漢人（中国で多数派を占めるエスニシティ）は40％を占める。その他のエスニック集団もイスラム教徒である。中国政府は「三股勢力（さんこ）」（分離主義、宗教的極端主義、テロリズム）撲滅宣言をし、新疆の問題をあたかも世界的な対テロの取り組みの一部であるかのように見せかけている。大多数のウイグル人は文化的、政治的な権利を主張しているだけだが、ジハーディストたちは中国政府に対して頻繁に攻撃を仕掛けている。

テロとの戦いの名のもとに、中国政府はこの国全体では少数派のイスラム教徒に対する弾圧を強化している。2019年には100万人のイスラム教徒が拘留され「再教育」収容所に入れられた。

今後考えられるシナリオ

1. ウイグル人による攻撃は続くが、中国政府は支配体制を変えようとはしない。中国は漢人の新疆移住政策と、イスラム教徒に対する厳格で弾圧的な支配を推し進める。

2. 中国政府はウイグル人の文化的、政治的権利を保証する。経済成長と新シルクロード（一帯一路）構想を成就するためだ。テロ活動はほぼ消滅する。

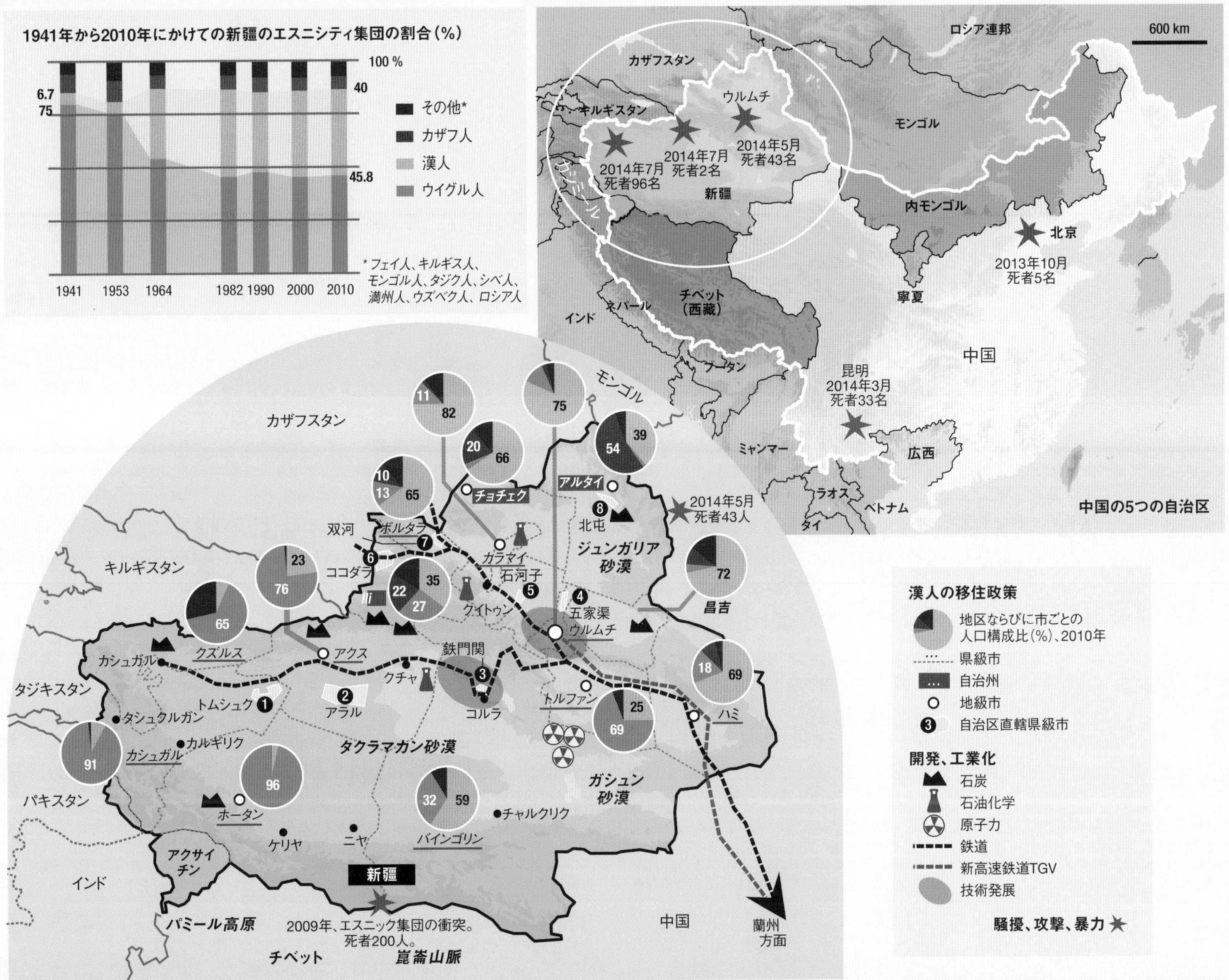

1941年から2010年にかけての新疆のエスニシティ集団の割合（%）
100 %
6.7
75
40
45.8
1941
1953
1964
1982
1990
2000
2010
その他*
カザフ人
漢人
ウイグル人
* フェイ人、キルギス人、モンゴル人、タジク人、シベ人、満州人、ウズベク人、ロシア人
ロシア連邦
600 km
カザフスタン
キルギスタン
ウルムチ
モンゴル
2014年7月
死者96名
2014年7月
死者2名
2014年5月
死者43名
新疆
内モンゴル
北京
2013年10月
死者5名
チベット（西蔵）
ネパール
インド
寧夏
中国
ブータン
昆明
2014年3月
死者33名
ミャンマー
広西
ラオス
ベトナム
タイ
中国の5つの自治区
カザフスタン
モンゴル
キルギスタン
タジキスタン
パキスタン
インド
アクサイチン
パミール高原
チベット
崑崙山脈
中国
蘭州方面
新疆
2009年、エスニック集団の衝突。死者200人。
2014年5月
死者43人
チョチェク
アルタイ
北屯
ボルタラ
双河
ココダラ
カラマイ
石河子
クイトゥン
五家渠
ウルムチ
ジュンガリア砂漠
昌吉
クズルス
アクス
カシュガル
鉄門関
クチャ
コルラ
トルファン
ハミ
トムシュク
アラル
タシュクルガン
カルギリク
カシュガル
タクラマカン砂漠
ホータン
ケリヤ
ニヤ
バインゴリン
チャルクリク
ガシュン砂漠
漢人の移住政策
地区ならびに市ごとの人口構成比（%）、2010年
県級市
自治州
地級市
自治区直轄県級市
開発、工業化
石炭
石油化学
原子力
鉄道
新高速鉄道TGV
技術発展
騒擾、攻撃、暴力

朝鮮半島 Corée

紛争の原因

1910年から1945年にかけて、朝鮮半島は日本に統治されていた。1945年、朝鮮半島を日本から解放したソ連とアメリカは、38度線で朝鮮半島を分割し、北部（北朝鮮＝朝鮮民主主義人民共和国）はソ連、南部（韓国＝大韓民国）はアメリカと同盟関係を結んだ政権を発足させた。1950年、北朝鮮は中国の支援を受けて韓国に侵攻したが、アメリカにこれを阻まれた。冷戦期におけるもっとも深刻な紛争であるこの「朝鮮戦争」は、1953年に領有権は現状維持のままで休戦となった。北朝鮮には中国とソ連が後援する共産主義独裁政権が、韓国にはアメリカが保護する独裁政権が誕生した。1980年代に入ると、韓国は民主主義国家になった。1991年、韓国と北朝鮮はともに国連の加盟国となる。

韓国の経済発展は好調で、国内総生産（GDP）は世界第11位となり、G20の参加国にも選ばれた。いっぽう、北朝鮮は全体主義体制の下、自立経済を続けて困窮しているが、その資源のほとんどを弾道ミサイルと核ミサイルの開発に費やすことで政権を維持しようとしている。2011年、金正恩が父の金正日を継いで最高指導者である朝鮮労働党委員長に就任した。金正日も建国の父である金日成からこの地位を世襲している。

現在の危機

1998年、韓国は北朝鮮に対して慎重な融和政策（太陽政策）を打ち出したが、2007年以降は進展がない。韓国（人口5100万人）は北朝鮮（人口2500万人）の「ソフトランディング」を目指し、北朝鮮がゆっくりと確実に開国・近代化することを望んだ。韓国は、北朝鮮が内部崩壊を起こすことによって、武力衝突と早急な再統合（韓国政府にとって経済的に耐えられない）という2種類のショックが生じることを避けようとしたのである。だが2016年、数回の核実験を実施した北朝鮮に対し、国連安全保障理事会は中国の同意も得て制裁決議を採択した。

2017年、北朝鮮による新たな核実験によって緊張はさらに高まった。ドナルド・トランプ大統領の反応も大きく、北朝鮮だけでなくアメリカまでもが核戦争を始めるのではないかと世界が震撼した。トランプの提案により、金正恩との米朝会談が鳴り物入りで3度開催され（2018年と2019年）、そのうちの1回は2019年6月、軍事境界線上の非武装地帯で行われた。会談は両国の接近の第一歩を記したが、北朝鮮の非核化への合意は取りつけられないままに終わった。金正恩が核兵器を手放さない理由、それはイラクのサダム・フセインやリビアのカダフィ大佐がもしも核兵器を所有し続けていたなら今でも権力者であり続けていられたはずだ、と思っているからだ。もし米朝のあいだで戦争が発生すれば、日本や韓国は甚だしい被害を受け、北朝鮮政権は破滅するだろう。負けるための戦争同然だからだ。

今後考えられるシナリオ

1. トランプの決定による過去最大の経済制裁が打撃となって、北朝鮮政権は内部崩壊を起こし、その結果、韓国は早急に朝鮮半島を再統合し、すべてを失った2600万人の北朝鮮国民を引き受けなければならなくなる。朝鮮半島の経済・政治は安定を失い、もし追いつめられた金正恩が軍事行動を選択すれば半島は破滅するだろう。

2. 韓国、アメリカ、中国、そして国際社会が、北朝鮮に対してアメとムチを与え続ける。北朝鮮は、自力経済を継続していくよりも、徐々に開国して国際社会の援助を受けたほうがリスクは少ないかもしれない、という賭けに出る。経済発展と開放政策は同時に進み、緊張は緩和され、北朝鮮は及び腰ながらも徐々に市民社会を作り上げていく。

3. 地球上最後の全体主義国家として、北朝鮮は鎖国状態を続ける。開国すれば金正恩政権が倒されるかもしれないからだ。現状維持のままで危機が繰り返されるという状況が続く。

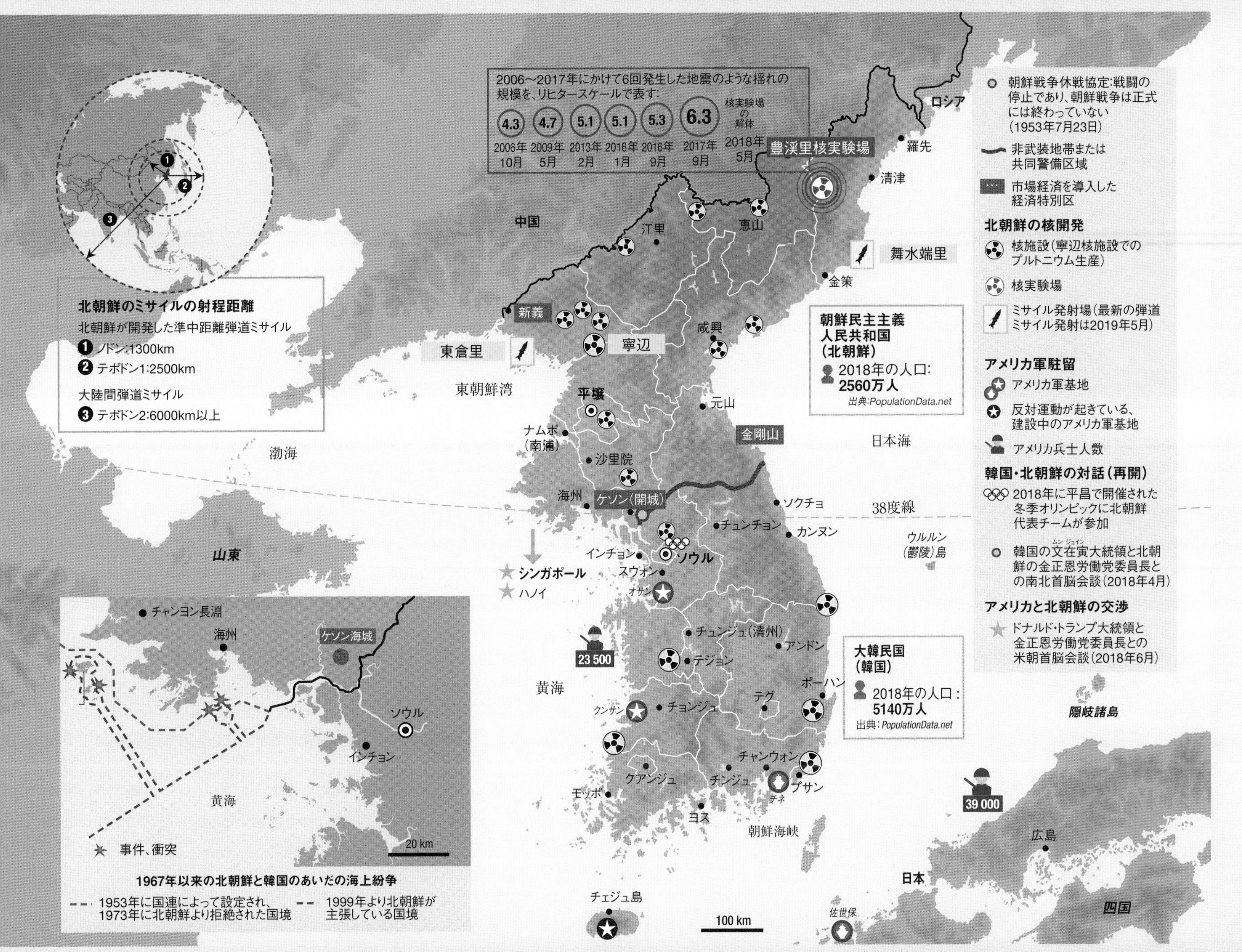
2006〜2017年にかけて6回発生した地震のような揺れの規模を、リヒタースケールで表す:
4.3 2006年10月
4.7 2009年5月
5.1 2013年2月
5.1 2016年1月
5.3 2016年9月
6.3 2017年9月
核実験場の解体 2018年5月
豊渓里核実験場
ロシア
羅先
清津
中国
恵山
江里
舞水端里
金策
新義
寧辺
東倉里
咸興
東朝鮮湾
平壌
元山
金剛山
ナムポ（南浦）
沙里院
渤海
日本海
海州
ケソン（開城）
ソクチョ
38度線
チュンチョン
カンヌン
ウルルン（鬱陵）島
インチョン
ソウル
スウォン
オサン
山東
シンガポール
ハノイ
チュンジュ（清州）
アンドン
23 500
テジョン
黄海
ポーハン
テグ
クンサン
チョンジュ
隠岐諸島
チャンウォン
クアンジュ
チンジュ
プサン
チネ
モッポ
ヨス
朝鮮海峡
39 000
広島
日本
四国
チェジュ島
100 km
佐世保
北朝鮮のミサイルの射程距離
北朝鮮が開発した準中距離弾道ミサイル
1 ノドン:1300km
2 テポドン1:2500km
大陸間弾道ミサイル
3 テポドン2:6000km以上
朝鮮民主主義人民共和国（北朝鮮）
2018年の人口:2560万人
出典:PopulationData.net
大韓民国（韓国）
2018年の人口:5140万人
出典:PopulationData.net
朝鮮戦争休戦協定:戦闘の停止であり、朝鮮戦争は正式には終わっていない（1953年7月23日）
非武装地帯または共同警備区域
市場経済を導入した経済特別区
北朝鮮の核開発
核施設（寧辺核施設でのプルトニウム生産）
核実験場
ミサイル発射場（最新の弾道ミサイル発射は2019年5月）
アメリカ軍駐留
アメリカ軍基地
反対運動が起きている、建設中のアメリカ軍基地
アメリカ兵士人数
韓国・北朝鮮の対話（再開）
2018年に平昌で開催された冬季オリンピックに北朝鮮代表チームが参加
韓国の文在寅大統領と北朝鮮の金正恩労働党委員長との南北首脳会談（2018年4月）
アメリカと北朝鮮の交渉
ドナルド・トランプ大統領と金正恩労働党委員長との米朝首脳会談（2018年6月）
チャンヨン長淵
海州
ケソン海城
ソウル
インチョン
黄海
事件、衝突
20 km
1967年以来の北朝鮮と韓国のあいだの海上紛争
1953年に国連によって設定され、1973年に北朝鮮より拒絶された国境
1999年より北朝鮮が主張している国境

ミャンマー Myanmar

紛争の原因

1937年、イギリスはイギリス領インド帝国の一州だったビルマを分離し、イギリス植民地（訳注：イギリス連邦内の自治領）にした。1945年、当時のビルマを占領していた日本軍に対して、アウンサン将軍率いるビルマ国軍が宣戦布告をした。アウンサンは1947年に暗殺されたが、ビルマは1948年1月4日、独立した。議会制民主主義をとったが、さまざまなエスニック集団（130の民族が存在する）のあいだに緊張が生まれ、軍部がしばしば政治に介入するようになった。そして1962年、軍部のクーデターによって独裁政治が始まった。1989年、軍事政権は国名を「ミャンマー」に改めた。1988年、民主主義の確立を求めて数多くの学生がデモを行った。ビルマ全土でゼネストが組織されたが、軍部によって激しい弾圧を受けた。アウンサン将軍の娘であるアウンサンスーチーは、政党「国民民主連盟（NLD）」を設立するが、当局に逮捕され自宅軟禁された。スーチーは1991年にノーベル平和賞を受賞している。1990年、軍事政権により総選挙が実施されNLDが勝利するが、軍部は投票結果を取り消した。2005年、軍幹部らは外部からの軍事侵攻が起きた場合に備え、海岸線に近すぎるラングーンから国の内陸部に首都を移した。それがビルマ古来の伝統を再現するために建設された新首都ネーピードーである。

現在の危機

2007年には仏教僧が率いる抗議運動が起こり、ミャンマー軍（50万人の兵力を擁する）の激しい弾圧を受けた。2008年5月にはサイクロンがミャンマーの南西地域を襲い、15万人が死亡、100万人が被災した。スパイの侵入を恐れたミャンマー政府は、国際社会からの援助を拒否している。ミャンマーが国際社会からの制裁を受けないよう事実上支援しているのは、中国だ。中国はミャンマーの軍事政権と経済面で連携しており、軍事政権は正当なものではないとする国連安保理決議案に対し、拒否権を行使した唯一の国なのだ。とはいえ国際社会からの制裁は、ミャンマーで軍事政権が危機や紛争を起こしたときのための措置である。平時であれば、ミャンマーの軍事政権が周辺諸国に脅威を与えるリスクはないからだ。タイとの国境にカレン人（400～700万人のキリスト教徒）ゲリラ組織が樹立した準独立国家は、ミャンマー国軍との戦いによってその支配地域がどんどん狭くなっている。重大な転換期が訪れたのは、2011年3月、軍事政府からの民政移管によってテインセインが大統領に選出されたときだ。テインセインはアウンサンスーチーを含む多くの政治犯の釈放を決定し、スーチーは2012年の議会補欠選挙で下院議員に当選した。スーチーの率いるNLDが2015年に総選挙で勝利をおさめ、側近のひとりティンチョーが大統領になった。しかしこのような開放政策が始まったのちも、少数派エスニック集団、とくにロヒンギャ人（イスラム教徒）への迫害は防ぐことができず、ロヒンギャ難民が大量に国外に脱出している。1982年の時点ですでに、ロヒンギャ人にはミャンマーの国籍が与えられていなかった。2018年7月、国連はミャンマーを厳しく批判する報告書を発表した。それによるとロヒンギャ人はジェノサイド（大量虐殺）の犠牲者であると考えられ、虐殺を計画したのは軍部の指導者層であるという。100万人ものロヒンギャ人がバングラデシュに避難し、難民となっている。アウンサンスーチーはエスニック集団への迫害に対して沈黙を守ったとして、強い非難を受けている。また、2016年6月以降、過激派仏僧とイスラム教徒のあいだで、共同体間の緊張がさらに高まっている。

今後考えられるシナリオ

1. ミャンマーは徐々に政治体制を正常化してゆき、諸外国との関係を深めていく。天然資源と外国からの投資により、新興国のひとつとなる。ロヒンギャ人は帰還できないまま、国際社会から忘れられていく。アウンサンスーチーはロヒンギャ迫害問題については沈黙を守る。

2. ミャンマーは開放政策を進めてはいるが、少数派エスニック集団であるカチン人、ロヒンギャ人（イスラム教徒）、カレン人に関する問題は未解決のままにある。分離独立運動の高まりから、武力衝突が再発する。その弾圧の激しさから、ミャンマーは再び世界のなかで孤立する。

3. 国際社会からの圧力と中央政権における世代交代により、ロヒンギャ問題解決の道筋が見えてくる。

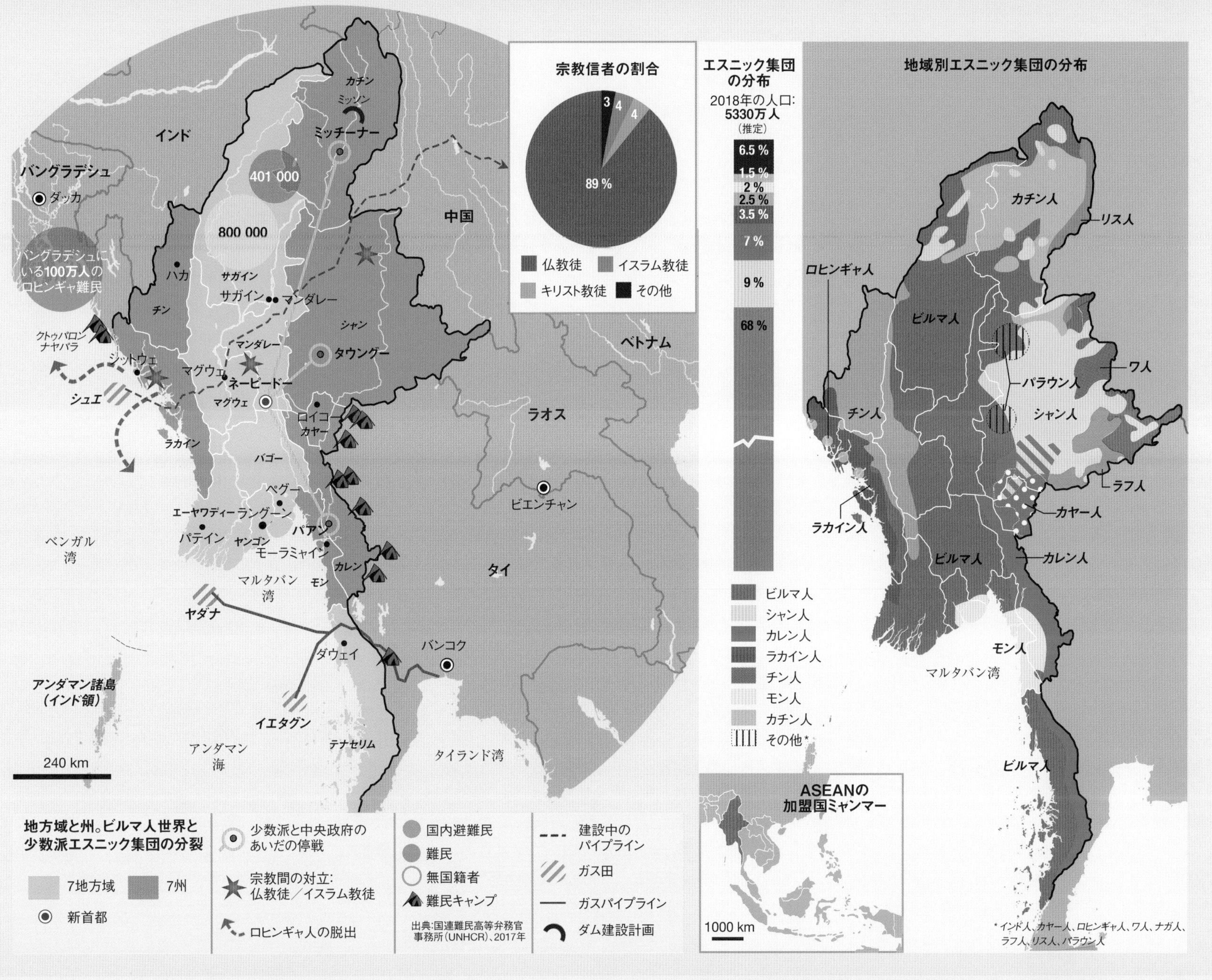
宗教信者の割合
3
4
4
89 %
仏教徒
イスラム教徒
キリスト教徒
その他
エスニック集団の分布
2018年の人口：
5330万人
（推定）
6.5 %
1.5 %
2 %
2.5 %
3.5 %
7 %
9 %
68 %
ビルマ人
シャン人
カレン人
ラカイン人
チン人
モン人
カチン人
その他*
地域別エスニック集団の分布
カチン人
リス人
ロヒンギャ人
ビルマ人
ワ人
パラウン人
チン人
シャン人
ラフ人
カヤー人
ラカイン人
ビルマ人
カレン人
モン人
マルタバン湾
ビルマ人
ASEANの
加盟国ミャンマー
1000 km
* インド人、カヤー人、ロヒンギャ人、ワ人、ナガ人、ラフ人、リス人、パラウン人
カチン
ミッソン
ミッチーナー
インド
バングラデシュ
ダッカ
401 000
800 000
中国
バングラデシュにいる100万人のロヒンギャ難民
ハカ
サガイン
サガイン
マンダレー
チン
シャン
クトゥパロン
ナヤパラ
マンダレー
タウングー
ベトナム
シットウェ
マグウェ
ネーピードー
シュエ
マグウェ
ロイコー
カヤー
ラオス
ラカイン
バゴー
ペグー
ビエンチャン
エーヤワディー
ラングーン
パテイン
ヤンゴン
パアン
ベンガル湾
モーラミャイン
カレン
タイ
マルタバン湾
モン
ヤダナ
ダウェイ
バンコク
アンダマン諸島（インド領）
イエタグン
アンダマン海
テナセリム
タイランド湾
240 km
地方域と州。ビルマ人世界と少数派エスニック集団の分裂
7地方域
7州
新首都
少数派と中央政府のあいだの停戦
宗教間の対立：仏教徒／イスラム教徒
ロヒンギャ人の脱出
国内避難民
難民
無国籍者
難民キャンプ
出典：国連難民高等弁務官事務所（UNHCR）、2017年
建設中のパイプライン
ガス田
ガスパイプライン
ダム建設計画

アフガニスタン Afghanistan

紛争の原因

19世紀、イギリスとロシアはアフガニスタンをめぐって、「グレートゲーム」と呼ばれる覇権争いをしていた。イギリスが19世紀に入って初めて敗北を喫したのが、対アフガン戦争だった。20世紀の東西冷戦下では、アフガニスタンはソ連と緊密な関係を持ちながらも、同盟国ではないことを宣言していた。1978年、カブールでクーデターが発生すると、ソ連政府はこの国の共産党政権の瓦解を防ぐために1979年に軍事介入を行った。しかしこの戦争は結果的にアフガニスタンの国力を弱め、ソ連にとっては第2のベトナム戦争だった、というのが後世の見解である。アメリカを頂点とする西側諸国とイスラム教の国々は、ムジャーヒディーン（訳注：アラビア語で「ジハード〔聖戦〕を行う者」の意）を支持した。ムジャーヒディーンは共産主義に対抗して自由のために戦う兵士たちだとみなされていたからだ。アフガニスタン侵攻は膠着状態にあると判断したソ連の最高指導者ミハイル・ゴルバチョフは、1988年に撤退の決断を下した。これ以降、アフガニスタンは無政府状態になり、国内でエスニック集団間や各軍閥間での衝突が続く時期に突入した。1996年、イスラム原理主義武装勢力タリバーン（パシュトゥン人を主体とする）が政権を奪取し、国民に極端に厳格で抑圧的なイスラム法を課した。女性は素顔を見せたり働いたりすることができなくなった。音楽、スポーツ、レジャーなどは軽佻浮薄なものとして禁止された。疲弊した国民が安定と鎮静を求めるなか、タリバーン政権は平和・安全・秩序を回復したのである。インドと対抗しているパキスタンは、アフガニスタンがインドの勢力圏に入ることをよしとしていなかったので、タリバーンのアフガニスタンでの活動を支持した。アフガニスタンはこうして、国際テロ組織アルカーイダのメンバーの避難場所となっていく。

現在の危機

2001年9月11日のアメリカ同時多発テロ事件勃発後に、アフガニスタンはウサマ・ビン・ラーディンの引き渡しを拒んだ。国連安保理の承認を得たアメリカはアフガニスタンに侵攻し、タリバーン政権を打倒した。パシュトゥン人のハーミド・カルザイが大統領に就任したが、権力を確立するのは容易ではなかった。2001年12月20日、国連安保理決議に基づき国際治安支援部隊（ISAF）の派兵が始まり、3万8000人のアメリカ兵をはじめとする計7万人の軍隊が配備された。アメリカは「不朽の自由作戦」を実施してテロ撲滅を図ったが、多くの不手際によって不評を買った。2011年5月、ビン・ラーディンはパキスタンでの拠点を攻撃されて殺害された。2015年7月からタリバーンの最高指導者となったマンスール師も2016年5月にアメリカ軍の無人機による空爆で死亡した。しかしタリバーンは勢力を挽回し、今もアフガニスタン政府との衝突は続いている。アフガニスタンのアヘンとヘロイン生産は、相変わらず世界第一位である。アフガニスタンから完全撤退するはずだったアメリカは、オバマ時代も、トランプが就任してからも、アメリカ兵約5000人の駐屯を続けることを決定した。2014年、アシュラフ・ガーニが大統領に選出され、大統領選挙を争ったアブドラ・アブドラも行政長官に就任した。アフガニスタン侵攻は、アメリカにとってこれまででもっとも長い戦争となり、2400人の兵士が亡くなっている。タリバーンはその後もアフガニスタン国土のほぼ半分を支配下に置いている。アメリカとタリバーンとの交渉が始まっている。

今後考えられるシナリオ

1. ドナルド・トランプはアメリカ軍の完全撤退を決意する。タリバーンは速やかに権力を奪回し、シャリーア（イスラム法）で国を統治するが、アメリカに対する挑発行為はしない。

2. タリバーンとアメリカの交渉で、アメリカのアフガニスタン撤退計画が定められるが、同時にタリバーンは対アメリカテロ活動を目論むジハーディストを国内に匿わないことを約束させられる。つまり2001年以前の状況に逆戻りする。

3. アメリカ軍残留部隊はそのままアフガニスタンに残って、カブールとアフガニスタン領土の一部を管轄下に置く。規模の小さな紛争がいつまでも続く。

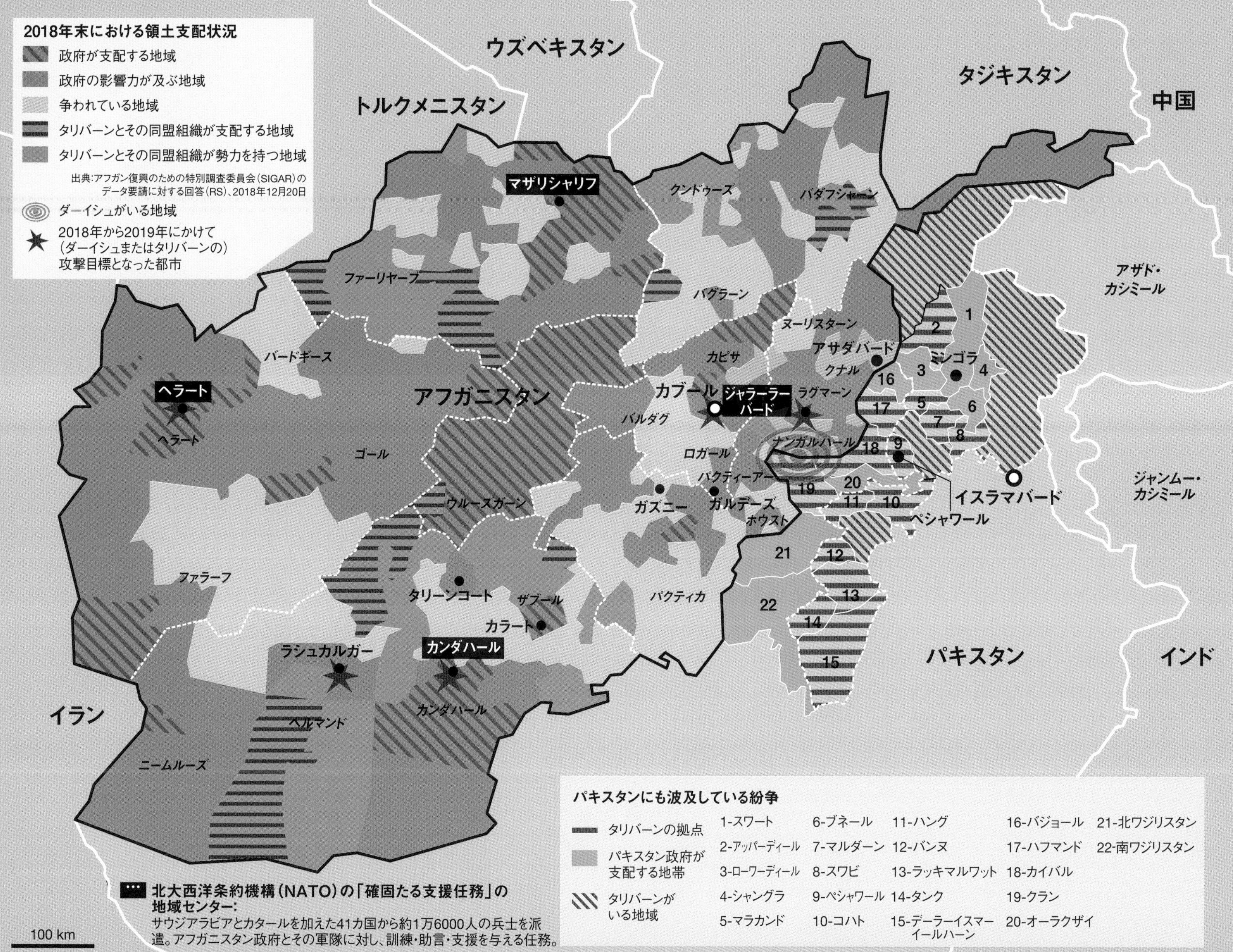
2018年末における領土支配状況
政府が支配する地域
政府の影響力が及ぶ地域
争われている地域
タリバーンとその同盟組織が支配する地域
タリバーンとその同盟組織が勢力を持つ地域
出典:アフガン復興のための特別調査委員会(SIGAR)のデータ要請に対する回答(RS)、2018年12月20日
ダーイシュがいる地域
2018年から2019年にかけて(ダーイシュまたはタリバーンの)攻撃目標となった都市
ウズベキスタン
タジキスタン
中国
トルクメニスタン
マザリシャリフ
クンドゥーズ
バダフシャーン
アザド・カシミール
ファーリヤーブ
バグラーン
ヌーリスターン
バードギース
カピサ
アサダバード
ミンゴラ
クナル
ヘラート
アフガニスタン
カブール
ジャラーラーバード
ラグマーン
バルダグ
ナンガルハール
ヘラート
ゴール
ロガール
パクティーアー
イスラマバード
ジャンムー・カシミール
ウルーズガーン
ガズニー
ガルデーズ
ホウスト
ペシャワール
ファラーフ
タリーンコート
ザブール
パクティカ
カラート
ラシュカルガー
カンダハール
パキスタン
インド
イラン
ヘルマンド
カンダハール
ニームルーズ
パキスタンにも波及している紛争
タリバーンの拠点
パキスタン政府が支配する地帯
タリバーンがいる地域
1-スワート
2-アッパーディール
3-ローワーディール
4-シャングラ
5-マラカンド
6-ブネール
7-マルダーン
8-スワビ
9-ペシャワール
10-コハト
11-ハング
12-バンヌ
13-ラッキマルワット
14-タンク
15-デーラーイスマーイールハーン
16-バジョール
17-ハフマンド
18-カイバル
19-クラン
20-オーラクザイ
21-北ワジリスタン
22-南ワジリスタン
北大西洋条約機構(NATO)の「確固たる支援任務」の地域センター:
サウジアラビアとカタールを加えた41カ国から約1万6000人の兵士を派遣。アフガニスタン政府とその軍隊に対し、訓練・助言・支援を与える任務。
100 km

中央アジア Asie centrale

紛争の原因

東方そして南方へと領土を拡大した帝政ロシアの支配下で、中央アジアは長いあいだ、自分たちのルーツやトルコ＝ペルシャ世界から切り離されてきた。ロシアによる植民地支配は、中央アジア地域に一定の近代化をもたらした。工業化が始まってインフラが整備されたことにより炭化水素資源の採掘も可能になった。共産主義政権下では、イスラム教が非公式かつ秘密裏に信仰されていた。ソ連時代の中央政府からの助成金は、中央アジアの各共和国の国家予算の20～40%を占めていた。このことから、ソ連邦内のスラブ系共和国は中央アジアの共和国が自分たちの重荷になっていると考えた。中央アジアによる負担をなくしたいという願いはやがて、ソ連の解体を望むロシア人指導者たちを駆り立てていくことになった。

現在の危機

危機を引き起こしそうな要因として考えられるのは、共和国間の国境線問題、氏族の分裂、政府の脆弱な構造のせいで起こる麻薬密売をはじめとする不正取引の数々、闇経済の成長、そして極度の政治汚職、難しい問題をはらんだ経済・社会状況などだ。中央アジアの多くの国では政治と宗教の自由がなく、社会は抑圧されてきた。にもかかわらず発展してきたのがイスラム原理主義運動だ。そのひとつは、6万人の犠牲者を出したタジキスタンの内戦（1992～1997）がきっかけで生まれた。911アメリカ同時多発テロ事件が起こり、アフガニスタン攻撃が始まると、中央アジアはアメリカ軍に後方基地を提供しなければならなかった。しかし同時に、アメリカ軍駐留は中央アジアにとってロシアと中国を牽制する切り札ともなったのである。テロとの闘いを、政権強化と民主化運動阻止のために利用する国もあった。たとえば、ウズベキスタン政府は2005年、「テロ撲滅運動」を掲げて、政府に抗議する平和的なデモ行進ですら激しく弾圧した。ウズベキスタンが本当の意味で開国したのはカリモフ大統領が2016年に他界してからである。いっぽう、2010年、キルギスでは民衆による抗議運動がキルギス人対ウズベク人というエスニック集団の衝突に発展した。結局、30万人のウズベク人が国外逃亡したが、この事件ののち、キルギスで初めてほぼ正常な選挙が行われた。カザフスタンでは2019年、独立以来大統領の地位にあったナザルバエフが国家指導者の地位に留まりつつ、大統領職を退任した。

大規模な油田とガス田を有し、アフガニスタンにも地理的に近い中央アジアは、ロシアとアメリカにとっての第2の「グレートゲーム」の舞台となっている。しかし2013年、中国の最高指導者である習近平は、「新シルクロード（一帯一路）構想」を打ち出し、中央アジアを通って中国とヨーロッパを結ぶ計画を立て、この地域に主要なインフラ設備を建設すると予告した。こうして中央アジアは従来のロシアからの影響に加えて中国からの影響まで受けることになった。

水資源の管理と共有もまた、中央アジア地域においては非常にデリケートな戦略地政上の問題である。カザフスタンとウズベキスタンは、キルギスとタジキスタンに炭化水素資源を提供し、キルギスとタジキスタンはカザフスタンとウズベキスタンに水を供給している。キルギスにおける水力発電所の建設は、この均衡を危うくしている。

今後考えられるシナリオ

1. 中央アジアの各国政府は、テロとの闘いを進めて盤石な政権と社会支配を目指す。いっぽう、麻薬密売を続けて地域に緊張をもたらしているイスラム原理主義組織は、各国の発展を妨げている。このような状況下でも、ロシアと影響力を増している中国とのあいだの競争関係が功を奏して、中央アジアは豊かになっていく。

2. 政権の世代交代があり、中国政府とロシア政府が中央アジアに関して和解手段を講じる。すると地域経済が成長し、各国は開かれた政治体制を整えていく。アメリカ政府の役割は減少する。

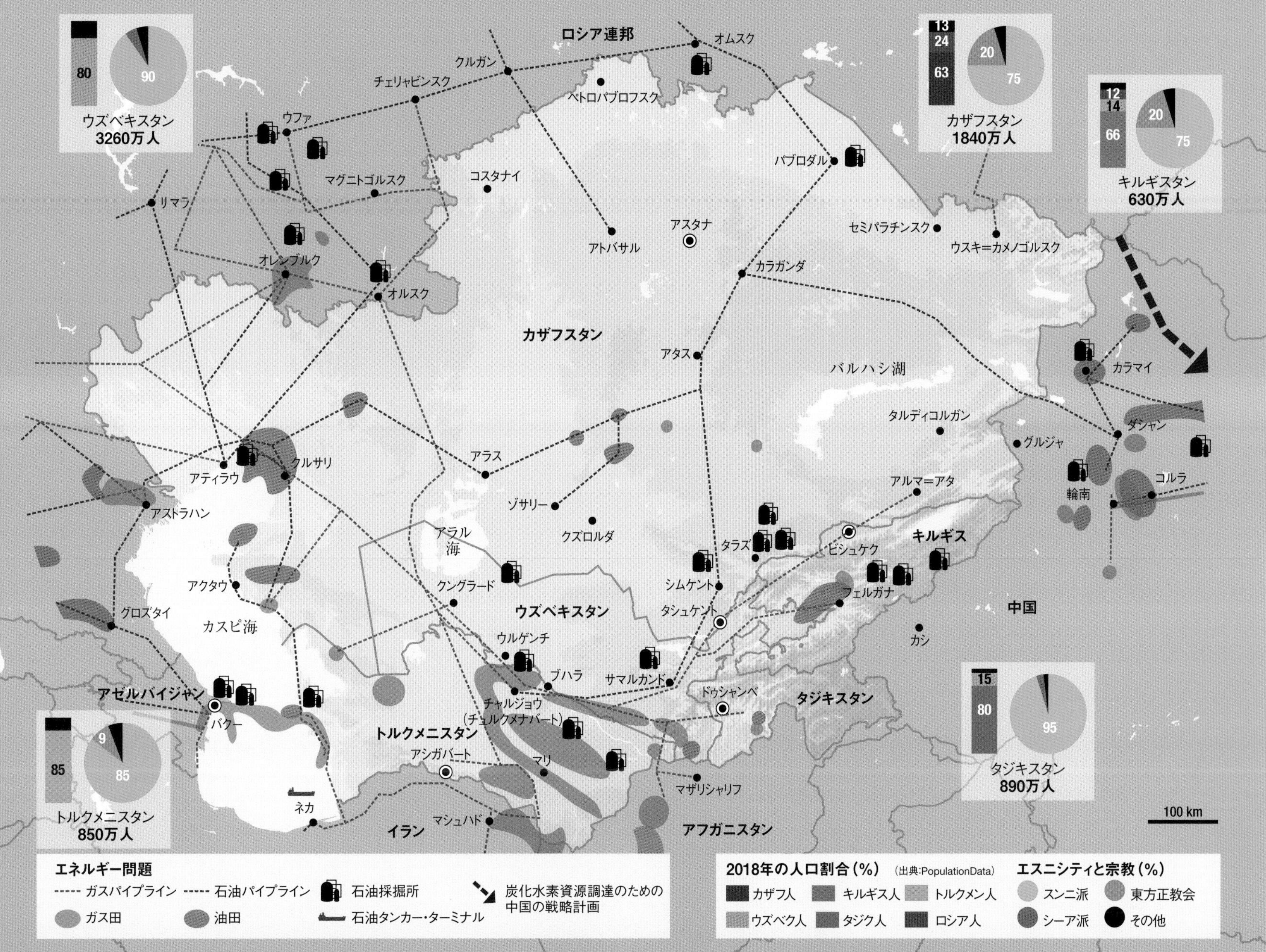

ロシア連邦
オムスク
クルガン
チェリャビンスク
ペトロパブロフスク
ウファ
マグニトゴルスク
コスタナイ
パブロダル
リマラ
アスタナ
セミパラチンスク
ウスキ=カメノゴルスク
アトバサル
オレンブルク
カラガンダ
オルスク
カザフスタン
アタス
バルハシ湖
カラマイ
タルディコルガン
ダシャン
アラス
グルジャ
アティラウ
クルサリ
コルラ
アルマ=アタ
輪南
アストラハン
ゾサリー
アラル海
クズロルダ
キルギス
タラズ
ビシュケク
アクタウ
クングラード
シムケント
フェルガナ
ウズベキスタン
中国
グロズタイ
タシュケント
カスピ海
カシ
ウルゲンチ
ブハラ
サマルカンド
アゼルバイジャン
チャルジョウ
(チュルクメナバート)
ドゥシャンベ
タジキスタン
バクー
トルクメニスタン
アシガバート
マリ
マザリシャリフ
ネカ
マシュハド
イラン
アフガニスタン
100 km
80
90
ウズベキスタン
3260万人
13
24
63
20
75
カザフスタン
1840万人
12
14
66
20
75
キルギスタン
630万人
15
80
95
タジキスタン
890万人
85
9
85
トルクメニスタン
850万人
エネルギー問題
ガスパイプライン
石油パイプライン
石油採掘所
炭化水素資源調達のための
中国の戦略計画
ガス田
油田
石油タンカー・ターミナル
2018年の人口割合(%)
(出典:PopulationData)
カザフ人
キルギス人
トルクメン人
ウズベク人
タジク人
ロシア人
エスニシティと宗教(%)
スンニ派
東方正教会
シーア派
その他

インド／パキスタン Inde/Pakistan

紛争の原因

インドとパキスタンは1947年、痛みをともなう分離の末に生まれたふたつの国だ。大英帝国の一部であったインドが独立すると、インドとパキスタンが旧宗主国であるイギリスではなく互いを敵として戦ったのである。宗教（イスラム教徒多数派地域）を基盤として独立したパキスタンは、インドのイスラム教徒の故郷となり、反対にインドではガンジーとネルーが世俗主義の大インド国家を形成し、ヒンズー教徒、イスラム教徒、その他の宗教の信徒たちの集結を夢見ていた。いっぽう、カシミール地方はインドにもパキスタンにも従属しようとしなかった。インドとパキスタンのあいだに位置するカシミールの住人はほとんどがイスラム教徒であるが、元首である藩王はヒンズー教徒であった。独立を望んでいた藩王であるが、パキスタンの支援を受けた国民の反乱に直面し、インドに助けを求める。インドはカシミールの大部分の領土を併合した。イスラム教を国教とするパキスタンにとって、カシミールは自国に併合されて当然であり、インドにとって、カシミールのイスラム教徒の同化はインド連邦が主張する包括的な国家の象徴であった。インドとパキスタンは、1965年と1971年に戦争を起こし、（それまでは東パキスタンと呼ばれていた）バングラデシュのパキスタンからの分離独立のきっかけを作った。最初はインド、次にパキスタンが核兵器を保有したが、それでもカシミールだけでなくインドの領土であるムンバイへの武力侵入など、パキスタンで生まれたイスラム過激派組織によるテロはなくならなかった。

現在の危機

ソ連のアフガニスタン侵攻と911アメリカ同時多発テロをきっかけに、パキスタンは戦略的に重要な地域とみなされるようになった。アメリカはそれまでインドに配慮してパキスタンとは距離を置こうとしていたが、それもできなくなった。カシミールにおける力関係は自分たちが優勢であると見ていたインドは、他国がカシミール問題に関与することを拒否し、またインドによる支配の是非を問われることを懸念して、カシミール地域には自決権を与えなかった。パキスタン、とりわけその軍部が恐れているのは、インドが支配の手を伸ばしてくることであった。パキスタンは孤立し、不安定な国家となっている。両国がそれぞれ保有する核兵器が抑止力となって、大規模の衝突は発生しないが、小規模の衝突やテロ行為（ムンバイの同時多発テロでは137人が死亡している）は続き、1999年にはカルギル紛争（訳注：カシミール地方のカルギル地区で起こった武力衝突）が勃発した。経済外交面において成長を実現してきたインドとは対照的なパキスタンであるが、戦略上つねに重要な位置を占めている。アフガニスタンという重大な問題が絡んでいるからだ。2014年5月、インドではナショナリストのナレンドラ・モディが首相の座に就いた。モディはパキスタン政府に対話を提案し、世界を驚かせた。インドとパキスタンの国交回復の試みは、何度も挫折した。モディはヒンズー教国家としてのナショナリズムを推し進めている。2019年のインド領カシミールで起こった自爆テロはパキスタン人組織による犯行とされ、インド軍はパキスタンへの報復として空爆を行った。

今後考えられるシナリオ

1. 現状維持：紛争は大規模には至らない。インドは国力を上げ、カシミール地方での支配力を堅持する。パキスタンは散発的にインドへの対立姿勢を見せるものの、総体的な力関係に変わりはない。

2. 近代化を加速したいと願うインドと、近代化をスタートさせたいパキスタンはともに将来の展望に関心を向けるようになる。そして相手国との対話開始を受け入れ、緊張緩和を図ろうとする。中国の「新シルクロード（一帯一路）構想」も緊張緩和に寄与し、パキスタンの経済は成長を始める。

3. パキスタン政府とアメリカとの結びつきを糾弾し、社会に渦巻く不満を利用して、イスラム原理主義者がパキスタンの政権を奪取する。パキスタンの核兵器はイスラム原理主義政権の手中に落ち、国際的な危機が始まる。

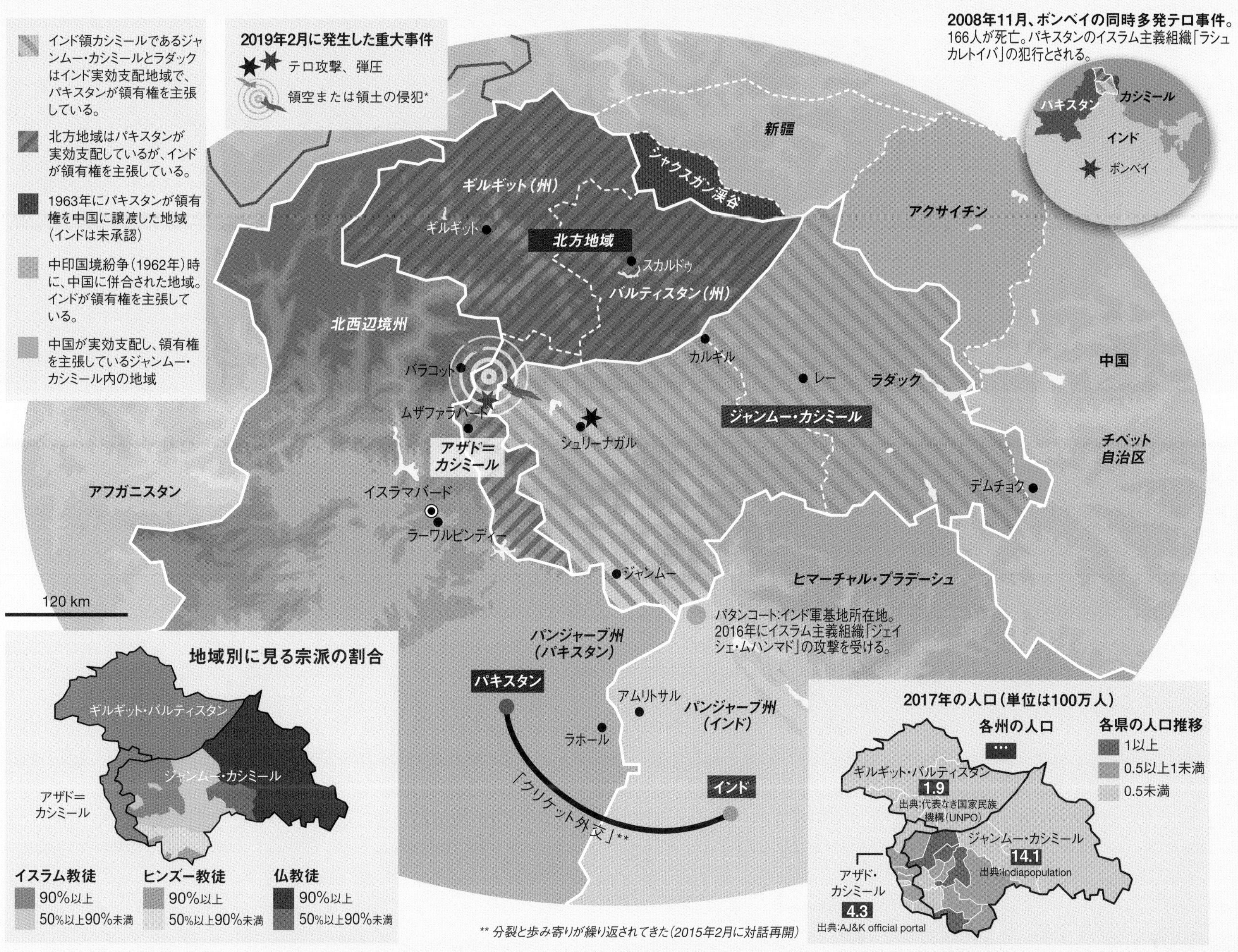

インド領カシミールであるジャンムー・カシミールとラダックはインド実効支配地域で、パキスタンが領有権を主張している。
北方地域はパキスタンが実効支配しているが、インドが領有権を主張している。
1963年にパキスタンが領有権を中国に譲渡した地域（インドは未承認）
中印国境紛争（1962年）時に、中国に併合された地域。インドが領有権を主張している。
中国が実効支配し、領有権を主張しているジャンムー・カシミール内の地域
2019年2月に発生した重大事件
テロ攻撃、弾圧
領空または領土の侵犯*
2008年11月、ボンベイの同時多発テロ事件。
166人が死亡。パキスタンのイスラム主義組織「ラシュカルトイバ」の犯行とされる。
パキスタン
カシミール
インド
ボンベイ
新疆
シャクスガン渓谷
ギルギット（州）
ギルギット
北方地域
スカルドゥ
バルティスタン（州）
アクサイチン
北西辺境州
カルギル
レー
ラダック
中国
バラコット
ムザファラバード
ジャンムー・カシミール
シュリーナガル
アザド＝カシミール
チベット自治区
アフガニスタン
イスラマバード
ラーワルピンディー
デムチョク
ジャンムー
ヒマーチャル・プラデーシュ
120 km
パタンコート：インド軍基地所在地。2016年にイスラム主義組織「ジェイシェ・ムハンマド」の攻撃を受ける。
パンジャーブ州（パキスタン）
地域別に見る宗派の割合
ギルギット・バルティスタン
ジャンムー・カシミール
アザド＝カシミール
イスラム教徒
90％以上
50％以上90％未満
ヒンズー教徒
90％以上
50％以上90％未満
仏教徒
90％以上
50％以上90％未満
パキスタン
アムリトサル
パンジャーブ州（インド）
ラホール
インド
「クリケット外交」**
** 分裂と歩み寄りが繰り返されてきた（2015年2月に対話再開）
2017年の人口（単位は100万人）
各州の人口
各県の人口推移
1以上
0.5以上1未満
0.5未満
ギルギット・バルティスタン
1.9
出典：代表なき国家民族機構（UNPO）
ジャンムー・カシミール
14.1
出典：Indiapopulation
アザド・カシミール
4.3
出典：AJ&K official portal

第3部

想定される未来

Les scénarios d'avenir

第一のアクターは当分のあいだアメリカ

冷戦の終結から30年近くが経った。1990年代に西欧諸国がまだ抱いていた平和な世界という幻想が完全に消え去った今も、危機と紛争は世界のどこかで起きている。事の発端が昔も今も多くの場合、その国の内部や地域にあることは、これからも変わらないだろう。しかし、始まった紛争や危機を鎮める代わりに悪化させるのは、たいていは外部からの干渉だ。紛争は始めるよりも終わらせるほうが難しいのだ！

紛争や危機が解決するかどうかは、現地や地域のアクター（訳注：関係者、当事者）の肩にかかっているが、それ以外の国際的なアクター、つまり国家、組織、国際社会の存在も忘れてはならない。「国際社会」はいまだにひとつの理想像の域を出ておらず、真の意味で機能する構築が急がれる状態だし、「グローバル・ガバナンス」（訳注：一般に、国境を超えて全世界的課題に取り組むための統治能力のことを指す）はかつてないほど機能不全に陥っている。両者よりはるかに頼りになるのが、国家そして非国家組織という多様な存在だ。世界情勢において、2019年現在、重要な懸案事項は以下の3件である。①中国とアメリカの、東シナ海・南シナ海・アジア太平洋地域をめぐる対立とデジタル新世代技術における覇権争い、②中東地域で頻発する衝突、そして③NATOとロシアの関係だ。

2016年にドナルド・トランプが大統領に選出されたとき、世界中に衝撃が走った。アメリカでも他の国々でも、欧米世界の住民が現状にそれほどまでに幻滅しているとは思われていなかったので、政治ウォッチャーたちは不意を突かれた。トランプは、アメリカの国益追求のみに基づいて外交政策を見直したい、と宣言した。そしてアメリカを弱体化させたとして前任のオバマを非難、アメリカを再び偉大な国家にすると約束した。

2008年のバラク・オバマの当選は、世界を熱狂させた。信用ならないジョージ・W・H・ブッシュの後任として登場したオバマは、その才能と知性、そしてカリスマ性で光輝かんばかりであった。ブッシュ路線と正反対の外交政策を推進するオバマの明確な方針は、アラブ・イスラム世界およびロシア対策においても、全般的な姿勢においてもブレがなかった。ヨーロッパ流の「多国間主義」とはまた違う方法で、ブッシュ政権時代の一方的で挑発的な武力対応を避けた。いっぽうでイスラエルとパレスチナの和平合意は達成できず、ロシアとのパートナーシップも結べなかった。バラク・オバマは中東地域、とくにシリアへの再派兵を拒否し、アジアつまり中国からの挑戦への対応を優先した（「アジア基軸戦略」）。結局オバマは、世界の人々を少々物足りない気持ちにさせたまま任期を終えた。2016年、アメリカの奇妙な選挙システムによって、ヒラリー・クリントンではなくドナルド・トランプが大統領に選ばれた。2018年の中間選挙では、民主党が連邦議会下院で多数派に返り咲き、共和党も上院で過半数を維持した。2020年の大統領選でトランプが再選される可能性はある。

浅薄皮相なスローガン「アメリカを再び偉大に」を掲げたD・トランプの外交政策は、乱暴で自己中心的な一国主義である。孤立主義と混同されることもあるが、トランプは多国間で交わされた拘束力のある盟約はすべて無視する構えだ（NATOにも不信感を持っている）。そして軍事、通貨、通商に至るあらゆる分野で覇権を握ろうとしている（アメリカ第一主義）。同様にして中国の力をも抑え込むつもりだ。ただ、この対中国政策だけは、民主党も含めかなり幅広い層に支持されている。長きにわたったキッシンジャー／鄧小平の協調路線の終焉である。アメリカと中国の対立がこの先どのような結果をもたらすのかは予測できない。ロシアに関しては、さらなる競合関係を築きたいというトランプの淡い期待は、プーチンが簡単には受け入れないし、アメリカの「ディープステート」（訳注：国家内部における国家。政府のなかの隠れた政府の存在。影の勢力）によって握りつぶされた。

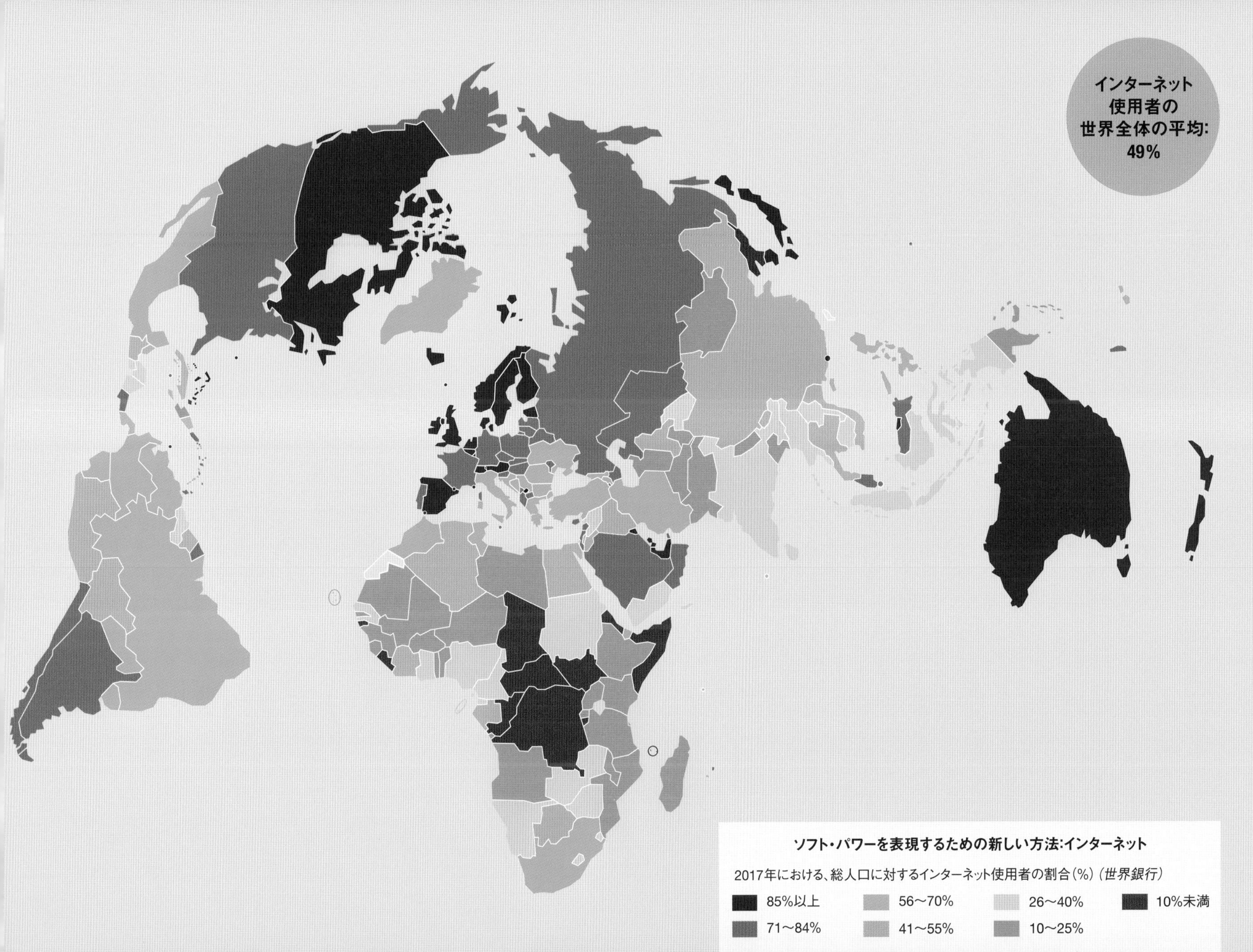
インターネット
使用者の
世界全体の平均:
49%
ソフト・パワーを表現するための新しい方法:インターネット
2017年における、総人口に対するインターネット使用者の割合(%)(世界銀行)
85%以上
56〜70%
26〜40%
10%未満
71〜84%
41〜55%
10〜25%

EUは自信を持ちすぎていた

2016年、ブレグジットが決定した。かなり以前からイギリス国民の心がEUから離反している兆候はあった。それにもかかわらず、それまで欧州連合（EU）のリーダーたちはヨーロッパのソフト・パワーに自信を持ちすぎて、これをばねにして現実的なパワーを養っていこうとはしていなかった。そのようなビジョンさえ持ってなかった。道徳・慈善・博愛といった人道面で世界に貢献するだけでなく、強大な経済圏であることを利用して戦略上世界最強の欧州連合を目指してはどうか、と考えたことくらいはあったかもしれない。しかしヨーロッパが好んだのは、「国民国家の連邦」（ジャック・ドロールによる表現）のヨーロッパ・モデルを海外に広めるという考え方だった。時を経てみればわかる。弱肉強食の世界において自分たちの死活的利益を守る方法がこれしかないとヨーロッパ住民が実感しなければ、「欧州連合」は強大にはなりえない。ところが、トランプが登場して挑発や暴言を吐いている今でさえ、そんな危機感はないらしく、EUは分裂したままで行動も鈍い。EUは、きわめて少数派である積極的な統合推進派（訳注：国家主権を超国家機関に委譲し単一の行政・立法・司法ならびに軍備を目指す）とその他多数（欧州統合に関して真性の反対派、嫌欧州派、または懐疑派が大多数。少数ではあるが欧州連合賛成派もいる）とのあいだの根本的な対立によって、すでに内部から蝕まれている。さらに2015年から2016年にかけて、連合を根底から揺るがす出来事がいくつも発生した。ギリシャの経済危機、大量の亡命申請者や移民の受け入れと多文化（イスラム教文化を含む）社会をめぐる対立、ユーロ圏の景気後退、テロの脅威、ブレグジットなど、枚挙にいとまがない。この状況から抜け出すためには、明確化しなければならない事項が3つある。第一に、EUの体制を、リスボン条約（訳注：EUの基本条約を修正するための条約。2007年署名。2009年発効）に勝る説得力をもって明確化しなければならない。第二に、地理とアイデンティティを明確に定義し直す必要がある。トルコのEU加盟問題によって噴出したこの課題の結論はまだ出ていない。第三に、EUはその政策を明確にするべきだ。EUは世界においてどんな位置づけを望んでいるのか？　強大な権力を持つ連合体になろうとしているのか否か？　連合の拡大は避けられないし、当然のことではある。しかし、規模が拡大すれば、戦略上の懸案事項に対する見解の統一はますます困難になり、ひとつの強力な主体であるヨーロッパ構築への道のりは遠くなるだろう。2019年7月に任命された新執行部が、EUの新たな飛躍を可能にしてくれるかどうかは未知数である。

ロシアの目覚め

1990年代、軽視されるどころか見下されていたロシア。しかしロシアは消滅したわけではなかった。21世紀に入ってからのロシアは華々しく復活し、とくにウクライナ、シリア、そして現在ではアフリカ大陸で大活躍している。仮に新たなパートナーシップ（相手国に対する監視も含む）がアメリカとのあいだに成立していたら、そして、2000年代の初め、ヨーロッパの大国が対ロシア政策を明確にして自分たちは何を承認して何を拒否するか決めていたら、たとえ不可避だったとしてもロシアはその辺境で数々の紛争を続けて反乱分子を弾圧することにそれほど拘泥しなかったのではないか。いずれにせよ、アメリカはロシアを東西冷戦の敗戦国とみなし、東ヨーロッパ諸国はロシアをいつ攻撃を仕掛けてくるかわからない国として恐れている。ヨーロッパには冷戦下さながらのムードが再び定着した。ロシアの力強い復活に支えられ、プーチン大統領の国内支持率は80%以上にまで上昇した。2000年以来、直接的または間接的に権力を握ってきたプーチンは、2018年になっても圧倒的多数で大統領に再選されている。プーチンに異論を唱える者がいるとすれば、それは社会的な理由が原因であって、地政学的な理由によるものではない。

新興国の台頭
強大な新興国のBRICS（ブラジル、ロシア、インド、中国、南アフリカ）またはBRICA（ブラジル、ロシア、インド、中国、南アフリカ）
その他の新興国
2017年の国内総生産（GDP）
（単位は10億現行米ドル）
20000
10000
5000
2500
1000
500
200
出典:世界銀行　2017年
メキシコ
コロンビア
ブラジル
チリ
アルゼンチン
ロシア
韓国
台湾
中国
フィリピン
ベトナム
バングラデシュ
タイ
マレーシア
シンガポール
インドネシア
インド
トルコ
クウェート
カタール
アラブ
首長国連邦
サウジ
アラビア
エジプト
エチオピア
ナイジェリア
南アフリカ

中国を筆頭に、新興国は上昇を続ける

2015年から2016年にかけて経済成長率が急激に減速する前は、中国を筆頭する新興国――インド、ブラジル、南アフリカ、メキシコその他――が、新たに得た国力をどう活用していくのかが注目されていた。経済大国になっただけで満足なのか、それとも、さらに戦略上有利な立場も手に入れようとするのか？　その背景には、過去の恨みを晴らそうとし、さらには数世紀にわたる植民地支配に復讐しようとする気持ちがあるのだろうか？　自国の利益を守るためなら妥協策を通してしまうほどの発言力を欲しがっているのだろうか？　中国ともなると、世界の覇権を狙うだろう。だが、中国はそれを多国間の多種多様な枠組みのなかで追求するのか？　それとも、枠組みそのものを変えてしまえばよいと考えているのか？　いずれにせよ、新興国は、国連、国連安保理、世界貿易機関（WTO）、国際通貨基金（IMF）などの組織における力関係を徐々に変えていくだろう。

主要新興4カ国であるBRIC（ブラジル、ロシア、インド、中国）は2009年6月、ロシアで初めて首脳会議を開催した。のちに南アフリカが参加してBRICSとなった5カ国は、年に一度の首脳会議を開催している。BRICS各国の戦略は必ずしも一致しないが、欧米諸国の世界支配に異議を唱えている点は同じだ。しかし、ここに重要な事実がひとつある。2012年に習近平が権力を握って以来顕著となった中国の目覚ましい発展が、世界情勢を大きく左右するようになったことである。鄧小平時代以来の驚くべき飛躍を原動力に、中国はあらゆるレベルでその国力を誇示し、「新シルクロード（一帯一路）構想」でそれを具体化して見せた。中国はまた、新たな金融機関まで創設した（訳注：2015年創立のアジアインフラ投資銀行、2014年創立の新開発銀行とシルクロード基金)。1945年に確立した欧米主導の国際金融体制（訳注：ブレトンウッズ体制とその機関である国際通貨基金や国際復興開発銀行）が閉塞的な状況に陥っている今、これを出し抜いてしまおうという目論見だ。力強い上昇機運に乗った新興国の動きが世界を牽引しており、そこに欧米諸国の姿はない。いっぽう、紛争の縮減に関しては、新興国の貢献は今のところ自国の周辺での紛争に限られている。それでもロシアと中国は国連安保理の常任理事国であり、危機や紛争の情勢を左右する手段を有している。他方で、インドは国際舞台で重要な役割を担うことは追求していないし、ボルソナーロ大統領が率いる現在のブラジルには、ルラ政権時代の躍動感（訳注：ルラ大統領の独自の経済路線によって成長し、ブラジルはBRICの一員になることができた）はない。これらの新興国が世界を安定させ、不確実性を減らすことは、期待できない。

多国間主義の未来は？

国連、国際通貨基金、世界銀行、GATT（世界貿易機関）など、1945年以降に設立された多国間組織が今、D・トランプ大統領によって脆弱化している。トランプ登場以前は常任理事国5カ国と新興勢力が、国連安全保障理事会の拡大と新たな権限の付与、そして世界の実情に即した理事国の構成に向けて、ついに合意する日も遠くはないと期待されていた。国際連合憲章の精神が見直され、国連は常任理事国の合意の下、憲章起草の精神に則って、集団安全保障の責任を全うできるようになるはずだった。「国際社会」という言葉がやっと現実味を帯びてきたかと思われた。ところが、中国もアメリカも、安保理による改革案に、拒否権が行使できるとあればことごとく反対する。敵対関係にある新旧のさまざまな陣営が存在することを考えると、多国間主義問題についてのコンセンサスは取れそうにない。どちらにしても、国連安保理に関する（非常にヨーロッパ的な）期待は、トランプの大統領就任とともに雲散霧消した。トランプはどんなに小さな制約であってもこれらを無視し、多国間主義や国際協力も眼中にない。国際協力に関してはフランスがその必要性を再三説いているのだが……。しかしながら、多国間主義の枠組みは存在し続け、個々のミッションに特化した、特別な協力体制として、何らかの形での国際協力が再び生まれるだろう。

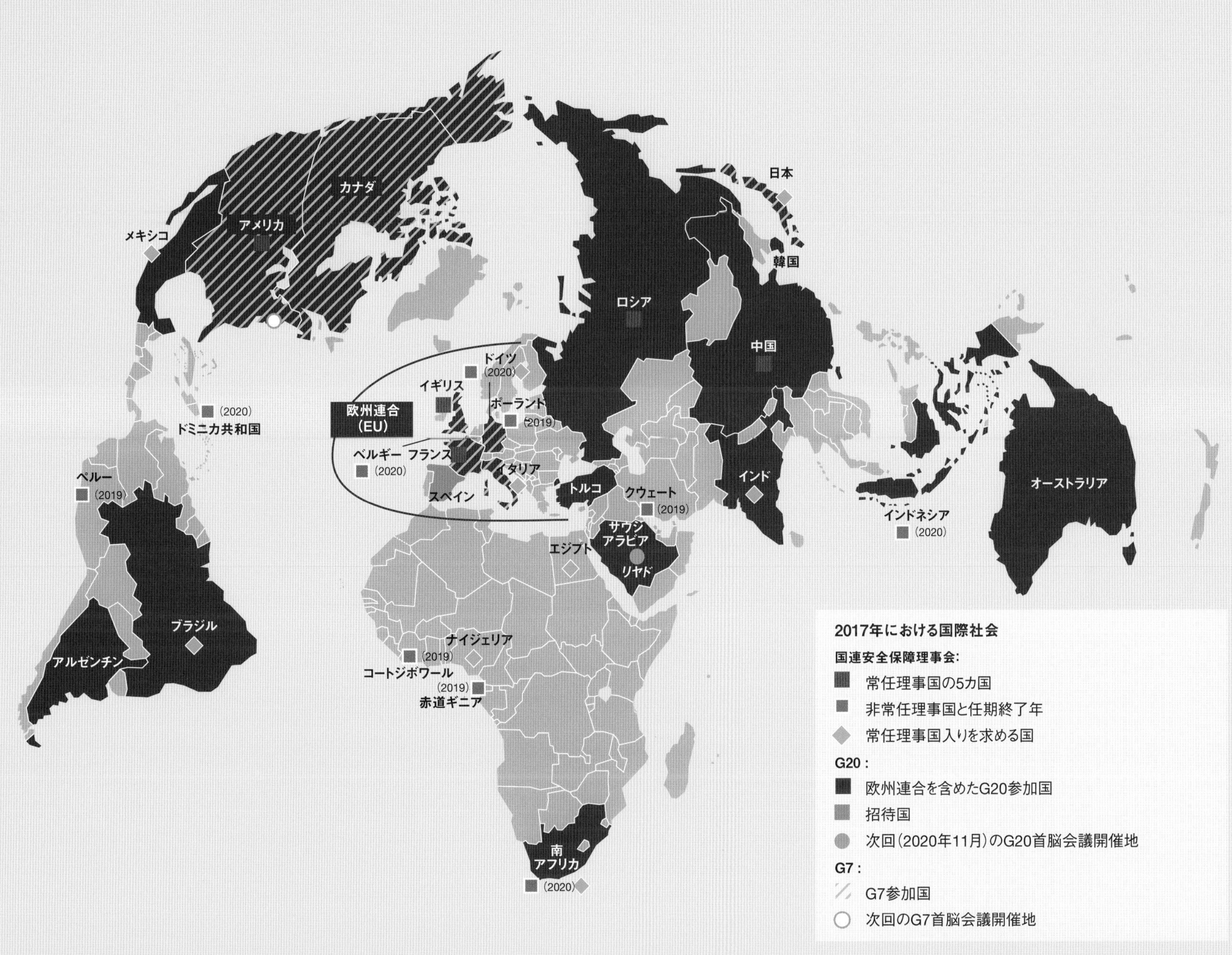

カナダ
アメリカ
メキシコ
日本
韓国
ロシア
中国
ドイツ
(2020)
イギリス
ポーランド
(2019)
欧州連合
(EU)
(2020)
ドミニカ共和国
ベルギー
フランス
(2020)
イタリア
ペルー
(2019)
スペイン
トルコ
クウェート
(2019)
インド
オーストラリア
インドネシア
(2020)
サウジアラビア
エジプト
リヤド
ブラジル
アルゼンチン
ナイジェリア
(2019)
コートジボワール
(2019)
赤道ギニア
南アフリカ
(2020)
2017年における国際社会
国連安全保障理事会:
常任理事国の5カ国
非常任理事国と任期終了年
常任理事国入りを求める国
G20 :
欧州連合を含めたG20参加国
招待国
次回(2020年11月)のG20首脳会議開催地
G7 :
G7参加国
次回のG7首脳会議開催地

重みを増す世論の影響

メディアに支配されている現代の民主主義国家。それどころか今や国々はインターネットによる情報ネットワークに支配されている。世界中で、世論の力は留まることなく増大している。どんな紛争であれ、これを解決しようとする政府にとっては、国内世論だけでなく他の有力国の世論までも無視できなくなってきている。これらの世論に反対すれば払うべき代償はどんどん高くつくようになっていくからだ。多くの欧米人や新興国の市民社会にとって、このような傾向は民主主義的な進歩とされる。しかしこれは、現実には両刃の剣なのである。困難な時代には、世論に火がつき、情報公開がこれに油を注ぐ。見えざる手で操作される市場原理と同じく、世論がごく短期間で形成されるのは情報操作のおかげであることはいうまでもない。**しかも、一般的な考えとは違い、民主主義は、体制の恩恵を享受する人間にとっては最良のシステムであるが、他の人々にとっては必ずしも平和と同義語ではない。**一般市民が安全を求めるのは当然だ。ところが、安全確保競争に敏感な彼らは、交渉という不確実で時間のかかる手段より、手っ取り早く武力に訴えるほうを好むことが多い。グローバリゼーションが進むと自己認識や自分の居場所にまつわる不安材料はどんどん増える。危機を生み出し、深刻化させる要因がここにも潜んでいる。

グローバル化する新たな脅威

テロ組織、マフィア、さまざまな密売組織など、「非国家組織と影の組織」というアクターが画策の場を拡大できるのは、グローバリゼーションのおかげである。今さらではあるが、2001年9月11日のアメリカ同時多発テロを実行するためにアルカーイダが払った金額がたったの10万ドルだったことを忘れてはならない。これに引きかえ、当時のアメリカの軍事費は3000億ドルだった。今ではその2倍になっている。また、2015年11月13日にパリで発生した同時多発テロの場合も、犯行グループ側がかけた費用は3万ユーロほどだと見られている。紛争のない安定した社会で金を儲けて活動している犯罪組織も存在する。南米のコロンビア、アフリカのサヘル地域、中央アジアでは、麻薬密売、そして人身（アフリカでは移民がその標的だ）・芸術作品・絶滅危惧種動物の売買などが資金源となっている。これらの活動の収益の合計は世界の国内総生産（GDP）の5%に相当する。新しい情報通信技術は、人々の交流を容易にしてくれたが、同時に社会や国家の脆弱性をも増大した。敵対関係は今やサイバー空間にまで持ち込まれているので、サイバー攻撃の可能性もある。犯人が特定しにくいこともあるので、対応時に誤った判断をしてしまう原因のひとつとなっている。

新たな解決法はどうやって見出せばよいのか

結局のところ、国家の増加と多様化――国連加盟国は1945年の創設当時の4倍（当時の51カ国に対して現在は193カ国）である――やNGO（非政府組織）の発展、重みを増す世論、グローバル企業が果たす役割の増大、国内非合法組織の動向が意思決定に及ぼす影響が原因となり、国際間での意思決定プロセスは長引き、複雑化し、不確定になり、予測不可能になり、ときには機能停止してしまうのだ。いっぽうで、情勢は目まぐるしく変わり、情報や反応は非常に速く伝達される。紛争解決を目指す段階で特筆すべき貢献を果たしているNGOもあるが、NGOには解決策を決定したり強要したりする権限はない。世界は混沌状態にある。

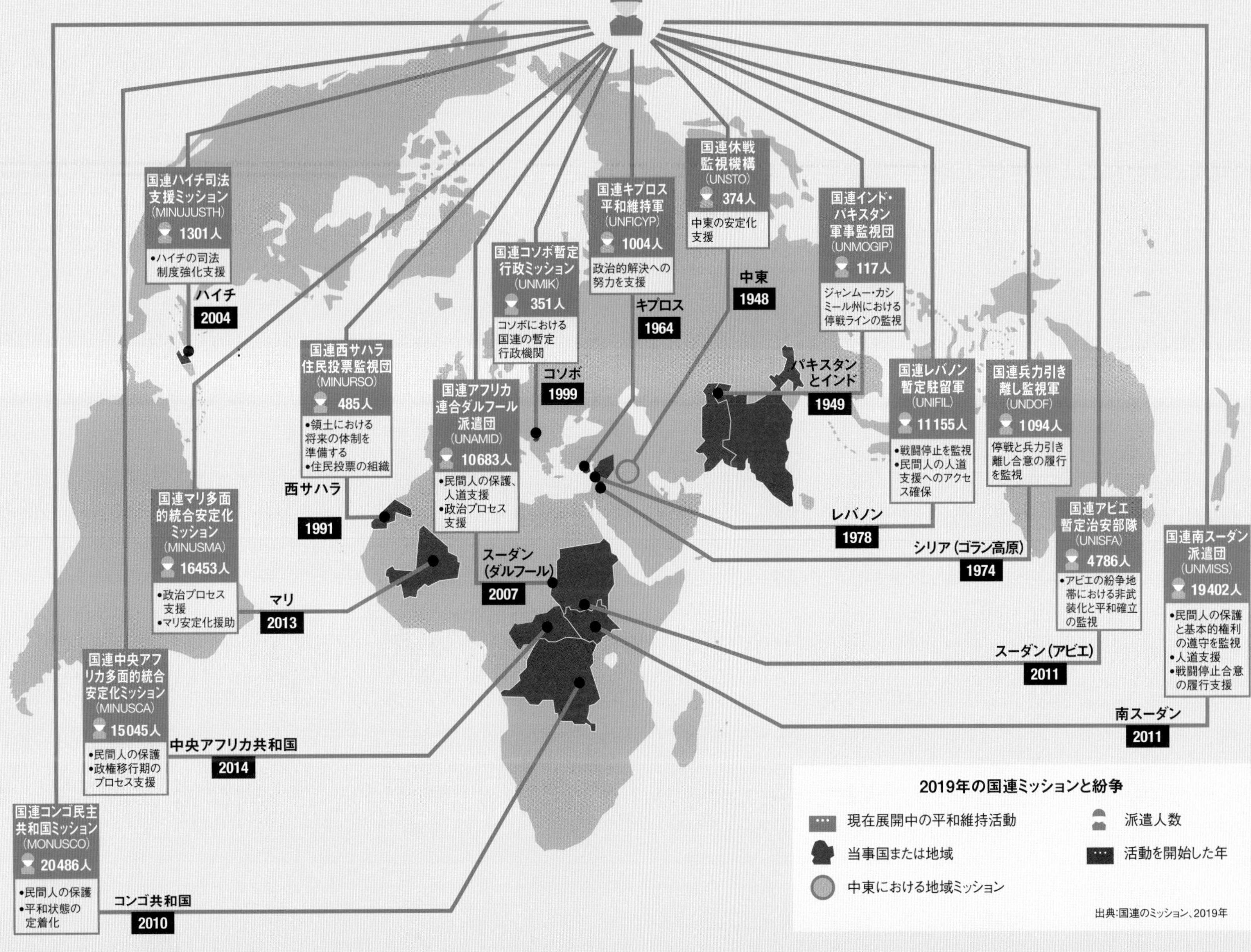

2019年の国連ミッションと紛争
現在展開中の平和維持活動
当事国または地域
中東における地域ミッション
派遣人数
活動を開始した年
国連ハイチ司法支援ミッション (MINUJUSTH)
1301人
•ハイチの司法制度強化支援
ハイチ
2004
国連西サハラ住民投票監視団 (MINURSO)
485人
•領土における将来の体制を準備する
•住民投票の組織
西サハラ
1991
国連マリ多面的統合安定化ミッション (MINUSMA)
16453人
•政治プロセス支援
•マリ安定化援助
マリ
2013
国連中央アフリカ多面的統合安定化ミッション (MINUSCA)
15045人
•民間人の保護
•政権移行期のプロセス支援
中央アフリカ共和国
2014
国連コンゴ民主共和国ミッション (MONUSCO)
20486人
•民間人の保護
•平和状態の定着化
コンゴ共和国
2010
国連アフリカ連合ダルフール派遣団 (UNAMID)
10683人
•民間人の保護、人道支援
•政治プロセス支援
スーダン (ダルフール)
2007
国連コソボ暫定行政ミッション (UNMIK)
351人
コソボにおける国連の暫定行政機関
コソボ
1999
国連キプロス平和維持軍 (UNFICYP)
1004人
政治的解決への努力を支援
キプロス
1964
国連休戦監視機構 (UNSTO)
374人
中東の安定化支援
中東
1948
国連インド・パキスタン軍事監視団 (UNMOGIP)
117人
ジャンムー・カシミール州における停戦ラインの監視
パキスタンとインド
1949
国連レバノン暫定駐留軍 (UNIFIL)
11155人
•戦闘停止を監視
•民間人の人道支援へのアクセス確保
レバノン
1978
国連兵力引き離し監視軍 (UNDOF)
1094人
停戦と兵力引き離し合意の履行を監視
シリア (ゴラン高原)
1974
国連アビエ暫定治安部隊 (UNISFA)
4786人
•アビエの紛争地帯における非武装化と平和確立の監視
スーダン (アビエ)
2011
国連南スーダン派遣団 (UNMISS)
19402人
•民間人の保護と基本的権利の遵守を監視
•人道支援
•戦闘停止合意の履行支援
南スーダン
2011
出典:国連のミッション、2019年

したがって、本書で取りあげた危機と紛争への解決を目指すには、渦中にある首謀者たちが疲弊の末または自発的に手を引く場合を除き、以下に挙げる手段のうちのどれかを用いなければならないだろう。

・関与しているさまざまな国家が意思の疎通を図り、対立を乗り越えて危機や紛争に終止符を打つ。これこそが本当の意味での「国際社会」である。しかしこの案が実現する見込みは薄い。

・同盟国による支持があってもなくても、アメリカが多国間の仕組みと枠組みを最大限に活用することによって、解決に向けたプロセスを始動する。プロセスを強制的に実施することもあろう。しかしトランプ大統領のやり方はこれとは正反対である。

・アメリカはロシア政府と戦略的交渉を再開し、旧ソ連時代の国境地帯で凍結状態にある一連の紛争を終わらせる。トランプはこれを期待しているかもしれないが、今のところ、アメリカの「ディープステート」が実現を阻んでいる。

・アフリカその他の地域のために特定の同盟を結成し、アメとムチ方式で紛争解決を強いる。こうした同盟は強国が参加しない限り長くは続かないが、実現の可能性は残されている。

どのケースにしても、行動を起こすのは「国際社会」でも「市民社会」でもなく、強国あるいは特定の組織（フランスが好むのはこちらだ）である。彼らは多国間の枠組みや手段を使いながらも、多かれ少なかれ自分たちの流儀をはっきり押し通す。

永続的な紛争解決のためには、強国が互いに協力しなければならない。これはアメリカの好むやり方ではないが、不可能ではない。

総括するならば、欧米諸国はもはや権力と影響力を独占できなくなった、ということだ。欧米諸国は、将来の世界の在り方について、今後は中国や新興諸国と、大掛かりな交渉を行うか、妥協を重ねていく覚悟しなければならないだろう。また、本書で考察した50ほどの紛争の解決のために、中国や新興諸国に対して協力を要請する必要も出てくるだろう。

見かけに反して、紛争は減少している！

しかしながら、増加しているか不変に見える紛争の数は、近年再び増加している武力衝突を勘定に入れたとしても、実際には減少しており、死亡者数も1～2世代前に比べて減っている。1年に1000人以上の死者が出た紛争を大規模紛争、25人から999人の死者数の場合を小規模紛争と定義すると、現在進行中の大規模紛争は8件（シリア、イラク、リビア、アフガニスタン、パキスタン、コンゴ民主共和国、ナイジェリア、南スーダン）で、「小さな」紛争は約30件。これに対して1991年当時は、大規模紛争が13件と小規模紛争が51件だった。だからといって世界が安定したわけではないが、なかなか勇気づけられる数字ではないだろうか。

人と組織の可能性を拓く
ディスカヴァー・トゥエンティワンからのご案内

本書のご感想をいただいた方に
うれしい特典をお届けします！

特典内容の確認・ご応募はこちらから

https://d21.co.jp/news/event/book-voice/

最後までお読みいただき、ありがとうございます。
本書を通して、何か発見はありましたか？
ぜひ、感想をお聞かせください。

いただいた感想は、著者と編集者が拝読します。

また、ご感想をくださった方には、お得な特典をお届けします。

最新　世界紛争地図

発行日　2020年 8月25日　第1刷
　　　　2020年11月15日　第2刷

Author　パスカル・ボニファス　ユベール・ヴェドリーヌ
Illustrator　ジャン＝ピエール・マニエ
Translator　神奈川夏子
（翻訳協力：株式会社トランネット　www.trannet.co.jp）
Book Designer　遠藤陽一（DESIGN WORKSHOP JIN,Inc.）
Publication　株式会社ディスカヴァー・トゥエンティワン
〒102-0093　東京都千代田区平河町2-16-1 平河町森タワー11F
TEL　03-3237-8321（代表）
FAX　03-3237-8345（営業）
http://www.d21.co.jp

Publisher　谷口奈緒美
Editor　藤田浩芳

Publishing Company
蛯原昇　梅本翔太　千葉正幸　原典宏　古矢薫　佐藤昌幸　青木翔平　大竹朝子　小木曽礼丈　小山怜那　川島理　川本寛子　越野志絵良
佐竹祐哉　佐藤淳基　志摩麻衣　竹内大貴　滝口景太郎　直林実咲　野村美空　橋本莉奈　廣内悠理　三角真穂　宮田有利子　渡辺基志
井澤徳子　藤井かおり　藤井多穂子　町田加奈子

Digital Commerce Company
谷口奈緒美　飯田智樹　大山聡子　安永智洋　岡本典子　早水真吾　三輪真也　磯部隆　伊東佑真　王廳　倉田華　榊原僚　佐々木玲奈
佐藤サラ圭　庄司知世　杉田彰子　高橋雛乃　辰巳佳衣　谷中卓　中島俊平　野﨑竜海　野中保奈美　林拓馬　林秀樹　牧野類　三谷祐一
元木優子　安永姫菜　小石亜季　中澤泰宏　石橋佐知子

Business Solution Company
蛯原昇　志摩晃司　野村美紀　南健一

Ebook Group
松原史与志　西川なつか　小田孝文　俵敬子　青木涼馬　越智佳奈子　津野主揮　副島杏南　中西花　羽地夕夏　松ノ下直輝　八木眸

Business Platform Group
大星多聞　小関勝則　堀部直人　小田木もも　斎藤悠人　山中麻吏　福田章平　伊藤香　葛目美枝子　鈴木洋子

Corporate Design Group
岡村浩明　井筒浩　井上竜之介　奥田千晶　田中亜紀　福永友紀　山田諭志　池田望　石光まゆ子　齋藤朋子　丸山香織　宮崎陽子
大塚南奈　平池輝　星明里

Proofreader　文字工房燦光
DTP　アーティザンカンパニー株式会社
Printing　シナノ印刷株式会社

ISBN978-4-7993-2665-7

写真提供

p.7　©David Tonelson／Shutterstock
p.27　© Gorodenkoff／Shutterstock
p.29　© lonndubh／Shutterstock
p.43　©paparazzza／Shutterstock
p.55　© Bloomberg／Getty Images
p.67　© anasalhajj／Shutterstock
p.91　© Spencer Platt／Getty Images
p.111　© 鴨志田孝一／Getty Images
p.135　©AJP／Shutterstock